北大哲学系百年系庆丛书

青春味道

杨弘博 主编

图书在版编目（CIP）数据

青春味道／杨弘博主编．—北京：北京大学出版社，2012.9
（北大哲学系百年系庆丛书）

ISBN 978-7-301-18803-3

I. ①青… II. ①杨… III. ①北京大学哲学系—
人才培养—概况 IV. ① G649.281

中国版本图书馆 CIP 数据核字（2012）第 205579 号

书　　　名：	青春味道
著作责任者：	杨弘博　主编
责 任 编 辑：	田　炜
标 准 书 号：	ISBN 978-7-301-18803-3/B·1059
出 版 发 行：	北京大学出版社
地　　　址：	北京市海淀区成府路 205 号　100871
网　　　址：	http://www.pup.cn　电子信箱：pkuphilo@163.com
电　　　话：	邮购部 62752015　发行部 62750672　出版部 62754962
	编辑部 62767315
印 刷 者：	北京汇林印务有限公司印刷
经 销 者：	新华书店
	890mm×1240mm　A5　10.5 印张　245 千字
	2012 年 9 月第 1 版　2012 年 9 月第 1 次印刷
定　　　价：	38.00 元

未经许可，不得以任何方式复制或抄袭本书之部分或全部内容。
版权所有，侵权必究

目 录

序言 .... 王 博 1

一 当青春邂逅哲学

我和哲学的故事 .... 刘宇明 2
走入这扇门 .... 郭小瑜 9
我的北大 爱的哲学 .... 龚君正 19
追梦的青春——在北大开始的日子 ..... 罗双双 22
写在携笔从军之前 .... 赵文涛 29
从元培到哲学 .... 林 叶 36

二 哲学使我勇敢

我们为什么学哲学 .... 孟雨桐 42
仲夏夜,谁的灿烂星空 .... 杨 森 47
所得 .... 谢清露 53
四院的爬山虎 .... 刘 沁 58
此心安处是吾家 .... 佘瑞丹 64
以哲学之名 .... 张 鹏 70

三 有一种精彩叫本分

我的燕园两年 .... 李 震 76
燕园"道"生活 .... 李丹琳 82
青春的四院,青春的我们 .... 余 洲 91
有一种精彩叫本分 .... 张 梧 97
在知行合一中砥砺成长 .... 王 巍 107
求学琐记 .... 肖清和 111

四　别样华彩在四院

青春的怪味 …………………… 王彦晶　122

一粒粟，万颗子 …………………… 周素丽　132

做燕园之眼：

北大生活里的另一种姿态 ………… 林起贤　143

生如夏花的青春时光：

在哲学系团学组织的那些日子 ……… 杨洪源　152

哲学·艺术·人生 …………………… 禹　洁　158

阳光作伴　歌声飞扬 ……………… 王　蓓　165

二十余年成一"梦" ………………… 六梦钰　177

五　友爱的共同体

同门 ………………………………… 杨立华　186

燕园七载忆师友 …………………… 林丽娟　192

如人饮水，冷暖自知 ……………… 任小溪　197

智慧的旅程 ………………………… 于文博　203

未曾离开，已然怀念 ……………… 李春颖　212

藉得阳光致新知 …………………… 徐诗凌　223

后来 ………………………………… 王立刚　233

六 用青春品味哲学

生命的学问 …………………………… 赵金刚 242
十年与百年 …………………………… 易　恒 251
散文两篇 ……………………………… 郁　戈 257
看见一棵国槐 ………………………… 许一苇 267
幸福是什么 …………………………… 王倩君 272
叶落飞扬 ……………………………… 张靖祺 276

七 用哲思点亮青春

并不陡峭的高度 ……………………… 刘　凯 280
聚为一团火，散作满天星 …………… 陈茜雯 286
味道与言道 …………………………… 程乐松 291
共在与交流：哲学的另一种面相 …… 陈凌隽 297
数字的激情与梦想 …………………… 陈　岑 307
梦回四院 ……………………………… 杨　卓 313
另一种传统 …………………………… 王　鑫 319
百岁青年——哲学系与我 …………… 秦晋楠 323

后记 …………………………………………… 329

序 言

《青春味道》的书名很有哲学味儿，双关了青春的生命和这生命对于道的品味，书中凝集了哲学系学子对其学生时代的回忆、体验与思考。

在这部文集中，学子们充分展示了他们多元化的成长路径。智慧的沉思、学术的实践、社会的服务以及文艺和体育的拓展，从"邂逅哲学"的惴惴不安到"哲学使我勇敢"的自信从容，在静园四院的同一片天空下，哲学与青春一起打造出了属于自我的绚烂精彩。

在这部文集中，学子们用充满温情的笔触记录他们在"友爱的共同体"中的点滴，有师生之间的薪火相传，有同窗之间的朝夕相处，有朋友之间的美好分享。学生的本分是求知求学求解，而学生时代最精彩的段落也正在于尽好这本分，在爱智慧的过程中，若能收获师生缘、同窗情、朋友谊，更会绽放别样华彩。

在这部文集中，这些用心灵与哲思碰撞出来的文字，或如涓涓流水，平静地讲述砥砺成长的故事；或如绵绵细雨，温情地怀念静园四院的过往；或如微微春风，和煦地直抵内心灵魂的深处。阅读这些文字，不仅使我回忆起自己的求学岁月以及在哲学系工作的快乐时光，更感受到母系学子的沉思和追求：青春的价值、人生的意义、个人的发展以及对他人、国家和天下的担当。

哲学，或许不能让人一见钟情，却足以受用终生。

王博

2012 年 9 月

当青春邂逅哲学

青春
是午后挥汗如雨的篮球场
是明媚阳光下的裙角飞扬
是日夜兼程百折不回的远航
是迎着风声不苟流俗的歌唱

哲学
是孔夫子人能弘道的担当
是庄子翩翩然梦蝶的无常
是柏拉图理念世界的神往
是康德心中道德律令焕发的荣光

当青春邂逅哲学,是注定的命运,还是偶然的机缘;是迷惘彷徨,还是勇往直前?

当青春邂逅哲学,会擦出怎样的火花?会有怎样的精彩?

请聆听,青春与哲学的故事。

我和哲学的故事

> **小档案：** 刘宇明，女，北京市人，北京大学哲学系2011级本科生，至今就读于哲学系。毕业于北京四中，高中开始接触哲学，其间选修北大哲学系开设的"西方哲学史"、"国学概论"两门课程时对哲学产生了浓厚的兴趣，后曾担任北京四中国学社副社长。

一切就从拿到哲学系录取通知书的一刻讲起……

已经记不清是哪月哪天，上午下午。总之，是一个像往常一样的假日里，我算是正式成了一个哲学系的学生。看着纸上清晰地印着"哲学系"三个字，我只是会心地一笑。也许是缘分吧，我终于还是到了哲学系。于是，我开始回想，十八年中我与哲学接触的点点滴滴。

太过零散的细节已经来不及一一记起，如果要找一个像样一点的开头，也许就是高中的两门选修课——"西方哲学史"和"国学概论"。

回想自己当年选修西哲的经历竟和今天到北大哲学系的经历颇为相似——调剂至倒数第二个志愿（总共五个）。我管这不叫"杯具"，叫"缘分"，命中注定的一种缘分吧。当时的西哲课也颇具哲学式的冷清，人数勉强够开课（貌似总共只有八九个学生），而作为几个幸运者之一，我确实收获了很多。至少，这门课程为我打开了哲学的一个门缝，时时提醒我思考。

还记得那是刚刚迈入北京四中的第一个学期，15岁的我选择的第一门选修课——在每一个周二下午，听老师从希腊神话的神秘奇幻，讲到毕达哥拉斯令人匪夷所思的数的世界，再一直讲到耳熟能详的柏拉图和亚里士多德。

哦，有必要说一下，教我们的这位老师毕业于清华，在大学时期主修理工科，辅修了哲学的双学位，现在三联出版社任编辑，是一位温柔、细致的女老师，笔名文靖。如今回想，也许这也是我和"哲学系"、和哲学人的第一次亲密接触吧。

现在回想，当时在两个学期的学习中真的学到了很多东西。印象很深的是在开始的某节课上，老师讲到了希腊神庙上的神谕"认识你自己"，便要我们自己关于这个问题写一篇小短文，当堂完成。那时我也就勉为其难地拿起笔，写下了自己第一篇和哲学沾点边儿的思考。第二堂课时，老师点评，我竟获得了意外的评价——不仅老师觉得写得不错，竟然还把我的文章拿给了何兆武先生看（当时老师正在给何先生做口述历史，并最终结集出版为《上学记》，且大获好评），而且我还得到了先生的鼓励，自是感动、激动不已。还记得以后的某天里，我偶然翻开当时写这篇文章的本子，看到老师留在后面的评语，以及代为表达的何老的期许，自己仍旧十分感动，并且十分珍惜自己这一份独有的幸运。那时的青春遇到了哲学，留下了许多甜蜜和感动。

随着笔触，竟发现过往的片段在脑海中倏然地一个个闪过，记忆越来越多，也越来越清晰，不断地向自己涌来。那时老师总是会让我们自己站上讲台，或是讲自己感兴趣的内容，或是大家一起读一本书后交流感想。因为在初中时曾读过马可·奥勒留的《沉思录》，那时自己好像还讲过这个话题。而另一位同学对于尼采十分感兴趣，他曾融合自己的思想提出了一个"马桶理论"，让大家又笑又叹！我们还一起讨论《民主十五讲》，一起探讨怎样划分学科，安排一生的学习……各种有趣的问题，既有现实的思考，也有虚无的探索。总之，在那年，十五岁的那年，有这样几个青春飞扬的少年，曾经畅所欲言，思绪激扬，诉说着，倾吐着，歌唱着那古老而又永恒的哲学。

在接下来的一年中，我加入了国学社，并且选择了"国学概论"这门课程。社团的指导老师，也是选修课的老师——朱翔非老师。朱老师凭着自己对中国传统智慧不倦的追求与探索，对于国学，特别是儒学有着较为深入的见解，并且致力于传统文化的弘扬，他一直坚持不懈地为儒学的复兴作出努力。那时作为北京四中人文实验班，我们有着每学期集体外出游学一次的"特权"。我和国学的结缘也缘于其中的一次出游——"风雅的江南"人文游学活动。记得那天，我们白天先在阳明先生的墓前进行了拜祭，晚上回到宾馆，朱老师又给我们带来了一场精彩的讲座——浅谈心学大师王阳明。我当时听着阳明子立德、立言、立功的人生目标，听着他少年出游，驰骋沙场的潇洒气魄，又听他潜心钻研，龙场悟道的悟觉通达，无一不令人感动，令人向往。最为感人的是阳明子在临终前留下一句震天动地的"此心光明"——仅仅四个字，却不仅仅是问心无愧的自白，更是世间少有的一生的坚守和震动山河的呐喊！也是缘此，我算是真正与阳明结缘，与国学结缘。在接下来"国学概论"课上的学习以及国学社的活动、讲座中，我确实对中国古典哲学产生了越来越浓厚的兴趣。那时，在讲座之后，我和几个师兄师姐常常围着老师问东问西，一直聊到晚上八九点教学楼关门。而在每天早晨，我们会捧着《大学》在校园的漱石亭旁相对而诵，几个人的声音很齐，很响，打在树叶的晨露上，或是映在早冬的新雪上，回响在我们年轻的心中。那时的青春遇到了哲学，留下了一个个执著探索的脚印，留下了一声声清脆的读书声。

现在回想，当时的日子真的很幸福。那时每逢假期，朱老师总是会邀请我们到他家小聚一下，和我们聊聊天，谈谈心，了

刘宇明在高中时的国学社（左二为作者）

解一下我们近期的生活状况，主要是了解我们的心性修养，看我们是否有所懈怠、废弛。同学之间呢，我们也会彼此推荐一些好书，共同交流，相互监督、促进。记得高三时的新年，就有一位同学送给我一本钱穆先生写的《湖上闲思录》，在高三紧张充实的学习生活中，这样一本小书也着实带给我一些别样的色彩。我们还曾一起读《国史大纲》，一起进行些皮毛的探讨，只可惜高考之后大家各奔东西，如今竟也不曾一起读完，仍颇有遗憾。当时就是在这种老师、同学的帮助、提携下，我确实有了些进步，也对于中国哲学有了些入门的了解。十六七岁的我们，在浩瀚的中国古典哲学中曾这般渴求，这般探索，这般执著。

我的青春在这样的两门课程中和哲学相遇，一西一中，一个从德尔斐神庙中的"认识你自己"讲起，带我领略了西方先哲的风采，一个从修齐治平中培养了我的浩然正气。于我而言，此二者可谓是我高中时期的最大幸运与幸福，是我的青春和哲学最美的邂逅。

当青春遇到哲学，会擦出怎样得火花？我说，有那满心的欢喜，也有那不尽的彷徨。

18岁了，离开了高中，步入了大学。在这18岁的天空下，在初秋的燕园中，我真正和哲学走到了一起。迈过了成人的门槛，思考也就多了许多。

我开始想哲学到底是什么。每每提起哲学，在脑海中总是浮现这样的画面——在旷野中行走，在星空下沉思。哲学，意味着直面浩瀚的宇宙、时空，意味着直面自己的内心。在时空流转中与自己为伴，探寻、摸索，不断地质疑、不断地贴近真相。想及此时，总会有些许的欣喜与激动——自己有大学四年最为宝贵的光阴走在这段最为艰难的旅途上，去探索最为纯粹的真理。

然而，在到了北大哲学系，开始我四年旅途时，我确实遇到了坎坷与迷茫。"那你四年出来以后干什么？"这恐怕是我在燕园和同学聊天时被问到最多的一个问题。说实话，我不知道。我想，对于哲学，它确实有很"虚"，很"高"，凌驾于现实之上的一面。但是，学哲学，追求哲学，做一个爱智者，目的是什么？有对生命最原始的好奇，同样也是为了现实生活更美好。从中国的农民工到非洲的难民，从自己的衣食温饱到社会的繁荣，无一不是哲学的目的。当我们从哲学找到了自己安身立命的根本，找到了自己的精神生命，现实问题不会自动消逝，但是却可以迎刃而解。对于哲学、智慧的探讨，其追求是在理论、精神上的，但其实际作用却无一不是针对于现实世界的，是落实在做人做事上的。而这所谓的落实并不是指，至少不是单单指如何赚钱、营生，而是在生活中关注人本身，以平和仁爱之心待人，以合乎

"礼"的、最为适当的方式待人接物。我想,这才是一个风度翩翩的儒者形象,也是一个智者的形象。

不过,话说回来,我依旧不知道自己四年后会做什么工作,成为谁,但是现在我却不会为此而焦虑、心烦,因为哲学,它让我找到了我自己,可以让我在心灵上得到归宿与安定。

在哲学系生活的前半个学期,最初因为太过迷茫,实在不知道未来的路是怎样,于是就找来了几本哲学前辈的传记来读,算是聊以慰藉。第一本是《燃灯者》,是纪念周辅成先生的,讲述了一段特殊年代里别样感人的师生情谊。师生二人从"文革"中的思想培训课的相识,到几年间真切的交往,老师倾囊相授,学生孜孜以求;从燕园的相送,到法国的重逢。从中我不仅体会到了哲学的吸引力与魅力,更为这样的老师,这样的学生,这大半个世纪的师生情谊所感动。第二本是金岳霖先生的自传。金岳霖先生以平和的语气讲述了自己的一生。他最常提及的是他与朋友们谈天、说笑,在一茶室间或一方寸的庭院中把酒言欢,共同谈笑、交流思想,好不风雅快活!在这里,我不仅仅看到了哲学的轻松超然,更感受到了金老先生和同伴们深厚的友谊与畅谈的欢乐。第三本书是《我这一生幸福吗?》,赵鑫珊先生的自述。人们总是在追求幸福,可是什么是幸福?赵先生讲述了自己回忆起来的生命中幸福的片段,告诉我说这就是幸福!其中,有儿时家乡的孤鸿,有母亲的叮嘱,有破旧的茅屋;更有北大的白杨,燕南的灯光,未名湖畔的独步;有青春时的意气风发,求学路上的艰苦跋涉,也有如今蓦然回首中的灯火阑珊。在这里,我不仅看到了哲学带给人的快乐,也体会到了这样一种幸福感的传承。

合上书,走进北大这个园子:在燕南的路上,我似乎看到了周辅成先生身着蓝灰色的中山装,站在自家院子的门口,在黄昏时分送别前来求教的学生；穿过白杨小路，我似乎看到年轻时的赵鑫珊在月色下靠着挺拔的白杨回顾自己一天的所思所得……看着这个园子里的一切，似乎一切都是活的，每一处都有那些曾经的学子留下的足迹——或是久久的徘徊、孤独的沉思，抑或是三五好友的说笑，又或是那夜色下的初吻。

是的，北大、哲学等等，此间的一切凝结着多少学子的青春，当这些青春的彷徨失措遇到哲学，会怎样？

时间匆匆，在哲学系的第一个学期就这样过去了，从最初的迷茫，到从书中寻找感性的慰藉，这样的两个阶段也都已经过去。今日，我对于哲学系的学习自己已经有了较为全面的认识，对于哲学也有了一些新的认识，是时候再整装出发了。

当青春遇到哲学，会有收获，会有迷茫，但是，这样的相遇无疑是世界上最美好的邂逅，是生命中的至美与世界的至美的相遇和碰撞，这样的奇遇，这样的美丽，只有沉浸其中才能真正体会吧！

走入这扇门

小档案：郭小瑜，男，山西省太原市人，北京大学哲学系2011级本科生，至今就读于哲学系。毕业于山西大学附属中学，曾分获第十届和第十一届全国中小学生素质教育英语知识能力竞赛一等奖、特等奖。并且代表高中参加第二届国际中学生模拟联合国大会。在高中求学期间多次被评为三好学生。

这是百年北大与我的邂逅。

这是百年哲学与我的碰撞。

与北大的邂逅是前世约定，"相思廿载为今酬"。

与哲学的碰撞是命运使然，"世事如棋局局新"。

当青春走入北大门，走入哲学门。

当成为北大人，成为哲学人。

哲学门上的铜把手

这还先得从"北大人"说起。

记得中学的语文课本上有一篇课文《十三岁的际遇》,文章的作者,也是现在的诗人和哈佛大学教授田晓菲,13岁便成为北京大学的学生,文中有一些细节我至今记忆犹新:

> 入学之初那句颇为雄壮的誓言——"我不仅为北大感到骄傲,也要让北大为我感到自豪"——在图书馆大楼的映衬下骤然显得苍白无力。我紧闭着嘴,心头涌起一种近乎绝望的感觉:四百万册图书!实在难以想象。而其中我所读过的,大概连这个数目字的最小的零头都不到吧!不知怎么,我回忆起了1983年在青岛过夏令营时发生的一件事情:记得那时灯已熄了,我们在黑暗里躺在床上,随意聊着天儿。我和领队的那个小小的女老师正说得津津有味,我上铺的女孩却忽然哭了起来。我们惊讶地问她怎么了,她呜咽着答道:"你们知道得那么多,可我什么也不懂……"如今,我和女老师的谈话早忘得一干二净了,可那女孩子的呜咽反倒长久而清晰地留存在心中。当我随着面孔尚未记熟的新同学一起走出图书馆的时候,我似乎刚刚理解了那因为自己的无知而抽泣的女孩……

在某年的新生入学典礼上,有人曾问过北京大学的时任校长:"什么是北大新生?"

校长沉吟片刻,轻声说道:"北大学生。"

当北大以外的世界都在以数不清种类的复杂的眼光看待北大时,当一条新闻被冠以北大的名号便能在社会上引起轰动时,当每一个北大学生都在各种场合中被区别对待时,我不住地问自己:一个北大的学生,一个北大的新生,他会明白自己究竟该怎样看待这一切吗？

当西门外聚集了拍照的游客，当校园里走过一个又一个旅行团，当BBS被各家报社记者"盯梢"的时候，当未名湖水荡漾在旅游明信片的反面，博雅塔被当做礼品书签夹起，校徽被穿在身上、戴在头顶的时候，我也不住地问自己：北大，对我而言究竟是什么？

正如《十三岁的际遇》所写的那样："于是，自从小心翼翼地佩带上那枚白色校徽起，北大就不再是照片上的影像，不再是车窗外一掠而过的建筑，不再是小女孩心中珍藏的梦想，而成了需要用全部清醒的意识来对付的、不折不扣的现实。假如一生可以被分成许多阶段，那么与北大的际遇，便是又一个新的开始。"

二十六年后，我面对的，是一个在更为多元的时代、更为复杂的环境里的开始。不同的是，我的起点是北京大学哲学系。

发现北大的建筑，无论怎样"廊腰缦回，檐牙高啄"，怎样"高低冥迷，不知西东"，它们的门，它们的入口，无例外的，非狭小就是稍显黯淡，与整个建筑似乎不相协调，稍早些建成的建筑更是如此。这是否是设计者有意为之？8月份，站在静园那座古朴的小院前，看到那两扇更加低矮而窄小，甚至是有些斑驳和疲惫的暗红色的门，一种同样的疲惫感和失落感也从我的心底涌起——百年哲学门，竟不过如此！它淹没在无数同它一样矮小、一样陈旧、一样被翠绿的爬山虎夺去光鲜与生机的兄弟姊妹中，是想隐退，还是等待被遗忘，抑或已经消失在人们的记忆里？难道恰恰是那百年的记忆使它这样深沉，是那百年的重担使它弯下了腰？这样的低矮与窄小，又如何盛放得下青春的桀骜与张扬？

我的专业，似乎也同这扇门一样，被遗忘在世界一隅，同样疲惫与失落。当我得知被录取到哲学类时，正在商场的健身房里挥汗如雨地试图去除高三带给我身体和精神上的双重"负担"。背景音乐是快节奏的、强鼓点的、轻佻的;场景是商业化的,形体与外表的。刹那间我觉得我的心也如"哲学"二字一样沉静下来,也再一次凝重下来。我似乎已经看到了它带给我的未来四年的生活,似乎已经感受到了它的气息。尽管先前填报志愿时那样孤注一掷,但我,19岁的我,的确还没有做好充分的准备去迎接它,哲学,这门真正的学问,终极的思考——同样的,它会接受我,一个经济社会里从小到大靠不停地应付考试才走到今天,或许早已把学习目的复杂化、任务化、功利化,而面对真正的选择又茫然无措的学生?它那几千年的广博与厚重,能否容忍我年轻的无知与浅薄?

北大于我是新的开始;哲学于我,是开始的新。

轻上两级矮矮的石阶,推开那扇哲学门,忐忑不安地,进入一个新的世界。

奇怪的是,北大的门再窄小再不起眼再黯淡,当你跨过门槛,走进这扇门时,总会发现一个明亮、开阔而美丽的空间,这种突变令你自己也倍感惊喜。想起有一次,我带刚结识的来自西班牙的朋友到西门外,他因数不清的游人堵塞了交通,纷纷给西门拍照而不解。他对我说,他其实并不觉得这扇门有多么宏伟,多么好看。

除去不同背景下文化审美的差异,我该怎么回答他呢,这位初来乍到,对中国几乎一无所知的朋友?并不是所有的门都像他祖国的布尔戈斯大教堂的那样,既高耸宏伟,又精雕细刻。教堂吸引无数的人来膜拜,也不全然是因它有直插云霄的塔尖,使人眼花缭乱的彩色小窗,金碧辉煌的壁画,高高在上的祭坛吧。北大的这扇门,之所以永远富有魅力,是因为这扇门里的世界;因为这个世界景色独好,更因为这个世界永远心怀抱负,永远年轻,永远微笑着迎接一批又一批年轻的面容,也永远安抚着一年又一年桃李远去的惆怅。这扇门,象征了一个国家对学术至高的崇敬,是一个民族的人民对未来最最单纯的憧憬和最最热切的希望的节点。

人们说北大的学生活跃在各个社团的活动之中,我却看到了被高高垒起的书籍挡住面容的同学把图书馆自习室塞得爆满;人们说月下的未名湖畔尽徜徉着牵手缠绵的背影,我却看到熄灯后仍在并不明亮的灯光下阅读书写的身形;人们说着关于翘课的种种段子,我却看到我所上的课几乎节节找不到一个空余的座位。行走于燕园,会碰到留恋风景的,但更多是行色匆匆的;会碰到口若悬河的,但更多是平静从容的;会有在静园草坪上野餐游戏的,但更有在草坪上读书颂咏的。或许现实与虚拟的世界不同,此人与彼人的眼中不同,但是只有身处其中,用心体会的"北大人"才知道自己是怎样,应该是怎样。

呵,北大门,你用你自己悠久而斑驳的模样和你背后的风景向我轻吟浅唱:照相机照下的仅是西门的轮廓,旅行团带走的只是浮光掠影,BBS的水看似很深,却远不及荡漾在每个人心中的未名湖水,博雅塔更是一盏灯塔,而那校徽,则是凝结而成的民族的力量。

那些并不相识却和我有共同名字的北大人,也无声地告诉我,愈是在风雨如晦的时候,他们的心灵愈是宁静,能穿透所有的混乱和颠倒,找到最核心的价值,然后笃定地坚持。

坚持。当青春走入哲学门后,或许这就是哲学的山河在一个如同小学生般好奇而惊讶的人面前所展现的第一处风景。

青春味道

小瑜在未名湖畔

在"哲学导论"的课堂上,我同苏格拉底的朋友们一起聆听了他在雅典法庭上的申辩和他在狱中最后的对话。在一开始,我只是把自己当做一个要完成学习任务的旁观者,多少冷漠地倾听和注视着这位千年以前和千里之外的哲学家的言谈与行动。我并不理解他对练习死亡的看法,也对他将学习等同于回忆的话语不以为然,并且在他那著名的"灵魂不朽的证明"旁批注了很多后来看来很幼稚可笑的东西。而随着情节的推动,随着在哲学系的学习生活的进行,随着老师的讲解,我慢慢地发现,苏格拉底,他的那些哲学的证明,我不管它们是否严密,不管他的假设是否站得住脚,不管他的"次航"是否可靠,也不管他的生活方式是否能解决现世的困难,我可不可以说,他将我带入到一个全新的世界，在这个世界的存在秩序里，有一种特殊的东西叫灵魂，他让我摒弃我以前那种被动接受知识的方式，去主动热爱、坚持思考生活和存在的本质？他最打动我的，是他对哲学生活的矜持，是他对生活根据和生活道理的孜孜以求，有一点像中国神话中逐日的夸父，永远目光炯炯，追逐远方。目睹他的死亡，看他平静地接过酒杯，仰起头，一口一口地把毒药饮尽时，我只有缄默与肃静——若为他惋惜悲痛，反倒要受他的嘲笑呢。

而当我为期末复习再一次读《斐多篇》时，我惊讶地发现，这篇我两个月前还不理解它究竟在说些什么的对话，现在居然紧紧地牵动着我的心。我已然可以进入他的世界，严肃而认真地思考他所说的话，不再把那些当做无关紧要的东西。而最初打动我的苏格拉底的矜持，也绝不再是出自简单而纯粹的感性。

当青春走入百年哲学门，是否因此也多了一点点矜持，少了几分浮躁？

笛卡尔的《第一哲学沉思集》则又是一次新的视野的展开。逐字逐句默读，那看似冰冷的文字和推理后，不也是一颗同样年轻、同样踌躇满志的心？从普遍怀疑开始，是他多年的反思，也是青春的桀骜不驯；找到"我思"的起点，是他智慧的发端，也是青春的执拗；清楚明白的知觉，是他得出"我在"的原因，也是青春的自信与从容；对上帝存在的证明，是他寻求持存的依据，也是青春里有些青涩的依恋。——当然这样"浪漫"的解读在考试时是会被判不及格的，真正的理性思考，是在静谧的虚空与黑暗中展开，是从那一点微弱而坚定的星光出发，开始一段奇特的旅程，在这段旅程中，我们像侦探一般，解读、发问、思考，又会像真的探险一样，用理性迎接困难，开拓，到达一个光明的世界。

当青春走入百年哲学门,是否因此也多了一些理性,少了些许敏感,而又不失青春本真的特质。

经常会来到四院,进入那扇哲学门。

是的,当你跨过这扇有些疲惫与斑驳的门,在松树与藤萝的荫凉下登上四级石阶,真会完整地见到一个古朴幽静,却又明亮而生机盎然的小院。

哲学门与北大门的相似是否算一种"从一"?

叩问哲学门,它又将带给我怎样的故事?

哲学门里的世界并不大。一个简单的小院,便容下了所有的办公场所;行政老师和学生也并不多。不大不多,却很温馨。又回想起刚开学时师兄师姐们不厌其烦地给我们说选课的情况,在球场上和辩论场上和我们一起拼搏,在做学生工作时对我们手把手地指导,不时地发条短信,送给我们关心问候,在我们"一二·九"合唱夺得第一之后同我们一同欢欣雀跃,在我们做错事后,充满爱意地责备……尽管历经百年,哲学门依旧亲切,依旧年轻——这是否是一种温情的传统?这种传统又是由怎样的哲学来浇灌?忽然想起那句话——"道不远人",呵,哲学门,你看似高远,但或许我伸手便可感到你的温度。

而哲学门里的世界又很大。你沿小径直走,进入那幢建筑,右拐,那里有一长排信箱,每个信箱上面的名字都是我所熟悉或尚不熟悉的哲学系老师们的名字。每一个信箱的主人,都至少是哲学某一方面的专家吧。每一个信箱的背后,都是一个个与众不同的故事,一个个鲜活的个人,一段段深沉的思索,一节节精彩

哲学系教师信箱

的课堂,一部部凝结了心血的著作。

我应向那一排排的信箱致意。

一百年,那些在这里执教或研究的人,他们的名字也曾在这里出现。难以相信,在这座小院所代表的北大哲学门里,发生了近代中国与哲学最初的邂逅。蔡元培、胡适、蒋梦麟、熊十力、唐钺、邓以蛰、汤用彤、梁漱溟、金岳霖、冯友兰、宗白华、朱光潜、冯定、陈康、贺麟、沈有鼎、洪谦、张岱年……那些光辉的名字,那些值得我们敬重的人,无不与这所小院及其象征化后的内容有着密切的联系。

门外的世界了解门里的世界吗?那门里的世界拒绝门外的世界吗?对那从门外走进来的懵懂的青年,它究竟是否愿意向他展现它庞大的体系、壮丽的图景,向他传授它精深的思考,在夜深人静时使他陷入沉思,在喧嚣中令他归于宁静,在失落时给他安慰,在虚无时令他坚守?

答案,在一堂精彩的哲学课上,在几行触动了你心弦的文字中,在那门上贴着"哲学家"的宿舍里,在一段认真的思考中,答案,其实就在一天又一天的简单的生活里。

我只是想说,站在门外时,不要被它的模样所迷惑,叩开它,里面将会是另一个世界。那扇门的样子,那些飞短流长,又有什么相干!

一百年,这扇门始终向年轻的面孔敞开,迎接,目送。

一百年,它启迪了多少智慧。

一百年,有多少青春的年华轻声念诗给它听。

一百年,其实也是一天又一天简单而执著的生活。

走入北大门,站在这扇哲学门前,我曾经徘徊,怕它拒绝我的幼稚与轻浮。

走入北大门,站在这扇哲学门前,我不再踌躇,我仿佛看到了它百年的足迹,听见了它百年的呓语,感到它穿越百年向我亲切地伸来温暖的双臂。文字已无法向它表达感恩与希冀,我的整个身心只是涌动着无尽的恭敬与谦卑。

我的北大 爱的哲学

> **小档案**：龚君正，男，河南省周口市人，北京大学哲学系 2010 级本科生，至今就读于哲学系。在读期间，曾在哲学系学术部、北京大学校团委组织部工作，任北京大学学生服务总队外联部部长，因积极参与公益活动获得北京大学 2011 年"公益之星"称号。

每天习惯走过的路上，银杏叶铺满一地，燕园已是金秋。秋冬的校园，因为树种选择的原因，大部分树木的叶子都会凋落，多少有点萧索。不过这也正是燕园美的所在，小小的园子是如此四季分明而有特色。这么说来，未名湖水又快要结冰了，马上就可以在露天冰场上滑冰了，好期待！

时光是如此荏苒，来到北大已经一年半了。虽然时间过得很快，但是在北大的每一个日子，感觉自己过得都是如此充实。我庆幸自己本科读的是哲学，能在哲学系聆听这么多自己崇敬的教授学者们的教诲，能够结识那么多的朋友。有趣的是，高中时候的政治课本上的哲学内容虽然被现在的老师们批判为苏联教科书式的哲学，但是我感觉它掀开了我认识世界的新篇章，是它让我注意到更多的有趣的问题。除了日常的学习生活，我开始考虑一些看似很遥远的事情和问题，也开始用自己所学的那些认识世界的方法去理解身边的世界。那时我感觉一切都是那么奇妙，身边所有的事物都被赋予了理性和人性的光辉。

2010 年夏末，刚进入北大哲学系的时候，感觉哲学并非我们想象的那样有趣，多少有些过于晦涩难懂。看到我们的困惑和迷茫，班主任李猛老师鼓励说："你们要在哲学系完成的是本科教育。所以目光不要局限于哲学，要从自己喜欢的方面入手，多读书，读好书，读自己感兴趣的书，慢慢培养兴趣。不要太担心以后的问题，做好现在手头的事，那些问题自然能够解决。"我开始慢慢尝试读一些哲学原著和介绍哲学的书籍。因为对历史比较感兴趣，所以就先从读史书开始培养自己读大部头著作的能力和毅力，然后再把这种韧劲用到读哲学的大部头上。于是我开始翻开高中时买的《史记》、《资治通鉴》，一页一页地往下读，史书还是很有意思的，也让人很受启发。读史书的过程中，我开始跟进读哲学史，读了冯友兰先生的《中国哲学史》和赵敦华老师的《西方哲学简史》，现在也一直在读着其他的哲学著作。虽然很多东西还不能理解，但是我感觉我们现在学习哲学就像古代的幼童读四书五经一样，读的时候不能理解，但是等到长大后经历的事情多了，就会慢慢理解其中的真谛和教益，我们也是如此。所以现在不理解可以先放在心里思量，人生会给我们机会明白一些道理的。

哲学系除了课程火爆，深受本系和其他院系同学欢迎外，讲座也是一个了解哲学的好的方式。大一的时候，跟着师兄师姐一起办讲座的场景还印象颇深，看着自己努力组织的一场场讲座受到大家的欢迎，心里有种说不出的高兴。现在我自己也时常会去听一些感兴趣的哲学讲座，听听资深的教授们是怎么读书的，又是怎么解读书中内容的，从中深受启发。

哲学是让人智慧的学科，让我们思考世界和万物，宇宙在我们的大脑中运转，江河湖海在我们的胸中流淌汇聚。虽然我们不一定都能获得哲学的真谛，变得多么智慧，但是我想本科在哲学系学习的四年里，我们最起码要培养自己开阔的视野和胸怀，兼容并蓄；让思维得到锻炼，乐于思考问题，总结方法；慢慢地认

哲学系讲座

识我们自己。

2012年是哲学系百年系庆。在本科求学期间能赶上百年系庆，我深感幸运。我们都想着为系庆做些什么，来纪念哲学系百年的辉煌，但是我想，多读书，读好几本哲学书，能够真正在哲学系学到些东西，做一名合格的北大哲学人，这才是我们为哲学系最应该做的。

追梦的青春——在北大开始的日子

> **小档案**：罗双双，女，江西省南昌市人，北京大学哲学系2011级本科生，至今就读于哲学系。入学伊始便受到北京大学"燕园领航"计划的扶助，领航导师为哲学系系友、现任北京大学党委书记朱善璐同志，求学过程中多次受到朱善璐书记的指导与帮助。

18岁，是适合做梦的年龄，也是适合追梦的年龄；18岁，我做的第一个梦，追的第一个梦，是来到了魂牵梦绕的北京大学。9月，踩着秋的步伐，我走进了北京大学哲学系。初入燕园时，首先映入眼帘的便是"未名湖畔好读书，大师身边宜聆听"的横幅。于是，怀抱着满腔的热血，装载着满怀的梦想，向哲学系走去。我知道，我将在这里开始一段新的旅程。

在这段新旅程上，我始终感叹自己是一个幸运儿。我一直路遇贵人，从朱书记到哲学系的老师，从资助中心的老师到热心的学长，他们在我融入燕园的过程中给予我极大的帮助，我由衷地感谢这些师长、同学的一路相伴，庆幸自己在这段新旅程上不再孤单。

特殊的师兄

报到那天，我没有从那扇时时在杂志、宣传册上显风采的古色古香的西门进入北大，而是由南门进入校园，北大南门同样让我有一种庄严与神圣的使命感。在那条林荫小道上，从熙熙攘攘的人群中我找到了哲学系，热心的学长带我办理了入学手续，来到了宿舍，开始了第一天的燕园生活。在这本来就是我人生中不寻常的日子里,一位特殊的师兄又给我的"燕园第一天"增添了更加重要的意义。这位师兄就是朱善璐书记。

在迎新的绿色通道,我遇见了朱书记,幸运的是,他成了我的领航导师。"领航计划"是北京大学资助中心的一项活动,主要目的是让一些贫困学子不仅能够在学校里好好读书,也可以快乐地生活,学生有任何生活上学习上的问题都可以向领航老师请教。我家在江西的一个小县城,家里的经济条件起初确实让我在进入燕园前有些自卑和压抑。说实话这是我第一次来到北京,北京很大,很繁华,川流不息的街头和熙熙攘攘的人群让我有些手足无措。但迎新路上与朱书记的谈话让我坚定了信心,我永远会记得那天我站在人群中看着朱书记给同学们发大礼包、一起拍合照,朱书记带着微笑对我说:"你也一起来照吧。"那一刻,我由衷地感到一种温暖——原来北大的领导是这样的平易近人。后来当我知道他是我的领航老师时,高兴得都快跳了起来。我还记得他念我的名字时的语气,当他说他也是哲学系毕业的,我应该叫他师兄的时候,我猜自己脸上就差没有盛开花朵了。燕园生活的第一天我完全沉浸在喜悦中,不仅是因为遇见了朱书记,更因为我们是系友,我们都是哲学系的!

在这个新的校园里,我很有福气第一天就见到了学校的党委书记。就在我不断适应新生活的时候,朱书记给予了我更多帮助和指引。开学不久,就到了中秋节,这是我第一次独自在外过这个团圆节,心里很失落,想念家乡,想念父母。但当我听到朱书记要来寝室看我时,失落的心情瞬间变成了喜悦,我赶紧回到寝室,整理了屋子,等待朱书记的到来。下午快4点时,朱书记真的来了,他带来了月饼,更重要的是他给了我信心和鼓励。他告诉我要坚强，要吃得了苦，劝勉我们青少年要树立一个远大的梦想并为之不断奋斗。我们谈了很久，他给我讲了许多道理。在我心里，朱书记不仅是北京大学的党委书记，更是我的师兄，是哲学系的系友，是哲学系培养出的优秀人才。

在我不断适应大学学习的阶段，朱书记也给了我非常大的帮助。高中时目标是确定的，就是考个好大学，每天没日没夜地看书做题，一旦目标达成，进入大学，心里反而会空落落的，什么都没有。就像现在，尝过初入燕园的喜悦之后，突然不知自己下一步该做什么了，这时朱书记告诉我人就应该树立远大梦想。当时我就在想：我应该干什么呢，在这四年大学，我该学到什么，得到什么，才不会辜负四年的青春。他问我最近学习怎么样。我告诉他还有些难适应哲学的学习，他安慰我说，这个是正常的，大家都会这样。突然，我觉得他不是书记，而是我的老师，哲学系的大师兄！

初遇哲学

第一次真正接触哲学系是在开学不久的一次班会，那天是晚上去的，在昏黄的路灯下，古朴的四院另有一番风味，像思想家在沉思，没有人打扰，安静地坐在静园草坪旁。我最喜欢四院的爬山虎，铺满了整个墙壁，就像思想的流淌与蔓延一样，有一种无拘无束的自由感觉。班会让我第一次完全接触到我们班的同学和班主任老师，也算是在入校以来的第一次班级集体活动。先是自我介绍，大家都很活跃，班主任也很幽默，主动说出自己的外号。可能由于年轻吧，同学们和老师很快打成了一片。系主任王博老师也来串了串门，让我们知道了"哲学使人成长"的哲理。

朱善璐书记看望罗双双

曾经以为哲学很深奥，学哲学的人也应该很呆板，但这节班会给我一个全新的感受，我看到了哲学系不一样的风貌——欢快的气氛，幽默的学者，这或许才是哲学系的特色吧。

　　回想高考填志愿时，为什么选择哲学，其实更多的是哲学选择了我吧。我记得高中的历史老师说过：凡是有所成就的大家都是哲学家！就因为此，我抱着一种想要接触这门高深的学科的懵懂，在我的第一志愿上写下了"哲学"这两个字。进入燕园，随着越来越多的接触，我逐渐地爱上了哲学，确实有不懂，有奥涩……但更多的是感悟，有人会说，以后你打算转系吗？我笑着说：干吗要转啊，哲学系很好啊！

　　刚来时确实有一些迷茫，学哲学到底能干什么，在大学我到底要学什么，将来我要做什么，一连串的问题扑面而来，让我陷入了一种混沌迷茫中。但不久之后的全系迎新大会和中秋节朱书记的慰问让我逐渐清醒了，让我知道在这个做梦的年龄我该做怎样的梦，追怎样的梦。

迎新那天，我们整个班又聚在了一起，很多老师也参加了这个活动，没有隆重的排场，没有繁琐的礼节，就像一家人迎接一个新生婴儿的到来一般，亲切随意中又带着庄重。先是系主任王博老师讲话，他很了解我们新生的疑惑，上来就讲哲学系到底能干什么。可以涉足商界，可以叱咤政界，可以风云学术界。北大哲学系的发展在某种程度上就代表着中国思想界的发展。接下来是哲学系很多老师讲话，他们都是哲学专业不同方向的佼佼者，让我们初步领略到专业哲学的魅力，还跟我们分享了一些好的学习方法和在生活计划。让我印象深刻的是有一个老师讲到，在大学四年，你要找到一个哲学家，好好去研究，读他的每一本著作。入学一年来，我一直在寻找这样一个哲学家，我认为这是一种不错的学习方法。还有老师提到哲学其实是锻炼分析、思考、想象、沟通的能力，不管以后会不会从事与哲学有关的工作，这四年的学习都会对你的人生观世界观、想问题做事情的方法产生很大的影响。这一次聚会带给我很大的触动。但有一件事令我的感触更大，那就是系里为快过生日的同学准备了生日礼物，那种细心和关怀，真的非常令人感动。

哲学是什么？这是一个未知的谜吧！谁也无法说出，因为每个人心中都有一个哲学的魅影！在每个人的理解里哲学是不同的，对于我，哲学是一个变化的印象。在高中里，天真地认为哲学就像马克思说的一样，就是唯物论和辩证法，觉得都是一些定论吧！在填完志愿之后，觉得哲学是一门很高深的学问，没有哲学你可能就没有了思想，它会是很多东西的一个总论！而现在，想到哲学，心中滋味万般，我觉得自己生活在一个井底，有一天，我遇见了哲学，我发现在那片天空里有不一样的景象，于是我不断地爬啊爬啊，哲学给了我梯子，同时也提醒我要不断地爬，当你爬得越高，你就会发现离你要到的那个地方越来越远。同样，哲学可能无法对我的生活带来突然性的巨大改变，不可能上完一节"哲学导论"就质问身边的人的灵魂在哪儿？当然不会，但无意间这确实会对你的生活有很大的影响，慢慢地，你会改变自己的生活态度、对人对事的看法。那天听完杨立华老师的一堂课，我突然觉得我知道要怎么做了，哲学讲的就是与我们生活相关的内容，是对我们生活的一种观察，无论你以后要学什么，要干什么，他都会在你身边。

融入燕园

在大学的生活开始总会有一些波折，但很快燕园里的充实和温暖就让这些都过去了。不久真正开学上课后，学习、社团、学工问题接踵而来。最早是选课，在学长的帮助下选好了课，第一次上专业课，李猛老师开的"哲学导论"，很多人听，我还记得第一天我是坐在台阶上听的课。还有一节专业课，"宗教学导论"，吴飞老师开的。他们两位都是哲学系特别有思想的老师，学长们都说我们这一级很有福气。但说实话，这两门课都有些听不懂，特别是"哲学导论"，太深奥了。但慢慢地，也就习惯了这种教学方法。我发现，如果上课前仔细预习老师要讲的内容，再把老师推荐的书目好好看看，上课就不会有云里雾里的感觉了。我慢慢地适应了大学的学习方式，专业课如此，其他的课也是这样。我以一个大一新生的角度来看，在大学里的学习要转变一些看法：第一，大学不是高中，以前的一些学习方式肯定是不对的，但有些还可以借鉴；第二，在高中，家长和老师为了激励我们，把大学描述成一个人间仙境，一旦进入大学，有些同学就放松下来了。大学实际上培养的是主动学习的能力。学习虽然不是大学生活的全部，但至少我们是学生，这是我们的义务。

对于社团和像学生会、团委等学生组织的活动，也是最困惑大一新生的问题之一，这个要因人而异，要结合自己的兴趣、时间等因素一起考虑。其实在大学有一个最大的不同就是自己的时间变多了，以前都是学校老师给你画好一个框，学生按照这个框一步一步地走，而现在我们面临很多条路，要自己做出选择，可能很多时候，你的时间分配都有冲突了，我经常就碰到这种情况。反思之后，我想，要在做每一次选择的时候，分清事情的轻重缓急，千万不要在做好选择之后又去改变，又去后悔，浪费时间不说，心里还充满着纠结。

大学就像是一个小社会，充满着很多各种各样的选择，就像是一座大花园，有娇艳的玫瑰，有雍容的牡丹，有纯洁的百合，有深沉的罗兰……有的人来到这座花园，眼花缭乱，坐在小凳上思考要选择什么，结果当花都凋谢了，他还在那思考，就这样错失了良机，什么都没有得到；有的人来到花园旁便不管三七二十一，看到什么采什么，到最后当他发现自己已经装不下了，前面的花朵才是他最适合最想要的；而有的人先分析了自己，到底自己适合什么，到底能采多少，于是他得到了自己想要的。我们就该做这第三种人吧。

其实我觉得朱书记说的没错，我们要建立一个远大的目标。在十八九岁这个年龄，怎么能不做做梦呢，当你树立一个远大的目标时，在你实现的过程中你也会学到很多东西，哪怕你最后没有实现你的梦想，但至少你离你想要的生活越来越近了。

做一个追梦的少年吧，在这个做梦的年纪，拼命地追吧！

写在携笔从军之前

小档案：赵文涛，男，河南省安阳市人，北京大学哲学系2010级本科生，总政治部驻北京大学选培办定向委培国防生，至今就读于哲学系。曾获河南省优秀学生、河南省优秀学生干部、河南省文明学生等荣誉。

一

北大最美的季节，在纷飞的落叶中悄然归于静寂。霜露既降，木叶尽脱，人影在地，仰见明月。行走在校园中，恍惚间意识到，我来到这个园子业已一年半了。

走在这个园子里，我会明显感觉自己和他人之间身份的区别，作为一名北京大学的国防生，我的身上负载着双重身份——学生和预备军官。这两种身份其实很难去协调，一方面作为文人似乎天生是要读书做学问的，另一方面作为准尉需要做好投身国防建设的准备。另外，在别人看来也许还会有另外一种矛盾，那就是作为哲学系的学生和作为国防生的矛盾。通常意义上大家会把哲学看作一门纯粹用心灵去洞察世界的学问，而作为军人却要投身疆场，甚至杀敌报国，这可能是两种截然不同的生活方式。我承认作为学生和军官的双重身份确实会有些矛盾，而且我也时常会对自己是否真的能担得起国防建设使命有所怀疑，但是作为学习哲学的学生和作为军官之间并没有截然断裂的鸿沟，至少就我对哲学的了解，哲学其实可以兼容许多种生活方式。

二

哲学是关于思的学问，没有思就没有哲学。现在想想，我最早真正去思考问题，也许是在小时候第一次触及到生死之时，当然不是以纯粹的思的形式，而是一种真切的生命体验。

那年7岁，从楼下经过的时候，一块玻璃竖着掉了下来，径直从我的颧骨处划过，幸好没有正中脑门，几厘米的距离，使得生命奇迹般地保留了下来（这是后来妈妈经常念叨的）。我血肉模糊，意识也淡薄了，只记得妈妈抱着我哭着坐在三轮上往医院赶，妈妈的泪水滴在我的血液里。

手术台上大夫告诉我男子汉决不能哭，我真的不哭了。手术结束后我还醒着，只是自己真的没办法像刘伯承将军那样数着手术时的针数。我还清楚地记得那个时候我用手擦拭妈妈的泪水，并轻声安慰她。只是觉得那个时候最痛的不是我，而是妈妈，她流的泪水显然比我要多好多倍。

那个时候晚上会做到一些有关生与死的梦。有一次我梦到一个没有我存在的世界，天空白云飘荡，地上骏马奔驰。夜虽漆黑，却也遮掩不住星月之辉；天虽寂静，却也缥乎缈乎周行不殆。而我宛如一个纯粹的"注视"，注视到了一种永世长存的美，尽管在梦中那个在"注视"的我被假设为不存在。这真是一种奇妙的感觉，忽然间触及到的冰冷的生与死问题，却是以一种简单温纯的方式得以化解。

前些时候读到尼采的一句话，生命的价值是不可以被评估的，既不能被活着的人评估，也不能被死了的人评估。也许慧根较浅，我并不能理解这句话在他的整篇文章中的意思，但是在读到这句话的时候，我的心被触动了一下。回想7岁那年，即使

"我"都不存在了，但总还是可能有那种类似于我幼小的童年的梦中纯粹的对世界的"注视"，从而由于"注视"本身作为一种肯定性的活动，使得我的生命，以及负载着我的生命的整个世界也绝不会丧失肯定性的价值。

三

前年高考结束之后，凌晨 3 点钟跟爸爸到菜市场进菜。那天白菜特便宜，5 分钱一斤，一车白菜从乡下拉到县城来卖估计连本儿都赚不到，但菜农还是恪守职分将菜运到了菜市场来。夏天我在街上卖瓜，卖了一个月也没学会跟人讨价还价的功夫，倒学会了一手杀瓜的好功夫。有时一些临时工三两成群，忙了一天了，擦擦汗，要一个瓜。我用娴熟的技艺杀开，看他们大口大口地吃，我在一旁享受着夏夜丝丝静谧的虫唱。

后来高考成绩出来了，我的结果并不理想，很多人的期待都落空了。学校里给我提了两条建议，要么复习一年重考，要么报考一下北大的国防生。思之再三，我决定选择第二条，湖光塔影的期待始终印在我心中，而从军的选择对我来说并不那么艰难。

填报志愿的时候，发现有哲学与政管两个选择，但是我对这两个专业几乎没有任何了解。我投了一枚硬币，然后选择了哲学。那个时候一本哲学书也未读过，整个夏天是在卖瓜和看《忏悔录》中度过的，据说卢梭也被称为哲学家，那个时候想着也许哲学家都是像卢梭这样，是真性情的人吧。

后来去郑州参加军检，面试的时候，面试考官看了看我的简历之后，只问了一个问题："你为什么选择国防生？"我的回答也极为简单："为国防事业做贡献。"只是当时并没有太明确地意识到，我的身上已经肩负起沉甸甸的使命了。

四

接触哲学之后，我对哲学一直怀着深深的误解，时而会把它当做一种诡辩之学，因为苏格拉底的谈话着实像是在狡辩；时而会把它当做心理学，以为哲学是一种治愈心灵的药方；时而会把它当成元政治学，以为哲学就是为了给政治学寻找一种更难以辩驳的根基；时而会把它当做文学，因为有些哲学文句尽管读不懂，却总有一些文辞之美令人陶醉。

真正第一次完整接触的哲学著作是柏拉图的《理想国》，刚开始读时没意识到，这部书是如此宏伟，以至于连读三遍仍不释手，并找来吴献书先生翻译的版本又读了一次。这部书中涉及的问题，几乎涵盖我所能想象到的人类的所有问题。也许哲学本来就是这么一门学问，它并不是抽象的玄学，而是研究人的真正合理的生活方式。

《理想国》中，色拉叙马霍斯提出了一个振聋发聩的正义的定义：正义就是强者的利益。初读时我并没有意识到这个问题有多么严重，并嗤笑色拉叙马霍斯的看法如此粗鄙浅薄。后来渐渐意识到，粗陋浅薄的倒是我，色拉叙马霍斯提出的挑战是永远无法回避的，这是一个真正的哲学问题。问题之所以如此严重，是格劳孔补充了一个吕底亚的"魔戒"的故事，这个故事揭示出，一个人如果做了坏事而可以不受惩罚，那么他还是会去做坏事的。如果对话主人公苏格拉底无法回应格劳孔的这个问题，他就不可能建立起正义的哲学根基，直到第十卷，苏格拉底才给出了真正的回应，但在我看来，问题仍然没有很完满地解决，尽管在

第九卷我已经可以接受苏格拉底的解释了。

"理想国"这个名称也许是我在读这本书之前对它产生误解的原因，因为我之前把理想当做幻想了，可柏拉图用整本书告诉我，他的这个城邦的型相绝不是什么幻想，而是在某种意义上是最存在的城邦，现实的城邦之所以能存在，只是因为分有了这个城邦的型相。

我很庆幸我读的第一本哲学书是《理想国》，因为后来事实告诉我很多哲学通俗读物初看起来很玄乎，却经不起反复阅读，唯有这样真正的哲学书，方能使你常读常新，并在每一次阅读中都可以纠正一些之前的误解。

后来慢慢接触到各种哲学家的作品，发现有多少哲学家就有多少种伟大的心灵。亚里士多德的《尼各马可伦理学》就不像柏拉图那样文采飞扬了，但是读着读着也渐渐不催人入眠了；霍布斯的书初看起来确实有些僵硬刻板，然而读着读着渐觉其鲜活生动；洛克给我的第一印象是狡猾，可读到《政府论下篇》的时候我似乎看到了一个和《政府论上篇》截然不同的洛克，如此"调皮、狡猾"的洛克，竟然也沉稳、谨慎许多；罗尔斯是个与功利主义坚决不妥协的好同志，但是他的《正义论》中的正义却显然没有柏拉图更有说服力。我很庆幸我选择了哲学，因为哪怕是从哲学中获得一点点的收获，都自有一种充实感。

哲学系有如此多优秀的老师，有时候觉得老师教授课程其实并不只是用知识教授我们，更是用人格来点化我们。有时候迷惑很久的问题，老师几句话就能点透，既不玄奥，也不冗长。听其言，读其书，也不免为老师的才气所感染。也许哲学本来就应该如此有魅力吧。

五

每到周五,我们国防生兄弟都要穿上军装出操。北大给了我们很多自由的时间,在平时训练上选培办也没有过多的要求。只是每到周五穿上军装的时候,还是会生发出一些使命感。我的胸前是北大国防生的胸牌,胳膊上挂着中国国防生的臂章,虽然我也经常怀疑,三尺微命,一介书生,究竟能否担得起这个身份。读书人总是会有很多奇怪的情感,而成为军人之后,所有的情感都应该埋在心里。也许那个时候我可能真的就不读书了(当然这是我无论如何也不敢设想的生活方式,书在某种程度上是无言的知音),也许那个时候我也会纠葛于各种繁杂琐事,并陷入自己年轻时所不断鄙夷的困窘之态。我会渐渐地远离《忏悔录》《政府论》《利维坦》,或许也不再看《百年独孤》来体会尘封在虚妄的时空岁月的人类历史,一个字也啃不动康德了,或许会很疑惑自己年轻时怎么会去读《正义论》,或者暗自嗤笑,正义其实不就是色拉叙马霍斯所说的正义吗?

国防生训练

但我还是很少会实在地去设想自己未来的样子,因为我相信霍布斯的那句话,所有的未来本质上都是一种假设。我只能设想在我生命的这个阶段做好我所想要做的和应该做的事情,让这无往而不复的青春别留太多遗憾,除此之外任何多余的假设都不那么靠得住。

很喜欢辛弃疾一首词中的句子:"平生塞北江南,归来华发苍颜。布被秋宵梦觉,眼前万里江山。"也许这个句子最能够说明哲学家、读书人、军人之间性情上最幽深处的契合吧。

从元培到哲学

> 小档案：林叶，女，江苏省南京市人，2005年江苏省文科高考状元，2005年至2009年就读于北京大学元培学院，北京大学哲学系2009级硕士研究生，至今就读于哲学系，攻读宗教学方向佛教专业。在读期间，多次获得北京大学三好学生和北京大学明德奖学金，2006年7月赴北京大学驻广西崇左白头叶猴基地担任志愿者，2007年担任北京大学戏剧社社长，同时为北京大学吉他协会成员、键盘手。多次参加北京大学儒行社在云南的国学支教活动。

2005年入秋，我是元培两百新生中的一个，扎堆儿选修祥龙大师的"哲学导论"和经济学院的"高数B（上）"，像我这样的人，有二十个。那时候一走上北京大马路，但凡看见写着"祥龙公交"的大巴，就很兴奋。2006年春天，每周破窗而入狂占经院高数座位的元培学生变成四五十人。哲学系的课堂就很清静，元培的，只剩邵斯艺和我。

那会儿元培学生进校的分数很高，但是在各院系上课，常常不受待见，要么被教务忘了登分，要么被以各种奇异的理由劝退，总是被人当做是来抢名额的家伙。有那么一阵，大家纷纷说最好别进元培办公室，因为但凡找上，必是代表某院系来劝说你换专业一事。处处让人不安，而且那时我们似乎很容易就被旁人影响了，也不由得心慌。某个课间，我和邵斯艺战战兢兢去问李四龙老师，如果我们想读哲学，可以吗？

李老师说，好呀。

这一年中秋，元培安排我去见学院按照专业给我们分的导师王守常老师。和王老师聊了俩钟头，我怀揣一颗仍旧高中生的内心：见导师时无比崇拜和不可避免的谄媚，见完以后即刻忘了谈话的主要内容。但王老师给我讲了他的一个学生的经历，作为鼓励我朝自己想做的学术方向努力的例子，我记得很清。一个例子虽无全然的说服力，但太有蛊惑性了，以至于鼓舞我直到现在。两年以后，在受吴飞老师影响下三次去做田野调查的时候，我才反应过来：王老师当时说的那个学生，其实就是吴老师。

临走时王老师给了我一盒月饼，我第一次从老师那里蹭到吃的，感觉很占便宜，拿到邵斯艺宿舍一块吃，吃得很香。满嘴糖渣儿的当口，同届的哲学系的班长杨卓来了一电话，说是哲学系

林叶在田野调查过程中

2005级班集体正在商量春游的事儿。

她说：你俩来开班会么？

从此，我们就赖在哲学系了。

元培是各种专业各种人揉在一块儿的大杂丸子，特别容易使人焦灼，不论有必要还是没必要。我们两个读哲学的，只觉得上课、读书、讨论，精神被锻炼得很清朗，从未多想。如此，反而过得很安定。

邵斯艺极喜欢先刚老师，喜欢他译的荷尔德林《塔楼之诗》。受这本小册子的"诱骗"，她学习德语不到一月，就在屋里大声念荷尔德林的诗，激动之处要大大踱步。

我则修宗教学诸课，时常兴奋，也有靡钝的时候。星期五上午四节课，先是吴玉萍老师的"基督教史"，再是"伊斯兰教经典"。不知为何，意志力再强，我也只能听两节、睡两节，又往往在早晨时候发困，因此吴玉萍老师的课几乎都睡过去了，还总坐第一排。某次课上，睡梦中一个激灵爬起，跳起来抓纸抓笔开始记笔记。

只听吴老师的声音：不用记啦，我刚才说的是——下课。

全场笑翻，我太惨了。吴老师竟凑过来说：害你们起太早，睡是应该的！

临保研的时节，常见的老师是王宗昱老师。因为王老师课上总有号称功力奇深的道士，所以我们背地里管他叫道长爷爷。道长爷爷在我心目中的形象一直和被拆除的小四教相连。在小四教那个少到只有浅浅两排座位的狭长小屋里，道长爷爷曾套一身破着星洞的汗衫子，以一种相声曲艺的风范带领我们读原典。深秋的某一天,在系里被王老师抓住,闲谈之下他问我今后的打算,比如保研。教研室里的暖气冰凉得很,王老师提议到院子里草地上坐着聊。我们扛了俩椅子,支在落满金叶子的草地上。阳光不多,将将晒晒脚,倒也暖和。路过我们的好些老先生都停下来,仿佛很羡慕我们这么坐着聊得那么舒服,我就跟着王老师不停地起身鞠躬、坐下,再起身鞠躬。

那一次,我忽然觉得王老师对你严肃认真地关切的时候,你会惶恐的,生怕自己努力的程度还不够格去接受。

成为研究生之后,真的变成了哲学系的学生,可是最强烈的归属感已不在此。

最最强烈的依靠,大概是在系里一同参与中哲读书会的各位。

深冬时候,同读《王弼集校释》的十来个人每周三晚在未名湖南边的小楼里读至十一二点,到灭灯,相继推车沿着肠道往南回,天气冷到人不记得自己身上穿了些什么,可是读书会始终未断,直至此书读毕。至夏,又一轮读书开始,如四季,终无停歇。

天气好时,读书会改作三两人的酒桌。跟中哲人在深夜烤串、啤酒、闲聊,有一种特别的节奏。别处未见有过。

或者是有太阳的下午,几个人从图书馆出来,饭后背着书包在静园溜达。有一次被王博老师撞见,问我们正做什么。大家相视,笑答:行散。

至有人毕业工作,不能够无忧无虑再如学生般去读中哲,却也很好,偶尔闲拉几句书外的生活,再遥遥寄来新居的特产。我常常在嘎嘣嚼着特产的时候想,好像都不太记得怎么从元培到哲学系的了,之前那些计较,现在都忘记了滋味。只是无论以前抱着怎样特立独行的心思来读哲学的,到今日,心气都平易了。终于知道,日耕月耘,不过是要做个用力生活的普通青年。

哲学使我勇敢

哲学的意义，无关物质和荣耀。

它是一个"解蔽"的过程，在对真理、智慧的追寻中破除原有的臆见，以思考检视生活，以生活回应思索；

它是一种简单而纯粹的信仰，但不复有宗教意义上的神圣色彩，而是一种寄托与安宁；

它更是一种生活方式，超越了纯粹知识的领域，为生命提供了一种确定性，从而使青春的我们在追求最高精神价值的道路上朝气蓬勃、充满希望。

当青春邂逅哲学之后，模糊而未经反思的观念遭到矛盾和挑战，种种的茫然、困惑与不安难免接踵而至。

但我们将会看到，在学习哲学的过程中，迷失在世事中而躁动不安的心，被安抚得宁静踏实，找到了在世界上安身立命的支点，也就使得生命无所畏惧地真正勇敢起来。

我们为什么学哲学

> 小档案：孟雨桐，女，山西省太原市人，北京大学哲学系2011级本科生，至今就读于哲学系。在中学期间，曾获第四届太原市青少年发明创新竞赛一等奖、"我的成长故事"征文大赛二等奖。2009年被选拔参加教育部组织的中日青少年友好访问团赴日学习交流并随记25000余字的日记和笔记，《青少年日记》杂志2010年第9至12期连载。2010年被评为太原市"三好学生"。

寒窗苦读12年，终于考上北大了，很多亲戚朋友惊讶地问我怎么会选择哲学。我对他们的发问倒并不觉得惊讶，学哲学仿佛一直是一件令人费解的事，人们对哲学一贯的认识是两个极端：要么认为哲学是荒谬无聊的，要么认为它是高深莫测的。于是与之对应，有意愿、有能力学哲学的人，必定也只有两类：要么精神非常，要么智商超常。也许我们应该正视这种因不了解哲学而产生的偏见，因为我们自己在初逢哲学之时也免不了一番困惑。

去年我参加北大夏令营，一位哲学系的老师讲述了他自己初逢哲学的经历——他在图书馆里看到一本黑格尔的书，书上的每一个字他都认得，但连成一句话却全然不懂是什么意思，于是他大惊——这世界上还有我看不懂的书！

我们现在的确遇到了同样的问题。这并不难理解，毕竟，我们在努力同人类历史上最具智慧的头脑打交道。李猛老师戏称，到了从哲学系毕业的那一天，我们再也不会对任何事情感到惊奇，因为再奇怪的思想也一定有哪位哲学家提出过。不过我想，见识一下人类历史上各种奇怪的思想，一定不是我们来哲学系学习的全部目的，我们在初逢哲学的时刻，一定认真思考过这个问题：我们为什么学哲学？

哲学无用，这是人们对哲学的又一个根深蒂固的偏见。这在物质层面上也许的确是一个事实，它不能当饭吃不能当衣穿，不能直接给我们带来财富、名誉、婚姻、幸福等等，也不能抵御强敌、保家卫国，它研究的是一些"远离生活"的东西。那么既然"无用"，人类为什么要研究这些东西？甚至为什么会有"哲学"这样一门学问？

我至今还记得夏令营那位老师精彩的回答：当我们谈到一个事物的"用途"时，它只是作为"手段"而存在，一定有比它更重要的事物是它的"目的"。而哲学位于一切事物的顶端，再没有什么比它更重要，也就当然不能说它"有什么用"。如果说财富、名誉、婚姻、幸福等等这些东西的"目的"是让我们快乐的话，你在学习哲学中得到的快乐，没有任何一种其他的快乐能比得上，因为哲学的快乐是至上的、永恒的。这个回答在当时博得了满堂震天的喝彩，它本身就体现了哲学思辨的智慧。

我个人也比较喜欢冯友兰先生的说法，他说人类之所以要有哲学，是为了心安理得地活着。

我们想要活得心安理得。

这也许就是人和其他生物最根本的区别，人类具有理性，生要有生的根据，死要有死的理由。它仿佛是在人生的大海里航行必须要找到的一个立足点，一个根基，让我们不致淹没。我们需要一个对自身存在的解释，让我们获得生活的勇气。

于是有了哲学。西方哲学最早在希腊诞生，泰勒斯完全有理由骄傲："我是幸运的，因为我生而为人而不是野兽，生而为希腊人而不是野蛮人。"苏格拉底也曾说，雅典是一个伟大的城邦，因为它强大而智慧。强大，靠着它的军队，智慧，靠着它的哲学。

哲学关心"存在的秩序"，关心人在宇宙中的位置。

一块石头安于现状不是因为它满足于自己在宇宙中所处的位置，而是因为它根本不去考虑这个问题，而人不同，我们探讨什么是"存在"，对一切的存在都充满好奇，不仅想了解自己在宇宙中的位置，还会积极争取改变这个地位，比如文艺复兴时期的人争取比神更高的地位。

哲学关心"自我"。

正如德尔斐神殿里的那句话"认识你自己"所说，哲学就是要引导我们更加客观真实地了解自己。也许北大保安经典的三个问题就能很好地概括这一点：你是谁？你从哪里来？要到哪里去？听起来很像前面提到的那个"寻找自我"的笑话，但这的确表现了一种自我省察。苏格拉底说，未经省察的人生是不值得过的。毕达哥拉斯说，人生就像一个盛大的节日聚会，有的人去赢奖品，有的人去做买卖，但最好还是去做观众。哲学是对人生的观看，是我们站在高处，看着人间的悲喜，反思生命的意义。

哲学关心"好的生活"。

很多西方哲学家喜欢区分肉体和灵魂，灵魂被认为是纯洁的，肉体却是愚昧不纯洁的，是形形色色、没完没了的烦恼、贪欲和纷争的根源，肉体是速朽的而灵魂是不灭的，于是有了上帝有了来生。他们通过探讨死后的世界帮助人们理解此世的处境，并以此形成对人们现世生活的约束，要求人们时刻保持谦卑的态度，促使人们尽力向善。从这个意义上讲，是哲学界定并引导人们走向"好的生活"。

哲学并不只是理性的思辨，它也可以有血有肉，有生命有情感。

我们读了《斐多篇》。《斐多篇》里的苏格拉底再也不是高中课本上那个讲着"知识即美德"一类道理的刻板老人了,那是他生命的最后一刻,他愿意把他最后的时光花在与朋友们探讨灵魂不朽的问题上,而不是同他的妻儿痛哭流涕地告别。我们也许从来没见过,一个人的命运可以与哲学联系得如此紧密,他也可以为了自己坚信的哲学而如此平静从容地献出生命。歌德说,理论是灰色的,而生命之树长青。确实,比起哲学家的逻各斯本身,他的行为更具有说服的力量。哲学家也不只是"理性的动物",他们对真理一如宗教般虔诚的信仰、勇敢、坚持和从容,让我们为之动容。

据亚里士多德说,哲学是一种"闲暇的学问",必须在解决了生计问题之后才有可能思考,确实有很多超脱于琐碎生活的、甚至是虚无缥缈的东西,比如怀疑主义、虚无主义、肉体与灵魂、生前与死后、今生与来世等等。但怀疑是为了探求确实可靠的根据,研究虚无是为了寻找意义,假设来世是为了更好地安排今生,讨论死是为了更好地活。

于是又回到最开始提出的问题:我们为什么学哲学?因为哲学给我们勇气,改变我们所不能接受的;给我们胸怀,接受我们所不能改变的;给我们智慧,让我们区分两者的不同。它不仅让我们清醒地认识自身的处境,更让我们过上"好的生活"。也许还有一点更重要,我们将认识许多伟大的哲学家,即使我们永远无法走出柏拉图描绘的"洞穴"看到"太阳",只能在锁链下看到一些模模糊糊的影子,也可以借助"太阳"在哲学家身上的反光,开始"次航"。即使波涛险恶,即使哲学家给我们的筏子不够坚实可靠,我们也将选择扬帆向前,逐渐接近真理。我们将在艰难的航行中懂得，也许哲学并不能真的给我们什么安慰，但至少会让我们勇敢地面对生活的困境。

　　于是我们开始对哲学有了新的理解，开始相信苏格拉底临死时留下的哲学使命——思考和省察人生。我们要走的路很长很艰难，但这并不妨碍我们迈出第一步，路途将充满荆棘，但哲学的使命会让我们无所畏惧。我们准备好了。

仲夏夜，谁的灿烂星空

小档案：杨森，男，河北省承德市人，北京大学哲学系2011级本科生，至今就读于哲学系。曾于2009年参加国庆60周年群众游行并获市级标兵称号，于2010年参加首届"全国中学生领导力与创新力大赛"获团体第三名、"最具领导力个人综合奖"，曾获"海淀区全面发展优秀中学生奖"、"北京大学校长实名制"推荐资格。

不知从何说起，也许冗杂，也许没有头绪。也许当我仰望头顶这一帘繁星，聆听星光流水般轻柔的细语，才会突然发现，原来梦就这样渗进了现实。

是路边吐着暖意的烧烤摊，还是艺园二楼生涩却亲切的笑脸，记不清，也不必分辨，到底哪个夜晚才算是我大学生活的开端。

虽然高中三年同样是在这座城市度过，但如今，当我来到十几年来梦寐的大学，心境却不再相同。我尝试用一种过来人的姿态来面对崭新的生活，才发现，我的心中仍无可避免地生出一丝忐忑。我不敢肯定与理科相伴了十余年的我能否走进哲学的世界，甚至我对于如何与今后将与我相伴的同学们相处感到不安。也许是因为心底里依旧不承认自己足够优秀到能和来自全国各地的佼佼者迈出同样的步伐，也许是难以接受从理到文的突然转变，又或者是眼前不见了共同相伴了三年的挚友……但当我耳边响起师兄真诚和热情的话语，感受眼中流淌的是灿若朝阳的笑容，我告诉自己，我的大学生活，注定不会单调和冷淡。

我承认我是个不理性的人。但我想也正因此，大家的热情和真诚更加深刻地触碰到了我心中最柔软的角落。就像迎新那晚分别后的一声晚安,我抬头仰望绛紫色水晶似的天空,突然开始爱上这个夏日的夜晚,我在这里,便是幸福。

我想走出一条路。

在得知我将要来到哲学系之后,曾经一个人思考了好几个夜晚。我不得不承认我对这个世界知之甚少,我不清楚哲学的流派,没领略过哲学家思辨的风采,唯一的几许浅薄认识也只是来源于高中课本中的内容。我开始翻读关于哲学的作品,但却始终不得要领,无法走进哪怕走近哲学。

一转眼便已开学,但哲学的概念在我脑中仍是模糊不清的,我没有丝毫进步,抑或是我认为我没有丝毫的进步。我试图弄清楚哲学对我来说会产生怎么样的意义,然而结果却令我不安——似乎在我弄清楚它是什么之前,我不能说出它之于我会有怎么样的帮助。

然而在这三个月的学习中,我似乎懂得了一些道理。虽然我承认我仍然是哲学这门学科的门外汉,但哲学导论课上李猛老师对柏拉图笔下苏格拉底的剖析让我体会到了哲思的深邃和奇妙;宗教学导论课吴飞老师绘声绘色的讲述让我开始思索对于哲学、对于世界或者仅仅对于宗教来说的指导意义;在讨论会上同学们思想的碰撞更是让我体验到哲学思考者理智思维碰撞出的火花。我越来越发现之前的学习中我显得有些迫不及待,对于问题刨根问底求一个定论的理科思维似乎在哲学学习过程中给我带来了不小的麻烦。也许哲学本身便无定论。我们要做的就是试图去理解先哲们的思想,就是在哲学这繁星满布的天空下找到属于自己的启明。这并不是几个月甚至几年就能够完成的工程,但又有什么关系呢?虽然我不知道我脚下的路是否指向终点,但我深刻地明白,在哲学这片星空下,哪个方向的道路都不会暗淡。

于是似乎更加从容了,即使仅仅弄清楚课堂上的内容都让我拼尽全力,但我相信我前方有一条路;于是更加淡然了,即使对于未来的生活如今我哪怕不能给出一个大概的方向,但就让我姑且自由地徜徉在哲学的世界之中吧。只要我清楚我在向前走,便好。

因为这条路上有满眼的璀璨星光。

我想点亮一片天。

我承认学习从来不是我生活的主旋律。也许是十二年做班长的惯性,又也许是高中三年在北京学习的丰富经历让我对于学生工作的热情一日高过一日。刚进入北大,我甚至是有些自喜的。因为2009年我曾经与现如今大三的同学一同走过十里长安街,我走进过国家大剧院,参观过各类博物馆,也曾经与来自全国各地热爱学生工作的同龄人同场竞技,我沉浸在过去的光芒里,更有一种呼之欲出的念头:让我在这个新的舞台上找到属于自己的闪亮位置。

但这三个月似乎改变了我的想法。学期初我成为了绝对合格的活跃分子——社团和各种学生组织我参加了九个,每天的生活除了上课便是奔波于各种活动应付各种工作。我发现我进入了一个崭新的世界,这里的星空尤为灿烂,每一颗星都发挥如炬的光。然而渐渐地我却感到空虚,我发现原来照亮我天空的星光只是过往的余热,当它们走完光年计的距离,光芒仍在却无力持续。我险些沉浸于这样的假象之中无法自拔,所幸仲夏夜晚的微凉让我清醒,让我认识到我的小小骄傲会带来多大恶果,让我明白不找到真正的星我的天空注定会归为黑暗。

我开始找寻参与这些活动真正的意义，无关乎荣誉，无关乎炫耀，仅仅是出于对它的热爱。只有这样我才能真正地投入到活动之中，才能在自己的岗位上发挥光和热。我需要虚心而不是虚荣，需要淡定而不是淡漠，需要能让我感到快乐和满足的过程而不是结果。

如今我退出了部分组织，开始专心于我的选择。我全心投入到学工部教宣办的种种工作中，全心投入到系文艺部"一二·九"和元旦晚会的准备之中……我不敢说我能做到最好，但我会做到最踏实，也一定会最快乐。

我想即将亲手点亮的是能让我永不会厌弃的天空，是我真正喜爱的星系银河。

我重塑，我的人生。

三个月很忙碌，但这并不耽误我开始漫无目的或许自以为是的思考。思考的结果是我险些将我的人生观全盘打乱，我只得承认我之前近20年的生活并不是我自己真正想要的生活，因为我甚至从没有认真地想过什么是我想要的生活。即使我提早三年开始了独自在外学习的经历，但毕竟高中生活还有学校束缚着，引导着我有规律并相对正确地过日子。进入大学，学习、生活的自主性都极大的提高，一方面让我体会到难能可贵的相对自由，另一方面也让我发现了我在生活能力上的欠缺。

我对于我过去眼高手低的生活态度感到可笑和遗憾，我似乎有些本末倒置，还没有掌握独立生活的能力就妄图赋予自己不平凡的生活。于是我很感激这大学中的三个月，让我能够清醒地认识到这一点。我开始试着重新审视我自己，我欠缺的是打理自己生活使之井井有条的能力，我还需要学习如何自信和有效地与人交往，我要克服的是自己眼高手低的生活态度。

我开始学会仰望，就像追随一颗启明星一样。我认同我不卑不亢的渺小，有太多道理需要我理解，太多能力需要锻炼学习。也许某些时候我可能会掉进脚下的深坑，但我相信我能凭借所学到的爬出来，这便是我永不会放弃的自我。当我渐渐真实感受到生活并不以我为中心时，我发现以前种种让我感到不公感到愤懑的如今不再让我心烦。我试着接受，虽然不知道这算不算是逆来顺受，但有时生活容不得我们有太多的反抗。我试着保持积极的自我暗示，相信每一次付出都能给予我回报，这或许是与荣誉与成就无关的纯粹的自我提升和历练。

我不能明白我现在的想法哪些是对的又有哪些存在偏差，但我依然存活的青春足够我有"错"的经历，我能够也必须将我的想法付诸行动，然后等待生活的检验。直到有一天，我找到一颗对于我来说有意义的启明星，开启一段有意义的人生。

最近经常想要总结这三个月的大学生活究竟给了我什么，哲学给了我什么。答案模糊但并不是无果。我不敢说我已经完全适应了如今的生活，但毕竟我努力将过去根深蒂固却可能没有根据的习惯打破然后重新建立新的观念；我试着放开过去苦苦追逐的荣誉光芒之类的东西，仔细找寻一种自然的淡泊与低调；我一次次地拷问我的灵魂，尽量让它按照真正的意愿做事。对于一个我并不了解的世界，无论是大学这个环境还是哲学这门学科，我尽我所能冷静地审视它们，客观而又积极地对待。当我做出这样的行动，我发现我的生活似乎轻松了些，自在了些。我开始享受每一天的忙碌或是清闲，平凡但真实的生活。

夜已深。尝试以一种文艺的方式仰望星空，如今即使穿上厚重的衣服也能感觉到空气中凝重的寒意。但那片星空也已经不再属于仲夏的夜,但不变的是灿烂的星光,以及星光下如雾般缥缈却又充满触感的小小梦境。

所得

> 小档案：谢清露，女，河南省漯河市人，北京大学哲学系2010级本科生，至今就读于哲学系。在中学期间，曾于2009年5月被评为漯河市三好学生；多次获得漯河市高级中学三好学生等光荣称号。

谨以自己一年的所得向哲学系百年华诞致敬。

——题记

2010年8月某日，漫步于燕园，我细细地看着眼前的一切，怀着一份想尽快把它们印在心里的幼稚可笑的贪心。出神间听到同伴喊了一声："哲学系！"回头一看，翠绿浓郁的绿植簇拥着一道古典中式的大门，两侧分悬着写有"哲学系"、"宗教学系"的牌子。当时大门紧闭，我只能透过围墙向里面投去向往和好奇的目光。

那时的自己的确是在"哲学门"外——唯一算得上的了解也是来源于那本《苏菲的世界》，更何况当初觉得读

哲学系

这本书已经很费心力了。因此,门外的我在期待之余更多的是迷茫和不安。

就像现在不知道从何处说起一样,刚刚与哲学结识的时候,在感叹它博大精深的同时也不知道应该从何处开始——毕竟,我们将要学习的每一位无不是在人类历史中留下了自己浓墨重彩的一笔:或者影响一国国民、文化的气质,或者改变世界历史发展的进程,或者使许多人的思想发生深刻转向……他们就如一座座高峰,自成一家且各有不同风格,但他们所达到的高度均使后人仰望并得到无数启发。

因此,一年下来的积累使我还不敢妄语自己已经打开了这道门——现在恐怕更多的还是从微微张开的门缝中窥见其中的一些风景——但毕竟让我有机会从一个新的角度去审视、反省、思考身边的世界和自己的一切。就如苏格拉底的那句名言:"未经审视的生活不值得度过。"

或许真的是一天天的重复让我日益习惯这个世界了,而按部就班的做事和无休止的忙忙碌碌让自己觉得过得也充实。在乔斯坦·贾德的那个魔术师礼帽的比喻中,自己恐怕也是一只不断向皮毛深处挪动的微生物吧:寻求着一种看得到的安逸,满足于知道社会上发生了什么事并以此作为一种炫耀的资本;但回望时却发现自己所能看到的天空越来越狭窄,而且这些光怪陆离的景象并没有让我更加了解这个世界,而是迷茫于眼前的纷纷扰扰,似乎离这个世界越来越远。

在第一学期的两门专业课上恍然大悟:原来,世界上还有这样一种观照、思考宇宙和人生的方式。跟随着老师的讲授,一次次感到震动——原来,在今人已经习以为常的种种社会现状的背后,曾有着如此深刻的哲学洞见;以前学到的历史上的重大转折,其实是有着哲学思想的反省与引导;很多广为人知的理念、口号和价值判断,其实都包含着哲学家对所处时代的思考。因此,那些对他们的思想只是去简单的肯定或否定的态度在某种程度上都是一种亵渎,盲目的学舌更是如此;因此,需要自己去理解、去思考。

此时,身边的世界呈现出了另一番姿态。虽然对于现在的我而言它依旧模糊,但是它指给了我一个新的方向:它不像知识的习得那样显而易见,不是今日学了多少单词、知道了几个理论便说明知识有了长进。它需要漫长的体悟,并且自己有时一不小心便拐进了弯路,陷入了更深的迷茫;但真的有了一点收获时却也感到无比欢喜。"哲学是什么"一直没有绝对的答案,但从某种角度来说,哲学的确是一个"解蔽"的过程。在对真理、智慧的追寻中一步步地破除原有的臆见、偏见,进而对自己以往的生活方式进行反思。

以前自己的生活,更多依靠的便是所谓"习俗"、"常识"的力量吧。很多事情并没有经过自己慎重的思考,往往以大多数人的行为作为自己行动的理由,一路走下来似乎也不错。而进入大学伊始,便有老师告诫我们:在大学,一件很重要的事情便是要建立起自己的坐标系。真正进入大学才发现这到底是一片怎样广阔的天地:课堂、图书馆、社团、讲座、社会实践……面对如此多的选择和自由,起初真的很难进行取舍;况且每一个领域都有非常优秀的榜样,自己对他们充满了欣羡,想要向他们学习。可一段时间下来,似乎收获了很多,似乎又鲜有所得;随后便是焦虑、困惑。

并且,进入大学以后发现,很多事情再不会有什么"标准答案",没有一个人可以信誓旦旦地告诉你一件事情是绝对的对或是绝对的错,就像身边的每个人会选择完全不同的道路。最初,我总是站在一旁,单纯地羡慕,却不知道自己到底要怎么办。然后,在普遍的尝试中收获着自己的结果:有些微肯定的,有完全失败的,有无疾而终的……这样的一番忙碌如今想来仅仅是因为,我不知道自己到底要什么。程颢说:"中心如自固,外物岂能迁?"德尔斐的神谕说:"认识你自己。"乍一听它们似乎无比平常,但果真在某一刻,摒除一切外在的势力扪心自问,却发现答案也没那么容易得到——或许是因为自己习惯了把他人的意见视为参考甚至圭臬,或许是因为我果然还不了解自己;但至少,现在我要尝试着去认识真正的自己,尝试着选出自己的答案让时间加以印证,尝试着真正为自己的每一步选择担起自己的责任。

记得刚进入哲学系时,老师说:在这里,你们要找到一本书,找到一个人。学至今日,对中西方的哲学大家将要完成自己的第一次巡礼。伊藤博文曾用"始惊,次醉,终狂"来描述明治维新时日本面对西方文明的感受,如果强作类比的话,现在的自己恐怕是处在一、二阶段之间。就算最后自己未必能登入哲学的最高殿堂,这一番寻觅和努力已经使我收获了很多。梁启超说自己每遇到新知识时"便觉得像换个新生命,如朝旭升天,如新荷出水",在哲学系与哲学的结识亦有此感。

虽然与哲学的结识是在哲学系,但哲学系并不是仅仅只有哲学。在静园那座精致小巧的院子里,我们一起聆听过老师的教诲与解惑,一起参加过"一二·九"合唱的排练,一起欢庆过中秋和新年,一起交流过自己的想法和体会……

汪子嵩先生曾写过一篇《漫忆西南联大哲学系的教授》,文中汪先生回忆了自己在西南联大求学时哲学系诸位教授的风采与轶事。师者，传道授业解惑。很多时候师者的风范往往给人留下了更深的印象并为人所津津乐道。让我辈折服的不仅是老师们授课时的严谨、深刻，更是他们的胸怀与人生态度。在人们的印象中哲思和生活似乎是对峙的两极，但在这里却让我能够不断以思考检视自己的生活，以每日的生活回应自己的思索，一步步去收获、成长。

北京大学哲学系将要百年，而自己在这里刚刚一年有余。一年之于百年或许太过渺小，但透过泛黄的书页、黑白的照片，今天的我们或许能够遥想哲学系所历经的那些峥嵘岁月。渺小如我，所能做的恐怕就是，从现在起心怀一分诚敬，默默仰望着先哲所提出的问题与作出的回答，努力体味着话语背后他们对时代、对自然和对人类的关怀和思索。钱穆先生在《国史大纲》序言中提出应对本国历史怀抱一种"温情与敬意"，以自己现在的感受来说，我相信每一位哲学家都是对着人类有深切关怀的，虽然他们或许提出了迥然不同的答案。因此，后辈如我，最应当做的或许就是对那往昔的岁月以心相敬，以此自励。

四院的爬山虎

> 小档案：刘沁，女，广东省广州市人，北京大学哲学系2009级本科生，至今就读于哲学系。在读期间，曾在2010—2011年担任北京大学学生会文艺部副部长，哲学系学生会文艺部长；曾获得北京大学第十届学生"演讲十佳"大赛第五名并获"演讲十佳"称号，北京大学2010—2011年度社会工作奖等荣誉。

燕园草木华滋，可爱者甚蕃。若是仲春时节，未名湖畔的榆叶梅总是满树满枝地盛放，粉色的花瓣轻柔地招摇，簌簌地落下一地香软，仿佛丰腴的美人，在闲庭信步时作一个风姿妩媚的笑。待到入秋以后，银杏叶子次第转黄，在艳阳之下璀璨如金，恍若蝶翼翻飞。冬季虽无花可看，却有那苍松翠柏，静穆地隔岸相望，枝上点染着几片残雪浓云，恰如一幅清寂疏淡的水墨。至于季羡林先生追思过的西府海棠，如今在园子里开得肆意。宗璞女士赞叹过的紫藤萝瀑布，依旧年年活泼热闹。燕园里四时之景不同，却从来不缺少可以赏玩的情致。

可我最爱的，还是静园四院的爬山虎。穿过哲学系那古色古香的朱红色院门，一方玲珑别致的院落便映入眼帘。右侧一面石青色的院墙，上头密密地覆着爬山虎，触目只见一大片辉煌的绿色，细细看来却又浓淡相宜。微风过处，绿叶仿佛一池吹皱的春水似地泛起涟漪，观者的目光仿佛也融入了它那柔软的波心。

还记得我第一次走进四院的时候，便对它一见钟情。如今混迹于哲学系已然三年，于旁的景物颇有些熟视无睹，唯独每当经过这爬山虎，仍然不禁驻足凝视。这片爬山虎所见证的光阴或许有数十载,或许有近百载,或许和这四院里的哲学系有着一般的年纪。它承受住了一个世纪的风风雨雨,如今仍以这样坦然而繁茂的姿态,将一届又一届的学子们迎送往来。

我凝视着它,它也凝视着我。在这样悠长的历史面前,我终究是太年轻了!对它而言,我只是那些匆匆掠过的面容中间模糊的一个吗?爬山虎深深地扎根在这片土地上,我却终将难免漂泊于江湖。对我而言,它只是生命的旅途中一处如白驹过隙的风景吗?

每一个踏入哲学系求学的年轻人,大概心中都怀着相似的疑问吧。可越是关切的问题,越不容易求得一个满意的解答。曾读过肖复兴先生的散文《那片绿绿的爬山虎》,深为文中叶圣陶先生的风度与为人所倾倒。能遇见这样一位长辈与良师,对于一个尚处于懵懂岁月的孩子而言,该是多么大的幸运呢!也许一句不经意的碎语或一件无足轻重的小事,却正中了心灵的痛切处,便能改变一个不安定的年轻人一生所选择的方向。

刚踏入哲学系时的我,也曾不知天高地厚,怀着一腔书生意气,渴望成就一番凌云的事业。后来才渐渐发现,自己大概没有那么了不起的能耐去为往圣继绝学或者为万世开太平。而对于见诸书本或当下的各种或左或右的"主义",未经自己的亲身历练,也总觉得不能委身。在一种理想缺失的彷徨无依中,我也曾沉迷于玩世不恭的文字游戏里,以满不在乎的姿态消解目之所及的一切。年轻人该有多么轻易便能陷入这种孤立而自负的境遇之中呢!怀疑主义是提问的起点,却从来不曾提供令人满意的答案。"我思故我在",除了指向一种个人主义以外,还面临着虚无主义的危险。我大可以怀疑一切,但我最后还是想要相信什么,还是渴求于一方心灵的栖所。我也不能回避于选择一种生存方式，哪怕选择一种乌托邦式的理念，哪怕选择一种柴米油盐的生活。那么，与其说最终我选择了某个外在于我的"真理"，毋宁说我选择了倾听他们——这些出现在我生命中的、可触可感可亲的老师。他们的思想之光是这样朴素、温暖而坚定，穿透了我的无知之幕，把我从虚无主义的泥潭中打捞起来。他们令我相信，一切固陋不外乎源于偏执与无知。终日以思，无益，不如学也。

我的第一堂中国哲学史的课，如今仍历历在目。离上课还有不少时间，并不宽敞的教室里已经人头涌动，过道和门外都站满了显然是来旁听的同学。一个穿着一身黑衣的瘦削年轻人从人堆外一路挤上讲台，原来他竟是老师。细细打量，他的身量不高，甚至略微显得有些单薄，行止文雅，神情沉静，看上去似乎是一个不苟言笑的儒生。然而当他说话的时候，整个人的气质却变了。他的声音温柔和悦，如春风细雨一般，眼睛常常不由自主地微眯起来，薄唇上挑，露出亲切又活泼的神气。他从不讳言自己的儒学立场，但不是一种复古主义的乡愁，而是推崇一种"青春的儒家"。"我从来不谈什么'儒学复兴'，儒学不需要人为的复兴，如果它对今天的我们没有丝毫意义，那么就让它死掉好了。"他的思想也和他的气质一样，带着鲜活的灵性。大概是这样可敬又可爱的气质，使他在学生中有着极高的人气。期末结课的时候，学生们排着队请他签名，我也在其中。他在课本的扉页上为我写下了一行赠语："切问而近思。"这句话在我心中一直珍藏至今。这位老师就是杨立华先生。

不得不提的还有另一位老师，我的班主任。如果说中国哲学的老师可以比之于茂林修竹的清通逸气，那么这位在德国浸淫多年的学者则总是让我想起那片土地上沉郁而静穆的森林。他虽然

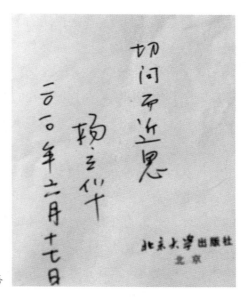

课本扉页上授课老师的赠语

才三十多岁,却最喜爱一件老式的绒质西装,看上去似乎修修补补地穿了许多年。讲课的时候,总是手中拿一叠厚厚的讲稿,每讲解一个术语的时候都要严谨地考辨一番。多年以前读过他的一篇访谈,谈的是德国古典哲学与人生选择,大意是告诫年轻学子们,应当回到古老的斯宾诺莎去寻找人生的智慧。但是,这种德国式的严肃却不令学生们望而生畏,大概是因为在这个自称"理性主义者"的身上,还奇妙地糅合了一种德国式的浪漫吧。与人初次交谈的时候,他的姿态总有些不自然的僵硬,但是没过一会儿,腼腆的笑容便在不经意间显现在他的脸上,仿佛泄密了孩子般的天性。诺瓦利斯、荷尔德林、海涅、忧郁的蓝花、诗意地栖居、冬天的童话。如今我已经离开了他的课堂,但是每当回想他的笑容,这些词汇便从我的脑海中跳脱出来。

在我看来,哲学系里这样可爱的老师简直太多了。他们勤勤恳恳、兢兢业业,就像爬山虎一样,以自己的身姿站成一面坚固的墙。但是，他们没有顽固自闭的学究气，正如爬山虎总能敏锐地觉察到些微的风动，他们都怀着一颗向外感通的心。你且看那爬山虎，微风来时，它应和一段优雅的孔雀舞。大风来时，它迎着跳起了奔放的胡旋。在它那自在的舞蹈中，似乎隐匿着某种神秘的启示。唯当你以澄明的心境观照于它，它才会向你敞开内在的丰饶。

许久以后我才发现，原来中国古代哲学与德国古典哲学之间竟有如此的亲缘。他们都曾经告诉我，从来不存在什么绝对至上的个体性，个体的价值终将体现为朝向某种普遍性的回归。这种普遍性，不管它被名之以"道"或"理"或"本体"，也终将在个体的承担中得以复现。唯当如此，在后现代的迷雾中，我们才能建构起自身的精神家园。

求学于哲学系，既是"问道"，也是"寻我"的历程。"人生"这个词太沉重，恐怕加上几十年的阅历也未必能举重若轻。"理想"这个词又太渺茫，如露如电，恐怕转身之间便成梦幻泡影。我未曾寄望于一个外在于我的"真理"，那样的"真理"如此酸涩。我不过是在寻找一场壮丽的宏大叙事下一个人不曾模糊的脸，并希望那是我的面容。哲学之于我，就是这样一道追寻的光芒。它可以照亮我面前无数条分岔路，也可以照亮我所选择的唯一的一条。它可以照亮从历史到当下的无数的人们，最终我将会在人海中找到自己的位置，以及发现我所爱之人。它的体贴使我坚强，它的锋芒使我勇敢。与哲学的邂逅，亦是重逢，或许这是我能想象的最浪漫的事。

爬山虎的叶子款款摇曳，恍如温柔的手掌，拂过我的心田。如果我必须选择一个生存的落脚点，那么我想活在这片土地上，像爬山虎一样扎在泥里，向着土地的心脏伸出自己的根脉，去

哲学使我勇敢

四院的爬山虎

感受它那搏动的原初生命。我渴望像这爬山虎一样攀援,尽管无法越出"墙"的界限,却永远希冀着天空而生长。恍惚之间,我仿佛化作了那千百片绿叶中的一片,在时间的流光中欢欣起舞。我不再是一个孤独闭塞的个体,而是时空中一个不可断裂的环节。叶叶交通、枝条相错,那竟是多么简单又令人感动的生命之愉悦!

爬山虎的绿叶依旧悠然地舒展。在清晨那湿润的空气里,我听见了它的呼吸,正与我的呼吸有着同样的起伏。

此心安处是吾家

> 小档案：佘瑞丹，女，广东省潮州市人，北京大学哲学系2008级本科生，至今就读于哲学系。在读期间，曾获得北京大学哲学系新生奖学金、北京大学1987年校友会奖学金、西南联大奖学金、廖凯原奖学金等多项奖学金；2011年1月参加北京大学、东京大学、首尔大学三校青年学者哲学论坛（BESETO），会议论文"Indubitability, Certainty and Truth"发表在 *Rationality in Human Life*（Peking University Press, 2011）一书中；获得2011年度"爱智杯"哲学征文比赛一等奖和北京大学"挑战杯"学术科技竞赛二等奖。

想了许久，终于认真地写下这几个字——"此心安处是吾家"。这是我与哲学结缘并在北大哲学系安家的这几年里头感触最深的一点。记得高一时看的第一本哲学启蒙书《苏菲的世界》里头引用过奥古斯丁的一句话："我的心无法平静，直到在你中安息。"当时看这句话的时候我就被震撼到了，只觉得这个"你"该是何等的温暖明亮，何等的奇伟阔大，才能将一颗迷失在世间俗事里躁动不安的心，安抚得宁静踏实。而且这种宁静不是稍纵即逝的，而是永恒的。当时觉得很不可思议，只是从字面上知道这个伟大的"你"，正是奥古斯丁心中至善的上帝，却始终很难理解其中的道理。可是后来，当自己慢慢地进入到哲学的世界，慢慢地习惯了与过去和现在最认真的那群思想者一起思考哲学问题时，才知道原来真的有一种东西可以让人有持久的心安，并且愿意将自己的心长驻于此。只不过它对于我而言，并非奥古斯丁所说的"上帝"，而是哲学，以及哲学系这个理性共同体给予我的持久的精神力量。

哲学使我勇敢

"哲学使我勇敢"系衫

　　哲学让我心安，是因为"哲学化"的训练过程让我逐渐明确了自己的方向，因而能够在各种变化的处境中迅速找准自己的定位，不跟风扎堆，不茫然慌乱。但心安绝非仅仅是一种感受，更是理性为自身找到罗盘和基准点。心安，亦不仅仅是一种欲望的满足，因为我们各种各样的欲望都是瞬间满足瞬间消失的，而对哲学真理的渴望，却永不止息。那种理性的快乐，是让你欲罢不能的，就像在黑暗中看到一束光，你便会奋不顾身地朝着光的方向走去。当然，这条路上少不了危险和障碍，也有许多需要我们去牺牲和克服的东西，但这一切并不会打破内心的平静和饱满。记得有一版系衫上面印着"哲学使我勇敢"，我想，这勇敢的根源，便是心安吧！因为只有当一个人找到自己在这个世界上安身立命的支点，才会有真正的踏实，也才可能真正勇敢起来。

　　自从幸运地住进这个园子以来，我真切地感受到哲学给我带来的变化。比起大一刚入学那时候，现在的我更加清楚自己想要什么，也更加勇敢地走属于自己的路。或许刚入学那会儿，我相比于很多新生而言，也还算是比较坚定执著的。回想起初入燕园的自己，竟那样一门心思地认定自己要做西方哲学方面的研究，要走学术的道路，倒也颇为"勇敢"，只不过这勇敢的根基也太不牢靠了——只因为高中时读过几本哲学的启蒙书籍，迷恋于西方哲学家们提出的问题和他们的思考方式。现在想来真的颇为可笑，因为当时的勇敢更多的是源于一种盲目的信仰，一种初生牛犊不怕虎的莽撞，其实并未真正意识到哲学工作所需要付出的努力和可能遇到的艰辛，更不知道作为学术研究对象的哲学所需要的研究方法，凭的只是一种直觉，而这种直觉，又大体是来自信息的不对称。所以这样的勇敢是危险的，它很可能导致两种后果：一种是知道哲学研究的真正状况之后感觉和自己的心理预期相差甚远，进而失望放弃；一种是一直生活在自己的幻象里面自我感觉良好，但离真正的学术研究却是千里之遥。我能有幸避免这两种后果，和哲学系的课程训练以及老师们的用心栽培是分不开的。

哲学研究的第一步，也是最关键的一步，在于能够提出真正的"哲学问题"，以及学会辨识一段哲学文本中真正重要的命题。这需要一定的天赋和直觉，但也离不开扎实的哲学训练。一开始接触文本的时候，每个人多多少少都有些天马行空，问题的提出也都是非常随心的，很多时候并非文本真的有问题，而只是在于自己的阅读不够仔细，理解不够到位导致的"假问题"。虽然这种发散式的思考有可能给哲学工作带来惊喜，但毕竟这种可能性太小了，更多时候，这种缺乏规范性的思考更容易带来的是思维的紊乱。规范性的培养需要严格的课程训练，需要老师的引导，这也是哲学系存在的重要理由，否则无论什么人都可以信口开河地跟你聊所谓的"哲学"，哲学就成了"任人打扮的小姑娘"，变成了一堆堆的"意见"，而与真理无涉。

一年级和二年级的西方哲学史的课程，重点就在于清除大家对哲学的很多先入为主的观念，并教我们怎样去提一个"哲学的"问题。我们级的哲学史是由刘哲老师和吴天岳老师上的。现在还清楚地记得当时每周有 Office Hour，同学们可以跟老师讨论课上遗留下来的问题，可是很多时候却是连提问的方向都有偏差。这时老师就会很耐心地告诉我们这为什么不是一个真正有意义的问题，应该怎么提问才和文本的重要概念关联起来。问题不是提高一下音调再加个感叹号就完事儿的，而是当我们充分调动了手头所有可以调动的哲学资源之后还是没有办法解释，这才会出现问题。问题不是天马行空信手拈来的，而是当你以最大的耐心去理解文本的可能性之后确实没法绕过的死角。因此，一个真正的哲学问题往往是伴随着答案的，当你这么提问的时候，你心中是已经有自己答案的，只不过不够确定和满意罢了。

　　由于课程要求很严格，很多同学回忆起当时上哲学史的经历，印象最深的就是"好难啊"——艰深的概念、复杂的论证过程，大部头的英文文本，以及没完没了的哲学问题，给一帮将哲学等同于"生命感悟"的孩子们浇了一盆冷水。这盆冷水的效果也是极为明显的，因为它将西方哲学研究最真实的一面展现出来，也就以最直接的方式打消掉我们头脑中关于哲学的幻象，告诉你严格规范的哲学思考应该是什么样子，能够接受的自然会留下来，不能够接受的，也有足够的时间发现自己在其他领域的兴趣和才能，尽早开始自己真正擅长的东西。这样一来，无论是选择留下来还是选择离开，都不再是基于一些盲目的信念，而是建立在正确的信息和理性的判断之上的。不管是离开还是留下，都是清楚明白的。走的人不是因为觉得哲学问题无聊或者这门学科门槛太低，而是权衡自己的时间和兴趣之后发现应该有更加适合自己的路子；留下来的人对哲学工作在论证上的要求有了更深切的了解，对可能碰到的困难有了更好的预期，不是因为随便学学"也可以"，而是清楚哲学问题的艰深，却对其欲罢不能，并愿意以一颗谦逊真诚的心，去理解哲学文本给我们提出的难题以及向我们敞开的可能性空间，以最大的耐心去分析文本的脉络，寻求解决问题的途径。因此，不管是去是留，体现的都是个体的理性选择，都是一样的珍贵。这恰恰是哲学最宝贵的精神内涵，也只有这样的选择，才会给人带来真正的、持久的心安。

记得曾经有位留学生很困惑地对我说，她觉得大多数中国学生，除了长得不一样之外，其他并无二致，为什么连北大这样的学府也无法避免？当时我被她问得哑口无言，她说得并没有错，因为每天生活在她周围的，是一个个为绩点拼死拼活的个体，是一个个在社团里忙碌操劳的个体，是一个个每天都觉得很累，却不知道自己这样做意义何在的个体，不，她简直怀疑这样的人是否能够被称为"individual"。我当时想了想，淡淡地说，或许是因为正儿八经的哲学教育在中国还没有受到足够的重视。哲学，在更多时候只是沦为人们茶余饭后的谈资，沦为文人显摆的工具，而它作为一门分析性、论证性很强的学问，一门对思维的清晰性、严密性要求很高的学问，却往往被忽略。试想，当一个人面对文本都会有最大的耐心和真诚，对他人的思考都能给予最大的理解和尊重，对艰深的问题都会有努力寻求解释的勇气，对自己人生的重大选择难道反而会盲目武断、随波逐流吗？哲学虽然不直接研究生活的细部，也不会像宗教那样告诉你人生的哲理。它从来没有给你确切的答案，但是当你习惯了遵循哲学的规范去思考问题时，你会发现自己对生活、对这个世界的理解，是一定会发生改变的，或许这就是"变化气质"的蕴涵吧！

每每想至此处，总会特别感恩自己与哲学系之间的缘分，倒不是因为我最终确实圆了最初的梦想，继续西方哲学方面的探索。我相信很多同学虽然没有选择哲学研究作为未来的发展方向，也会有相似的感触，因为哲学系的培养模式让我们学会怎么去选择，并在这个过程中真正地成长为一个"个体"。选择什么并不重要，重要的是选择的依据，以及怎样去面对这样一种选择。系里这三年来对我们的培养，早已超越了纯粹知识的领域，深深地影响了我们思考世界的方式，渗透到我们人生的每一次选择之中。在这生命中最年轻美好的时光里，找到自己愿意长驻于此的"家"，还有什么不安心的呢？

以哲学之名

> 小档案：张鹏，男，四川省巴中市人，北京大学哲学系1999级本科生，曾于1999年至2003年于北京大学哲学系就读，现在中共北京市委办公厅就职。在读期间，曾在2001年担任哲学系学生会主席、北京大学电子商务学会会长，曾连续四年获得北京大学"三好学生"称号和"奔驰"奖学金、北京大学2001—2002年度"三好学生标兵"、北京大学2001—2002年度"十佳团支部书记"、北京大学2003届"优秀毕业生"等荣誉称号。

近日，应班长之约，开始琢磨为我们哲学系成立百周年写点什么。刚接到约稿的邀请，既深感荣幸，又诚惶诚恐。弹指一挥间，从北大设立"哲学门"算起，哲学系已经经历了近百年的风风雨雨，作为北大哲学人，能有幸参与到这一盛事，岂不荣幸之至？而惶恐是因为自己学薄识浅，何敢班门弄斧。踌躇多日，终难下笔，不知道自己该写些什么。某日，独自一人返回学校，沿着曾经无比熟悉的道路，走过未名湖、博雅塔，经过图书馆、静园，在哲学系所在的那个院落前驻足半天，大学的点点滴滴又重新浮现在我的眼前。

记得刚到学校报到的时候，第一次接触到哲学，当时就觉得很兴奋，感觉像触碰到最神圣知识的面纱，身心俱被吸引过去。还记得当时读的第一本哲学书，就是《周易》，被里面的阴阳八卦、卦象爻辞绕得云里雾里，但又乐在其中。还记得当时最感兴趣的一个哲学命题，就是"我思故我在"。正是笛卡尔这个著名的论断，吹散了怀疑主义笼罩在认识论上的迷雾，证明了人类知识的合理性，从此哲学的思考如同插上了翅膀，在空中自由翱翔。对于我而言，这句无限接近于真理的呐喊，犹如黑夜中的一盏明灯，点燃了对哲学思考的憧憬与渴望。哲学，在很多人眼里，高深而晦涩，可望而不可即。大学四年老师们的谆谆教诲，为我们打开了哲学知识殿堂的大门，一个个鲜活的哲学家形象、一套套严谨的哲学思想体系走近了我们的视线，校园生活充实而快乐。步入社会，参加工作，几经生活的磨炼，回首细细品味才发现，哲学带给我们的，不仅仅是工作的敲门砖，而是一种对生活的态度、对未来的启迪。所以，在这里，突然想谈谈我所理解之哲学，希望对那些接触过或想了解的朋友们有所帮助。

哲学始于对周围事物的好奇与疑惑，进而产生的对世间万物本质的认知以及对神秘的追问。康德曾经说过，世上最让人敬畏的两样东西，一是头顶上的璀璨星空，一是我们内心的道德法则。这句话形象地将哲学认识对象指向了自然的神秘和认识本身的神秘。多少年来，无数智者为着这两种神秘，思考着，争辩着，并尝试着给出圆满的解释。但是，无论是对外在世界的探索，还是对人之内心的拷问，哲学所追问的都是终极关怀。这一点和宗教类似，但是宗教最终诉诸上帝。但哲学不行，它不满足于把答案归结于一个不容置疑的信仰，而是在不停追问，期望从理性出发对神秘本身做出充足合理的解释，努力去找到隐藏在万物间那"遁去的一"。灵魂在提问，却让知识来作答，这本来就是一组矛盾。康德也曾经提过，由头脑（知性）来解答灵魂（理性）所追问的问题，必定会陷入二律悖反。但是，哲学家难道都疯了吗，一直都在花费毕生精力来探索这些无解的问题？其实不然，他们的疯狂恰好向我们展示了哲学真正内涵——"哲学究竟是什么"。

哲学是一种信仰。这里的信仰一词，剥离了宗教意义上的神圣色彩。我所谓之信仰，是一种寄托，是一种能让人内心安宁、平静的依赖。有人认为，哲学家的努力是悲壮的，因为哲学思考的目的是为了找寻理性和信仰，但它又不能像宗教那样找一个特定的信仰作为归宿，所以它是矛盾的，只能在探索的道路上不断前进，永远也到达不了终点。康德就认为，人作为个体的局限性，永远无法达到信仰的终点，"要为上帝和信仰留下地盘"。但是，在我看来，哲学本身的伟大，就在于综合了这种对立因素的品质，它比宗教更疯狂，比科学更严谨。它让我们在没有确定信仰的情况下仍然过着有信仰的生活，因为哲学本身就是信仰。正是因为哲学这种信仰，我们才在追求最高精神价值的道路上朝气蓬勃、充满希望，即使我们不知道这种价值是什么，甚至不能证明这种价值是否真的存在。这也是千百年来，无数哲学先圣为之前赴后继的动力源泉。

凡俗如我们，为什么也需要哲学的终极信仰呢？因为无论过得多么幸福、思想多么豁达的人，都会对生活中理想与现实的巨大差距而矛盾彷徨。正如卢梭所说，"人生而自由，却无往不在枷锁之中"，就算是那个写出了《逍遥游》的庄子，也不禁发出了"无所逃于天地之间"的感叹。在现代社会的紧张工作、生活中，越来越多的人得了各种各样的心理疾病，诸如亚健康、抑郁症、焦虑症等不停地侵扰着人的内心深处。心灵深处的病，就只能靠拷问心灵的药来医治。因此，只有哲学，才能让人在苦闷的现实生活中超脱出来，寻得片刻的灵魂安宁与解脱，才能让人在纷繁复杂的俗世生活中不迷失自我，并获得精神上的幸福。所以我们需要哲学，哲学是一种信仰，简单而纯粹。

哲学是一种生活方式。在生活中，很多初次认识我的朋友，

哲学使我勇敢

张鹏：爱笑，爱思考

都会发出同样的疑问："哲学究竟有什么用啊？"其实这个问题，也曾困扰过我很长时间。大学毕业后，我放弃了保送研究生的资格，走向社会，就是为了寻找这个问题的答案。经过工作、生活的磨炼，我越来越深切体会到哲学的积淀给我带来的影响，也越来越清楚哲学"用处"之所在。哲学之用，不在于格物，而在于致知。哲学不会告诉你应该怎么样去赚钱，怎么样实现功、名、利或情，它只会告诉你用什么样的态度去面对生活中的各种挑战。美国学者路德·宾克莱曾说过："哲学是一种生活方式，虽然不能烤面包，但作为一种道德力量，却决定了一个人努力的方向和意义。"的确，哲学不能当面包吃，但是却可以让面包更甜美。人生阅历越丰富，越会觉得哲学有吸引力，也越会发现哲学真正用途。现在很多成功的政治家、科学家、商业家在写其著作或者自传时,不都会或多或少地提到自己对哲学的认识与理解吗?伟大如牛顿,最后不也是转投宗教(哲学的一种表现形式)的怀抱么?一旦你选择了什么样的哲学,你就选择了什么样的生活方式。有的兼济天下,有的独善其身,有的积极,有的消沉,但总有一种哲学是最适合你自己的生活方式。

哲学还是一种精神,薪火相传。无论是苏格拉底的睿智,老庄的洒脱,康德的理性,尼采的疯狂……千百年来,东方西方,哲学家们给我们留下了无数个性鲜明、内容张扬的哲学理念和价值体系。在北大"思想自由、兼容并包"精神的鼓舞下,北大哲学系海纳百川,网罗众家之长,让各种哲学思想在这里碰撞,激发智慧的火花。在哲学智慧的海洋里,没有真理的唯一性,没有孰对孰错,只有你信或者不信、喜欢或者不喜欢。当你接受了某一流派的哲学思想,或者当你形成了自己的哲学体系,你就接收了哲学这种精神的传承。毕业后我们会走向不同的工作岗位,有的从政,有的经商,虽然我们周边的环境千差万别,但是在我们的身上,都流淌着一个共同的特质:我们都是北大哲学人。我想,这就是哲学精神之所在了。

我们毕业了,以北大哲学人的身份走向了不同的工作岗位,人生的轨迹和道路也完全不同,有些很顺利,有些也有坎坷和曲折。哲学系百年华诞就要到了,我觉得最好的礼物,莫过于我们努力做好本职工作,为社会多做贡献,交上一份不辜负学校培养、不辜负老师期望的满意答卷。所以,朋友们,时间将至,你准备好了么?

有一种精彩叫本分

有这样一群人，
他们的身影默默地穿梭在图书馆如森林般的书架间；
他们的生活淡淡地融化在宿舍与教室的两点一线中；
他们的微笑是因为偶拾好书后参透了哲人的妙语；
他们的皱眉是因为学海行舟中遭遇的暗礁风浪；
他们，或许没有可资炫耀的光环；
他们，或许没有色彩斑斓的回忆；
但沉淀下来的，是"为学大益，在自能变化气质"的坚强笃定；
而最终收获的，是"吾日三省吾身"的慎独精神；
他们是默默的耕耘者，
将自己的青春播撒在学术这一方圣洁的土地上；
他们更是无畏无惧的勇者，
安于享受一杯清茶一本旧书的孤独；
他们深谙"仰望星空，脚踏实地"的生活之道，
他们遵循"本本分分做学问"的人生教诲；
而当千帆尽去，回眸远眺，
他们终将发现，
尽自己的本分，其实就是一种精彩。

我的燕园两年

> **小档案：** 李震，男，河南省郑州市人，北京大学哲学系2009级本科生，至今就读于哲学系。在读期间被评为北京大学三好学生标兵、北京大学三好学生，曾获北京大学廖凯原奖学金、北京大学西南联大奖学金、北京大学—永福寺永福奖学金、北京大学"挑战杯"—五四青年科学奖一等奖。

初入燕园时曾听人说，在大三与大二之间存在质的分野。现在，大三的生活已过去将近一半，我却没有这样明确的感受。细想来，这种在高低年级间的区分，或许是就主要任务不同——学习与工作——而言；但对我来说，本科生活似乎更多是一种同质性的延续，各个时段之间虽有差别，但始终围绕着一个主题：读书学习。

和这个园子里的很多学生相比，我的本科生活大概算不得丰富：我虽然担任过院系的团委副书记和学生党支部书记，但平凡工作为多，而可资炫耀者少；虽然参加过许许多多种类不同的社团，却也不曾留下什么供人怀想的凭藉。身边往往可见一些同学相聚海谈，慷慨激昂；我则大愧不如，自问见理尚浅，识断未真，唯有认真自修，才不算辜负这宝贵的四年时光。朱子云："为学大益，在自能变化气质。"我一直相信，笃志向学，修德储能，乃是一个学生的本分与正路所在。

记得刚入学时，我对于哲学的了解几乎完全停留在高中政治课的水准，每周的"哲学导论"和"宗教学导论"课程对我来说，不啻天书。"哲学导论"课程由赵敦华老师主讲。赵老师当时已年届六十，但授课仍极为认真细致，除推荐了一大批我连名字都没有听过的哲学原著之

李震在哲学门

外,还为每节课精选了阅读材料。赵老师讲导论课自有主线,把中国、西方和马克思主义哲学史上重要的哲学家按思想专题串联讲授,现在回想起来,逻辑线索实在是非常清楚。但刚进入大学的高中生何曾进行过如此抽象的思辨训练?我每周课前细读材料,仍觉十分吃力,"理性"、"善好"各种抽象的概念如外文,如符咒,让我无从着手。苦恼的我向高年级的师兄师姐求教,答曰:只要去看书、思考便好。我再无办法,只好抱起大部头的著作硬啃。当时读的第一本书是张岱年先生的代表作《中国哲学大纲》,这部书以哲学问题为线索,对中国哲学史作了横向的梳理,主题明确,方法性强。我自然读不懂,于是强迫自己,回忆老师课上提到的零星半点的论证方法,为《大纲》中大化论、本根论部分的引文补全逻辑证明。现在来看,当时的论证无疑笨拙且不得法，但却为我展示了一条学习哲学的可能途径。这一读就是两个月。每天晚自习后，我都会来到学校南门外的麦当劳，认认真真地对着书本"想"上一个半小时。慢慢地，艰深晦涩的哲学概念在我的头脑里似乎开始一点点明晰起来。我现在还记得，当读到《庄子》"有有也者，有无也者，有未始有无也者，有未始有夫未始有无也者"一段时，我自己的思考、论证竟然能与张先生对《庄子》的阐释粗合，这对我真是莫大的鼓舞！于是兴趣更浓。期末，我便仿照《大纲》的思辨方法与体例，对《老子》中"道"与"有""无"的概念作了一番浅析，算作自己的第一篇专业论文。这篇远非成熟的文章后来因为老师的鼓励提携，有幸在当年的哲学系"爱智杯"论文竞赛和学校的"挑战杯"竞赛中获奖。荣誉得来大出意外，让作为初学者的我颇有诚惶诚恐之感，但同时又感到真真切切的喜悦：这意味着，自己理解哲学的方法得到了初步肯定。由此，我对哲学的兴趣愈发增强，思考变成了生活中愉悦而自觉的一部分。

　　大一下学期，我选修了杨立华老师主讲的"中国哲学史（上）"。我一直以为，能够有幸听到杨老师讲授中哲史，实在是一种福分。中国哲学或说儒家哲学是所谓身心性命之学，这门学问固然有抽象细致的辨名析理，但更指向对人自家身心的涵养培壅，由格致诚正的内向工夫，开出修齐治平的家国关怀，处处要人在自身着实用力。而杨老师正向我们例示出儒者所具的风范气象。杨老师思想敏锐而富有感染力，于透彻的说理中自然显露对于往圣之学的深沉感情。我曾偶然在网上读到杨老师数年前讲课时手录自己所作的诗，立下引为圭臬，低落时每每自诵以强志，今未经许可而窃引于下：

> 道崇自然德崇钦，竹林伊洛两关心。
> 每录嵇阮狷狂迹，又慕程朱德业岑。
> 无望哀尘纷超落，有心明相任浮沉。
> 惟期暗夜承薪火，不因微薄忘古今。

这种奠基于同情理解上的文化自豪与使命感深深影响了我的思考和行事。我将中国哲学作为自己进一步学习的专业方向，就源于杨老师的言传身范。

此后，我又有幸跟随张学智老师学习"中国哲学史（下）"。张老师对原著极为熟稔，随手拈来，略加点转，就将深刻精微的哲理展示得明白透彻。整个学期我一直坐在教室的第三排，听到圆融精彻处，往往叹喜地直欲"抓耳挠腮"——本学期我跟张老师研读《传习录》，这种感觉更是益发不可收拾。张老师授课，语气宽裕和蔼，讲到关键时却如当头棒喝，平和正大中自有感人心魄的力量。记得第一堂课，张老师初一张口，整个教室就突然安静下来，仿佛为一种无形的气场所涵蓄笼罩。这种气场一直贯穿了整个学期。课程结尾时，张老师讲授结束，一百多名学生的教室里齐齐响起赞叹的掌声，良久良久不息。我入北大两年半来，这种景象仅此一见。

将中国哲学确立为自己的用力方向，在我而言，一方面是得益于师长开导，一方面也是素来兴趣与现实关注使然。陈寅恪先生所谓吾人皆"为此文化所化之人"，钱穆先生所谓"同情与敬意"，冯友兰先生所谓"虽不能至，心向往之"，其意都在凸显国人与传统、历史与当下之间的深刻关联。往圣先贤之学与中国当前现代化所面临的种种困难处境之间，并非简单的逻辑断裂与问题异域，而是有着内在的延续。研治旧学在能理会新知，对中国现实处境的把握，不可能脱离固有文明之根而得到解决。我相信，如冯先生所言，中华文明得以延续数千年而不衰，必有其所以然之理，而中哲则是了解、把握这种"理"的重要路径。

两年多的学习中，我对于西方哲学也产生了浓厚的兴趣。吴天岳老师、先刚老师、吴增定老师等都曾在西哲方面给予过我宝贵的提点。吴天岳、先刚两位老师为我们讲授西方哲学史，但着眼点各有不同。吴天岳老师讲授古希腊至中世纪部分，从分析论证入手，给我们以严格规范的学术训练；班主任先刚老师讲授笛卡尔至黑格尔的哲学，全面凝练又深入浅出，授课更是风趣而亲切。吴增定老师讲授政治哲学，带领我们用一个学期的时间深入阅读《利维坦》、《论人类不平等的起源和基础》两本原著，尤其使我得益巨大。吴老师十分强调细读原典的重要性，认为真正的哲学经典文本逻辑完满充足，哲学家的思想便是其著作逻辑的次第展开。读者只有严格从文本入手，理清作者思路，明晰字句段落乃至章节的确切含义，才能真正走入哲学家的语境之中。这种扎实的阅读方法给我留下了极为深刻的印象，我几乎毫不犹豫地接受并开始信奉这种方法，进而用于其他课程的学习中去，在未做足"笨工夫"前，绝不轻言评论。在老师的指导下，我用了半个月的时间，对《利维坦》中个人与国家的关系进行了系统梳理，在细读文本的基础上就文本逻辑作了进一步的推演，形成了自己的课程论文。吴老师对这篇论文给予了 98 分的高分，并慷慨允诺推荐至学校"挑战杯"竞赛参与评选。这篇文章后来有幸获得"爱智杯"和"挑战杯"竞赛一等奖，则是实践老师所授治学门径的收获之一端。

在本系专业课之外的学习中，我也收获颇丰。中文系陈晓兰老师、漆永祥老师、王岚老师和王丽萍老师等诸位老师开设的古典文献学专业课程向我昭示了学问的另一番天地,帮助我打下了初步的文献学基础。比起"经虚涉旷"的哲理探讨,质实的文献考证之学似乎更能培养人扎扎实实做学问的态度,更需要"板凳须坐十年冷"的恒心与毅力。文献学的知识反过来对于我的专业学习也有相当的提示。两门学问都浩无津涯,更让我时时提醒自己,唯有抓紧时间,尽力为学,方能不断有所进益。

大一时曾读到中文系钱理群教授的一篇演讲稿《沉潜十年》。钱先生在演讲中说,"沉下来,十年后你再听我说话,这才是好汉!""扎扎实实,不为周围环境所动,埋头读书,思考人生、中国以及世界的根本问题,就这样沉潜十年。从整个国家来说,也需要这样一代人……中国的希望在这一批人身上。"我想,所谓十年,恰是包括本硕博在内的整个大学阶段。人生估计很难再有哪个十年,可以让自己如此全身心地投入到学习中去,投入到对一份理想的真诚追求中去。沉潜不是不问现实,而是用一种更为根本、更具力度的方式解决现实中的种种问题。这就是哲学的作用、理论的威力。读书在于明理,致知即是尽分。我只能按照自己认定为正确的道路踏踏实实地走下去。每念至此,脑海中往往浮现出王力先生著名的言语:

> 这年头儿的书呆子加倍难做。"时穷节乃见",咱们等着瞧那一班自命为书呆子的人们,谁能通过这大时代的试金石。

燕园「道」生活

> 小档案：李丹琳，女，湖南省湘西土家族苗族自治州人，北京大学哲学系2008级本科生，至今就读于哲学系。在读期间，曾获得北京大学2009—2010学年佳能奖学金、北京大学哲学系2010—2011年"爱智杯"征文大赛二等奖，曾于2009年5月4日北大校庆日与温家宝总理互赠书法作品。

岁月匆匆，回想起拿到北京大学哲学系录取通知书的那一刻，仿佛就在昨天。北京大学的光环让我兴奋又有些不安；而哲学的名称，带给我的是对未来生活的一种向往。哲学，是人文学科的明珠；却也是最艰深的学问。踏进静园四院，不知为何在脑海中不断地回想起李大钊的"铁肩担道义，妙手著文章"这一句话。在我朦胧的感觉中，哲学应该教会我"道"——世界宇宙之道、人伦之道、人性之道。在提笔写这一篇文章的时候，我竟然欣喜地发现，那个什么都不懂的我，那个理性发育并不成熟的我，却在冥冥之中拥有了四年后的感触。

文以载道

初次接触哲学，很是迷惘。在这个过程中，是哲学系的老师们带着我们一步一步地去接近那些人类思想的根本问题。在哲学的道路上，走得很辛苦；那些艰涩的文字和问题，常常让我纠结不出结果。但正是和先贤的对话，让我领略到了思考的魅力、人生的复杂，收获到一份长久的快乐。

大学一年级的时候,张祥龙老师建议我们下课去读《论语》,说里面充满了人生的智慧,要不断地去体悟微言大义。当时张老师上课激情澎湃,让我心驰神往。带着对他的崇拜之情,我去读了《论语》。《论语》中确实充满着大智慧,而对刚进大学的我来说,冲击更大的是关于学习的哲思。孔子所说的"学"与我在高中时代的"学"是一样的。高中时代的学习更多的是对记忆力的训练。我们看着那些与我们毫无关系的生硬的知识,痛苦地把它们一一记下来,再搬到考卷上去,再由老师来判断考卷与课本的仿真度。这样的学习估计在孔子这样好学的人眼中也是一件痛苦的事情。孔子的"学"不是空洞的大道理的说教,不是用一个硬性的框框来限制学生。如果我们去找孔子教育学生的场面,可以发现,他总是温和地,情景化地让他的学生来感悟一些东西。子路、冉有、公西华、曾希陪在孔子身边,孔子让他们各说自己的志向,大家畅所欲言,孔子静静地听着,只在最后来一句:"吾与点也。"这个场景是多么令我神往!真正的圣贤是以这种方式来和学生沟通、来和学生交流的。这是在生活中学习,将学习与生活化为一体的境界。在这样的互动过程中,学习不再是一个外在的对象,与主体是那样的隔膜,教学相长,每个人都从自己的生命中去感悟,快乐从而诞生。

我于是实践这种学习方法——情景化的学习。每看一本书,每了解一个人物,每品读一篇文章,我都竭力让自己进入作者的话语语境。这个方法一开始比较困难,所以我从文学作品入手。记得当时看《瓦尔登湖》,想象自己面对澄净的湖畔,跟大自然中的人、树、小屋对话,忘记了时间和自我;看《金锁记》,走到长安身边,为她擦去泪水;走到七巧面前,问她为什么要做伤害亲人的事情;品读唐诗宋词,化成了杜甫的泪、李白的酒、李商隐的琴……在与古人的交流之中,我体会到了精神上的快乐。这种快乐真是妙不可言。现在在读哲学著作的时候,还是感到有些困难和痛苦,不过,从中获得的乐趣却在慢慢滋长。

大学三年级的时候,我接触了伦理学。李猛老师让我们去阅读三本书:《尼各马可伦理学》、《道德形而上学的两个原理》以及《善恶的彼岸·道德谱系学》。在老师的课上,我不仅了解到西方伦理学的演变历程,更重要的是接触到与人类生活息息相关的命题——什么是幸福?什么是德性?等等。这些问题触动着我,让我去思索自己、人生、社会。长久的问题似乎在伦理学中得到一些可能的解释,不能改变现实,却能放松自身。我记得当时我在《尼各马可伦理学》的扉页给自己写了几段话:

> 我把这段话写在这本书的扉页,因为这本书教给我很多很多。写给自己,写给亚里士多德,写给李猛老师,写给爸爸妈妈,写给所有在生命中与我相遇的一切。
>
> 亚里士多德说了很多,有一些我刚学就搞糊涂了。但是在粗略地跟着李猛老师读完这一本并不厚的书之后,我想,他所说的全部都在于温和与忍耐。
>
> 温和与忍耐,真的很难做到。当命运无情地夺走你最爱的人之后,你怎么去继续恪守这个世界加在你身上的所有规矩和原则?当你默默付出,心力交瘁,如何面对毫无回应、冷冰冰的现实?
>
> 最大的温和和忍耐就是爱。爱让一个人温柔、脆弱;同时也让他坚强、成长。爱让我们沉默,也让我们坚守。时隔多年,当那一份爱从内心最纯洁的神坛走下来,走到众人之中时,她的灿烂美丽,让多少黑暗与污浊自惭形秽。

这些稚嫩的文字可能在多年之后看来未免觉得有些无痛呻吟。但在下笔的时候，却真切地有所感触。文中哲理，让我学会内敛和沉思。

书以载道

8岁那年，父亲就开始教我练书法。在他严厉的庭训下，每天天亮即起，对着碑帖笨拙地摹写。经常因为执笔规范、点画不得法和态度不端正而被加倍罚写，甚至在冰天雪地里罚站。面对这种近乎残酷的教育方式，我想反抗，但又无力反抗，只好在苦苦教诲和严厉呵斥的双重压力下，年复一年地冬练三九，夏练三伏。

丹琳的书法作品

走进令我心驰神往的北大，受到哲学美学的熏陶，我在师长的引领下，一步步走进了中国书法这座巍峨而辉煌的殿堂，仰视商彝周鼎、晋书魏碑那精妙绝伦的文字艺术，惊叹我们祖先无与伦比的聪明才智。在中国书法的艺术长河里，无数先贤才子传承者中华优秀的文明，将汉字这一世界上最美妙的文字书写得如此美丽动人。晋人尚韵、唐人尚法、宋人尚义，明人尚意……与汉字一并诞生的书法已远远超出了艺术的范畴，成为传播文明的载体，代代相承，薪火不熄。于是，我更加迷恋上书法，在哲学系的学习成为我练习书法的最大动力。并且，老师的教导让我坚定了刻苦学习中华传统文化，为继承、光大和传播中华文明而不断努力的人生抱负。

陆游在《学书》中感叹道："世间谁许一钱值，窗底自用十年功。"要学好知识，实现自己的人生目标，就必须狠下工夫。而且，"越是聪明的人，越要下笨工夫"。我像苦练点横撇捺那样，不厌其烦地加强基础知识训练，文综熟练到知道每个知识点在课本的哪一章、哪一节、哪一页。每遇到难题，总是把相关的基础知识再温习一遍，力求举一反三，融会贯通。为揣摩古人法帖，或创作一件书法作品，从小练就了在书案前一站就是几个小时的"内功"，我把勤奋临池练就的"内功"用到功课的学习上，收效良好。持之以恒的坚持，融会贯通的借鉴，我把业余爱好与功课学习有机地结合起来。诗书同源，因为书法，我有幸更早地走进中华文明的历史长廊，更早地与王羲之、颜真卿、苏东坡和米襄阳等历代大师心语神交，于摩崖石刻和龙门神品中领悟鬼斧神工的艺术内涵，感悟历史的沧桑，更早地从楚风离骚、唐诗宋词中吸取养分，丰富自己的知识阅历。

黄庭坚论书云："学书要胸中有道义，又广之以圣哲之学，书乃可贵。"颜真卿一生忠烈悲壮，大义凛然，成就了他雄强遒劲的书法风格。被后世尊为天下第二行书的《祭侄稿》，是在颜氏举兵平定安史叛乱而三十余口被害，以血泪书写而成，因其慷慨悲壮而使之进入了艺术的最高境界。南明礼部尚书黄道周，举兵抗清，兵败被俘，严斥清人说降。就义之日，从容为友人酬书。死后赢得了"古今学问第一、书法第一、完人第一"的美誉。这些令人感慨万千的前辈先贤，从更高的层次诠释了中华民族的传统道义，无论人品书品，都是后事来者追崇的楷模。相反，"宋四家"之所以有二蔡之争，是因为蔡京是奸佞之臣，最终被稍逊半筹的蔡襄取而代之，与苏黄米一道，名标青史。明末王铎因为被康熙列入"贰臣"，历史便埋没了他直追二王的书法成就。书以载道，这门中华独有的国粹艺术，承载着几千年中华文明的价值取向，承载着古代仁人志士人生崇高的追求。人品贵于书品，道德高于艺德。十余年的学书经历，使我渐次领悟了书法的更高境界，懂得了欲习艺先做人的道理。"养天地正气，法古今完人"，这将是我在今后漫长的人生道路中所要苦苦求索的人间道义。

当我沿着前辈先贤足迹，一步一个脚印朝着自己人生理想迈进，我渐渐明白"北京大学"这四个令人怦然心动的汉字，并不是冠在我头顶上自我炫耀的光环，而是赋予了我一种历史的责任。在前辈圣贤和当代大师的光芒照耀下，秉承和弘扬中华传统文明，一直伴随我度过近四年的燕园求学时光。

言以载道

2009年5月4日，对我来说是一个永生难忘的时刻。在北大的校庆日上,我非常荣幸地代表北大学子为温家宝总理写下"仰望星空",寄托我们的理想;而总理则亲切地写下"脚踏实地"作为回赠。平静下来之后,我仔细品味这两句简单朴实却包含深刻道理的话语——崇高理想是人生的指明灯,但作为一名北大学生来说,我可能更需要的是一点脚踏实地的思索和探寻。

总理的话是对北大学生乃至全中国大学生说的。对我而言,这两句话却拥有非同寻常的意义。那时的我正处于整个大学的关键时期,对于未来、人生的规划完全没有想法。在哲学系学习了两年,却不知道哲学的出口、哲学的意义在什么地方。总理的这两句让我开始思考自己的短处和长处在什么地方,然后采取相应的成长方式。

经过考察自己的本质之后,我发现自己学哲学似乎学得有点与现实脱节,而我本身又是一个喜欢与现实接触的人。于是我开始为自己设计一套成长方案。在一位师姐的介绍下,我最终选择进入《北大青年》报社。经过一个学期的采访、写稿和熬夜,终于当上了时尚版的主编。时尚主编可不是什么八卦狗仔队队长,而是需要从新鲜的话题、流行的现象背后挖掘本质性的东西。既需要新意,又需要深度。每个星期我都会逼着自己去关注现实热点话题,去用自己的所学挖掘背后可能的逻辑和寓意。选题确定后,给记者分工、找人采访、组织成稿、修改记者的稿子等等工作。虽然很辛苦,但我整个人得到了全方位的锻炼:我开始知道领导一个小组并不容易,我开始知道和形形色色的人打交道需要用不同的方法,我开始领悟要仔细观察,要逼着自己去思考问题才会有收获。同时,我也从以前那个害怕失败的小女孩慢慢蜕变成为不怕辛苦、不怕艰难的青年。

随后我去了各种杂志社、报社实习,甚至独立采访写稿。在

《南方都市报》的实习经历让我比之前更好地理解了"仰望星空，脚踏实地"这两句话背后的意思。在社会上，不同的人、不同的理想、不同的追求、不同的办事风格和办事方法都会遇到，让我在哲学系里的那份安静和执著受到很大的冲击。此时此刻，我总是提醒自己：要记住自己的追求，同时要踏实地完成工作。我始终告诉自己，我是一个独立的理性存在者，我要用比别人更清楚地带有哲思的头脑去看这个世界，去分析各种各样的现象，让理性回归公众。这份职业让我看到了自己也可以在某些地方做得不错；同时让我分外珍惜能够安静看书学习的幸福。越没有时间看书，我就越挤出时间投入地看书。在这个过程中，可能是出于习惯，思考的力量总是推着我去咀嚼、去怀疑、去感叹。这个过程非常奇妙。至于结果，我却是越来越淡定，因为感到自己还很无知，常常迷茫。当我站在人生岔路口的时候，不知道自己以前的付出是否有成就，不知道未来如何去选择的时候，总理的这两句话总是鞭策着我，让我相信自己，相信自己的理性和判断。它让我看到了未来哪怕是微弱的一点希望之光。

记者是社会最敏感的眼睛。被推到社会前端的时候，才发现自己有很多想不通的问题，有很多无能为力的事情。此时此刻，我的人生理想被放置于社会的大背景下，这样做的结果一是让理想变得辉煌壮丽，另一方面却也不得不感慨个人能力的单薄。这样的痛苦让我不断想起自己受到温总理鼓励的那一幕。可能是无助的人都在拼命寻找一些希望吧。记忆中的温总理只说了一句话："你写了'仰望星空'送给我，那么我也送给你四个字。"理想与现实的痛苦会伴随着我们一生，而在温总理那里，他似乎更能明白。这时候，我的这段经历不再仅仅是我的一份荣耀，更多的是一种温馨的回忆和温暖的力量。我们都在现实和理想的两端被撕扯，我们能做的就是用亚里士多德的温和与坚韧去面对现实，脚踏实地；同时，我们也要拥有头上的星空和心中的道德律。抬头和低头，是人生最高深的艺术。

道，可以把它理解得很玄，很深奥；也可以把它看得很简单。哲学系的时光可能并没有把我塑造成理想中的那个优秀、成熟、睿智的才女，却让我能够简简单单、脚踏实地地去实现心中的追求。

青春的四院，青春的我们

> **小档案**：余洲，男，河南省信阳市人，北京大学哲学系2006级本科生、2010级硕士研究生，至今就读于哲学系。在读期间，曾获"北京大学优秀社会工作奖"、"首都高校奥运工作优秀学生干部"、"海淀区优秀奥运志愿者"等奖励，曾参加第三期"中国大学生骨干培养学校"学习，曾参与明德奖学金联合会游学团赴美国短期交流。2009年当选为北京大学学生会主席。

2006年，在那个7月份的尾巴，我收到了北京大学哲学系的录取通知书。

初入燕园，是在9月，一个细雨蒙蒙的早上。四院的围墙上挤满爬山虎，我们跨进门槛，走过铺满石子的小路，推开吱嘎作响的大门，迎面扑来一股檀木香混合着书卷香的味道。我那时想，这定是知识的味道吧。第一次班会是在一楼的会议室里举行的，四十多张期盼、迷茫、渴望知识的面庞，挤满了记忆里的画面，甚至，我记得他们每一个人自我介绍的内容，记得每一个人第一面带给我的感觉。迎接我们的是和蔼可亲的徐龙飞老师，先生那天说得并不多，我们只知道先生在德国呆了十四年，有着德国人一般严谨的治学态度和对生活的无限热情。

懵懵懂懂地，哲学人的生活就这样开始了，在我们中的很多人甚至不知道哲学是什么的情况下。不过后来，我们才渐渐发现，即便很多先哲，也无法清晰地说明哲学究竟是什么。或许，研究一门并未能被准确定义的学问，大概是哲学系相比其他院系较为独特的一点吧。

北大的哲学系向来"以史见长"。不论中国哲学、西方哲学,还是马克思主义哲学,在各学科哲学史的研究方面,北大都做得很扎实。不仅如此,在课程的设置上,不同于其他一些学校在讲授哲学史类课程上的一带而过,我们的先生们在课堂上不急不缓,从古至今,一个哲学家一个哲学家、一个流派一个流派地梳理其主要思想,并精心择取重要的文献选段进行讲解诠释。课后,先生们会列出建议的书目供我们阅读,这其中绝大部分都是原著选辑。念书,是那个时候我们的生活中最主要的事情,先生们甚至会自嘲地说:"我的课可以不来听,但是书一定要念。"记得大学的第一个"十一"长假,我哪里也没去,每天将自己关在自习室里,进度虽然颇为缓慢,但是七八天下来,也啃下了小半本儿的《西方哲学原著选辑》。现在想来,刚刚从高中的青涩中毕业的我们,真正的学术理解能力与思维思辨能力都处在一个启蒙开发的阶段,直接面对晦涩的原著所带来的困难可想而知,但纵使艰辛、纵使缓慢,先生们也依然鼓励我们多读原著,精读原著,切身地用自己的心灵去体悟先贤的思维,而尽量避免受到二手资料的过多影响。这种学术训练或许枯燥乏味,特别对于刚刚接触哲学的我们甚至可说是个不小的挑战,但是度过短暂的不适之后,一旦摸索出思想中的内在逻辑,眼前的世界便豁然开朗。私下里,我们管这种境界叫"入了山门"。

那段日子留下很多有趣而珍视的记忆。记得在"中国哲学史"课上,王博老师带我们领略了孔子的"踽踽独行,知其不可为而为之"后,进入了庄子"鲲鹏展翅,扶摇直上九万里"的世界中。那份自由与超凡令我神往,忍不住在课间问道于先生:"既然现实在很大程度上是'不可为'的,我们又何必执著?既然不愿被现实同化,我们何不早日像庄子一样超凡于世?"我现在清晰记得,先生当时定定地看了我一眼,带笑答道:"不为,怎知不可为,年轻人,还是多读些儒家吧!"想想我们那时也真是有意思,明明不知现实究竟是什么模样,甚至连是男是女都不清楚,却已摆出了一副要与之划清界限乃至做个了断的姿态,难免不让人有些"少年不识愁滋味,为赋新词强说愁"的感觉。还有为我们开设"西方哲学史(上、下)"、"现代西方哲学史"三门课程的李超杰老师,说话永远是娓娓道来的感觉,用整整三个学期的陪伴,从苏格拉底到萨特,为我们完整地展开了一幅西方哲学的全景画面。超杰老师当是本科期间为我们上课最为长久的老师,与我们这级同学结下了深厚的感情。为了感激先生的悉心教授,我们在最后一次课上,精心为先生准备了一份特殊的礼物——由同学亲手书写的一副字,上书"先生之风,山高水长"。机缘巧合,先生现在又成了我们这级硕士生的班主任,而那一刻,也永远定格在记忆中。

同学们与李超杰老师的合影

在北大哲学系,即使到了研究生阶段,哲学史的课程依然会作为研一很多专业的必修课,但这时的哲学史教学通常更注重对于学生问题意识的培养。以我所在的马克思主义哲学专业为例,本科阶段的"马克思主义哲学史"课程由丰子义老师与聂锦芳老师合开,二位先生暂时抛开意识形态的色彩,带领我们回归文本,回归经典,通过对马恩各个时期原著的系统梳理,为我们整体地构建起马克思主义哲学的框架体系。而到了研究生阶段的"马克思主义哲学史研究"课程,在深入研读文本的基础上,丰子义老师常常会抛出学术界时下讨论的焦点问题作为引子,鼓励我们纵向地串联起各个时期的经典,在整合所学的文本基础上,进行评论,进而在学术讨论中将知识融会贯通。先生经常强调这种"问题意识",教导我们一方面要在阅读文本的过程中善于发现问题,提出问题;另一方面对于学术界时下所讨论的焦点问题,也要有足够的敏感性,并能在充分尊重文本,尊重原著的基础上,阐发观点,参与讨论。于是,我们开始明白,"以史见长"绝不是要求我们仅仅埋头书卷,埋头文本,不论世事。而是强调我们应该首先打下坚实的文本基础,进而有理有据地展开讨论,达到"论从史出"。

直到这个阶段,作为一个哲学系教育过程的全程经历者,我才开始从一个整体的角度来思考北大哲学系的这种教育风格。逐渐能够理解到,大学刚开始时,先生们是在急火猛料,通过大剂量的原著阅读训练,帮助我们进入哲学的视域,找到哲学的感觉;随后是微火慢炖的阶段,不急不躁,不瘟不火,一步一个脚印地将基础夯实,春风化雨般将滋味融入其中;再之后到了研究生阶段,可能便是香飘四溢的阶段了,先生们会辅以一些小料,使早已渗入其内的香味自然而然地散播开来。在学习、成长、积累的过程中,曾经,我们感到过枯燥,曾经,我们体验过孤独。但是,当我们在参与学术讨论时引经据典,当我们在撰写学术论文时信手拈来,我们会感谢这种扎实的学术训练。相信这个时期打下的基础会让我们受益终身。

"所谓大学者,非谓有大楼之谓也,有大师之谓也。"有时我在想,大到一个国家,一个民族,小到一片燕园,一隅小院,都是存在着其精神内涵的。师者,传道授业,在精神火种绵延不断、薪火相传的过程中,起着极为重要的作用。"史"是枯燥的,研究哲学史亦是孤独的,非有一种极强的责任感与献身精神不可为。如果说"以史见长"是北大哲学系的一种风格、一块招牌的话,那么当我们在享受这份荣光的同时,一定也不会忘记那些身体力行、言传身教的老先生们:冯友兰先生以耄耋之年,展老骥之志,手握如椽巨笔,决意重写中国哲学史,倾十年之力,终在临终之前完成《中国哲学史新编》;贺麟先生将板凳坐穿,曾集中精力研究西方哲学和翻译西方哲学名著,我们现在看到的黑格尔的《小逻辑》、《精神现象学》、《哲学史讲演录》,斯宾诺莎的《伦理学》等译本,都凝结着先生的心血与智慧;黄楠森先生潜心六年之久,编撰八卷本的《马克思主义哲学史》,构建起新时期的马克思主义哲学体系⋯⋯

百年哲学,薪火相传。先生们用年复一年,日复一日的案头伏笔,埋头耕耘挥洒成一部部鸿篇巨制,撑擎起哲学系的辉煌历史,铸造出哲学系的精神内质。而在先生们身后,追随着的是更多的后来者。他们所面临的时代不同,他们所承载的使命不同,他们所遭遇的诱惑不同⋯⋯然而,哲学系的精神却已经融入哲学人的血液中,在这个浮躁的年代香飘四溢!

从入学开始,一直以来,我都觉得静园草坪是个十分神圣的地方。革命英雄纪念碑在此伫立,北大最具传统的中文系、历史系、哲学系,也都坐落于此。每每走到这一带,都会感受到一丝安宁与平和。听说北大新的文科大楼即将落成,哲学系也即将搬离四院,搬进现代化的楼宇。这片古色古香的四合院,终于,也要迎来退伍的时刻。记忆中,四院的围墙上永远挤满了爬山虎,郁郁葱葱,一如第一次跨入他的门槛时那样。不论环境如何变迁,这份回忆已烙入了我的心里。

一百年,对于一个人来说,可能已是一生的全部。然而对于北大哲学系,可能只是刚刚走过儿时的战火、硝烟,少年时的动荡、彷徨,成长为一个充满朝气、充满阳光的青壮年。如此想来,哲学系应该与我们同龄吧!

青春的哲学,青春的我们。惟愿母系永葆青春活力!

有一种精彩叫本分

> 小档案：张梧，男，上海市人，北京大学哲学系2004级本科生，2008年保送马克思主义哲学方向攻读本科起点博士研究生，至今就读于哲学系。在读期间，曾在2006年担任哲学系学生会主席，曾获得北京大学2004—2005年度优秀团员、北京大学2004—2005年度三好学生、北京大学2006—2007年度三好学生标兵、北京大学2006—2007年度学术类创新奖、第二届北京大学"学术希望之星"等荣誉称号，2011年获得国家教育部"博士研究生学术新人奖"，曾在《马克思主义与现实》等国内核心刊物上发表论文若干。

有时你透过曲折的门廊
看到里头一闪而过的舞蹈
这时你正走过这一年龄的夜晚

——题记

不经意间，我们的家园哲学系竟然走过了一百个春秋，也正是在这不经意间，我在静园四院中也度过了八年。岁月的流淌固然是不经意的，但是一旦回望过去的时光，总不免让人心惊，不得不感叹岁月逝者如斯的奔腾力量。此时，悠扬的一句皮黄唱词"日月轮流催晓箭，青山绿水常在面前"正在我的耳畔萦回不去，我不禁自问，如何描述自己在哲学系的八年时光呢？我虽然做过系里的学生会主席，但并没有轰轰烈烈的事迹可以炫耀；虽然加入过许多社团，但却没有许多色彩斑斓的回忆可以珍藏。我的大学生活是如此平凡，完全可以用再普通不过的四个字来勾勒我的成长轨迹：读书学习。这四个字虽然平淡无奇，但却充实而有力量，因为这是我的本分。

青春味道

哲学门里,身着学士学位服的张梧

尽自己的本分,那就是一种精彩。

这种精彩乍看上去不那么夺目,但却在我自己的内心世界绽放。正如古留加在《康德传》中所说:"哲学家一生的标志就是他的那些著作,而哲学家生活中那些最激动人心的事情就是他的思想。"这是哲学家的本分。作为一个哲学系的学生,我的本分就是认认真真上好每一堂课,踏踏实实读完每一本经典,实实在在思考自己的问题。因此,我的八年时光完全可以由那些难忘的课程串联起来,那些阅读过的经典著作可以成为我的路标,丈量我成长的脚步。时光就在聆听的耳际边流逝,也在翻过的书页间常驻。

在我跨入哲学系的门墙之前,哲学之于我就是一个有些深奥但又不知所云的字眼。哲学对我来说,实在是陌生得紧。我的第一堂课就是邢滔滔先生的"数理逻辑"。我实在难以想象,在我面前出现的一大堆抽象的数字符号,竟然会是我们津津乐道的人生哲理。接下来就是叶秀山先生的"哲学导论",台上的叶老先生眉飞色舞地大谈巴门尼德、康德、黑格尔和海德格尔,而台下的我却是懵懂无知,头脑中一片空白。而且老先生当时开出的书单是《纯粹理性批判》、《精神现象学》和《存在与时间》,我到图书馆一看,绝望之心油然而生,每一行字对我而言都是天书。当时,我的心境格外苦恼,难道这就是我所选择的哲学吗?难道我就将在无知和空白中度过自己的青春吗?在佶屈聱牙的哲学天书前,我真是"怕流水年华春去渺"。

正当我无法排遣这种焦虑的时候,有一位师兄给出了他的建议:不要缺席每堂课,在课上认真地记下每一句话。他当时自信地对我说,等你再过一两年,你就会看懂现在的笔记了。在半信半疑之间,我照这位师兄的办法做了。所幸的是,老先生的考试没有难为我们。一年过后,在暑假中整理自己的课堂笔记时,我惊奇地发现:当年难以理解的文字竟然变得如此亲切,在哲学中熏陶了一年的我似乎能够把握诸如"存在"、"理性"等抽象深奥的概念的含义了。一年前的苦闷有多深,一年后的兴奋就有多深。回头细想师兄当年的教诲,我豁然开朗:哲学是一门特殊的学问,犹如作诗,"熟读唐诗三百首,不会作诗也会吟",哲学需要我们付出岁月的代价去理解。在无知的惶恐中,最安全的办法就是尽自己的本分,上好每堂课,做好每堂课的笔记。尽了自己的本分,那么自己也就在哲学的海洋中浸淫涵泳。最简单的办法往往最有力量,这就是本分给我的教诲。

后来,因为我对传记有着浓厚的兴趣,我就选修了外国语学院赵白生先生开设的通识课"传记文学:经典人物研究"。当时赵先生非常鼓励我们学生上台发言,剖析一个个历史名人的生平与传记。我当时读了《史记》,又看了话剧《商鞅》,所以我有一种表达的冲动,于是我就上台讲了自己对商鞅的理解。我当时谈的是商鞅的理想主义是如何"照进现实",又是如何受到挫败。我当时思考的问题是一个理想主义者在复杂的现实社会中的生存空间和境遇。没想到,当时效果非常好,后来赵先生在结课时也非常慷慨地给了我99分的高分。这是我第一次在课堂发言,课堂发言结束后,我发现很多同学还在BBS的课程版上继续讨论我提出的话题,这使我很受鼓舞。这个经历使我明白,听课做笔记是学生的本分,读书思考、参与课堂讨论更是学生的本分。所以,我日后的学习特别注重与师友的交流,这给我带来了莫大的帮助。

在"传记文学"这门课上,赵先生时常教导我们在向伟大人物学习的同时成为一个伟大的人物。然而,我在他的讲授中感受最多的却是:伟大的成就来自一个人对自己本分的执著。当时赵先生专门讲了胡适先生的日记,赵先生即兴向我们提了一个问题:如果大家也用日记的形式记录下自己的大学生活,大家的日记会是什么样子呢?赵先生随即给出了他的猜想,他猜想许多北大学生的日记上大概只有睡觉、灌水、腐败这些事情。赵先生的这番话给了我很大的触动,我自己也在琢磨:如果让我用日记的形式记录下自己的大学起居,那将会呈现出什么样的生活轨迹呢?赵先生的提问使我反思自己的日常安排是否尽了本分。这其实就是三省吾身的慎独精神,要做到自己的本分并不难,但是要"尽"自己的本分就不那么容易,这是一种修为。此后当我在"郁闷"、"无聊"等时候,我都会想起赵先生的"日记猜想",提醒自己要过一种充实饱满的生活。这种生活正是自强不息的生动体现。

与此同时,我还选修了我们系杨立华先生的"中国哲学史"。杨老师是对我的做人态度有很大影响的先生,我对人生的看法以及对哲学的品鉴趣味都受到他的影响。他所讲授的中国哲学史并不是死的思想史,而是活生生地将古人的思考与我们当下的境遇关联起来,他的讲授使得古代思想家与我们共在。在他的课上,我开始坚信古典的力量,也找到了返回古典的可能性。他的思考精致但不矫揉造作,感性但也富有力量。在他的课上,古典哲学在我面前成为可以触摸得到的一种存在。这不仅是我一个人所得到的教益,也是我们全班所得到的教益,因此我们都尊称他为"杨子"。

在杨子的课上,我感受到了哲学的领悟:哲学,同其他学科不同,是最切近我们自身的一种思考,在这个意义上,哲学并不像其他学问是外在于我们生命的,恰恰就是潜伏在我们生命中的思考。与其说我们在思考哲学,毋宁说是哲学让我们思考,这就是哲学所能带来的"变化气质"的功效。也正是在这个意义上,我才开始明白"本分"的真谛:所谓"本分",并不是外在于我们的种种规定,而是最为切己的生活方式。于是,这种本分就是植根于内在自我的一种向上的冲动,这种本分能够使我把持自己。将我们的日常一言一行回归到自己的本分,那么就是回归我们的心灵本身。这种对于本分的思考,不仅来自于哲学的启发,也来自于自己在时光中的投入。正是这种对本分的投入,才使得时间向我们展露出她的意义,这就是成长。当我想通了这些的时候,每日间的上课读书之于我不再是机械地消磨时光的方式,而就具有了别样的意义和收获。

随后,在大三开学的那会儿,我发现我逐渐爱上这种生活方式，我也给自己明确了日后发展的方向：继续本本分分地做学问。这种方向的确立同时也就是自己生活的确定性的确立，方向就是力量。大三刚开学的时节，校园里的三角地一如往常的喧嚣，团委学生会的招新，各种社团的招募其实都是对自己大学时光的种种规划，也是各不相同的生活方式。在如此众多的选择面前，我坚定地选择了学术，选择了泡图书馆的生活方式，选择了继续读书思考的道路。我意识到，这种生活方式正是我的本分所在，这不再是一个学生的本分，而是我的本分。三角地的热火朝天的喧嚣终究是一时的，喧嚣过后依旧是北大所独有的清静。做出了选择，就意味着在新的起点上把握自我，而不至于迷失在这片喧嚣之中。但是，这并不意味着对于丰富多彩的课余生活的排斥，恰恰相反，我自己就在立志做学术的同时，也做过院系的学生会主席，也参加过许多社团活动。但是这些课余活动只能是丰富我的本分，而不能演变为对我自己所选择的本分的褫夺。同时，我也意识到，选择学术，并不是清高和高傲的理由。因为，本分对我的要求就是一颗平常心。做学问，就要遵守做学问的本分，就要有一颗平常心。做学生工作，同样也是尽自己的本分，也需要平常心。学生会主席是并不是高人一等的借口，那也只是一个岗位而已。守住自我，守护自己的平常心，这正是本分的教诲。

　　自此以后，我更加自觉地过自己的本分生活。如果说中国哲学给了我做人的教导，那么接下来的一系列西方哲学类的课程则教给了我治学的门径。在随后的两年时光中，我跟着吴增定和先刚两位先生在一系列课程中研读了一个个哲学文本：柏拉图的《理想国》、修昔底德的《伯罗奔尼撒战争史》、霍布斯的《利维坦》、斯宾诺莎的《伦理学》和《神学政治论》、卢梭的《爱弥尔》、黑格尔的《小逻辑》和《精神现象学》、海德格尔的《存在与时间》。每一本书都耗费了我将近一个学期的时间去研读揣摩。其中,吴老师教会了我阅读经典的方法,说来其实也很简单,就是从头到尾慢慢读,每读一个段落就概括出段落大意,从而把握整个篇章结构和运思过程。用吴老师的话说,这种类似小学生学习语文课本的方法是"笨"办法,但却是最为扎实、最能见效的捷径。我很自然地接受了这种看似笨拙的阅读方式,因为笨拙的办法就是本分,读书的本分拒绝轻巧的浮光掠影。

虽然我对中国哲学和西方哲学怀有浓厚的兴趣和敬意,但是我最后选择了马克思主义哲学。之所以选择马哲,其中一个重要原因就是我个人的阅读经历和问题意识。当时我对国内兴起的政治哲学颇感兴趣,也喜欢在诸如"现代性"的框架内思考问题,思考传统与现代的断裂和接续。在这种思考的引导下,我发现19世纪到20世纪的这段历史看似熟悉,但是却很陌生,正所谓"熟知并非真知"。诞生并流行于19世纪到20世纪的马克思主义恰恰是现代性兴起中最为重要的环节,而且马克思本人也在现代性的潮流之中反现代性,这就体现在马克思对于资本主义的批判,因此马克思主义哲学绝没有我们想象中的那般肤浅,既具有思想史的深度,又具有洞穿现实的力度。而且,整个马克思主义哲学的发展历程就是"主义"与"哲学"的纠缠,哲学与政治的张力使得马克思主义哲学发展史格外迷人。更为重要的是,马克思主义对于中国而言格外重要,它恰恰是中国在古今中西的转型时期传入中国并且在某种程度上也改变了中国,它既可能是我们中国发展的历史包袱,也有可能成为我们重新解决古今中西之争的一个平台。与此同时,我又直接感受到马克思主义在今天中国所遭到的轻慢与忽视,我感到这其实也是一种历史虚无主义的症状，而且我们既有可能在这种轻慢与遗忘中错过马克思的洞见，更有可能错过一次机遇。出于这样的思考，我对马克思主义哲学也抱有浓厚的兴趣，从而成为我的研究对象。

其实选择马哲的另一个重要的原因来自于老师们的帮助和提点。我的恩师杨学功老师得知我的学术兴趣后，他总是找我到他家谈话，往往从晚饭聊到深夜，每次在杨师家中的谈话都是非常愉快的，我在他面前总是敢于"放肆"地倾诉自己的想法，这总能得到杨师的鼓励与默许。杨师还送给我一套价值上千的新版马恩全集，勉励我坚定不移地学习马哲。更为难忘的是，杨师经常像鲁迅笔下的藤野先生那样细心批改我的论文，经常在凌晨五点发出的电子邮件中指出我的缺点，让我修改。然后杨师总是热心地推荐发表，他对于我的关爱和提携是我四年中最为宝贵的财富。马哲教研室的其他老师也经常找我，尤其是仰海峰老师，我经常和他在未名湖畔一边散步一边讨论，师生之谊，其乐融融。正是来自师长的如此关怀，才使得我在学术上的起步并不孤单，也使得我在学术上获得了过多的荣誉。我在学术上的每一个进步，都是与他们的悉心指教分不开的。每当我向这些师长表达我的感激之情时，他们也总是淡然地一笑，认为这只是他们作为老师的本分而已。这就是本分的力量，也是本分所带给我的感动。

真正体认到本分的力量，还是在我进入博士生学习阶段之后。与色彩缤纷的本科生活相比，博士生的生活无疑平淡了许多，简直可以用"暮鼓晨钟、青灯黄卷"的寺庙生活与之比拟。但是，平淡并不意味着黯淡，花花世界的离去并不意味着青春时光的单薄苍白。恰恰相反，告别花花世界，正是让自己的心志专注在一个更为踏实的世界之中。离开了专注的目光，本分也就无从谈起。如果说之前色彩斑斓的本科岁月让我的心灵总是能够飘逸其间,灵光百现。那么在博士生阶段的苦读经典中,我恰恰体会到了自己心灵在专注之后所具有的分量。

专注之后,始能谈本分。这就是我的导师丰子义老师对我最大的教诲。他老人家每次相见总会问我,"最近又瞎忙什么?"其实,我很理解丰老师的苦心,他总担心我在东忙西颠中任由时光荒芜,任由心灵长草。丰老师一再告诫我和其他弟子们,把时间集中起来,把精力收拢起来,让心灵专注起来,踏踏实实地读书做学问。

其实,在看似枯燥乏味的博士生阶段,真要守住自己的本分,那可是太不容易了。回想起来,在本科生阶段,我逃离本分的欲望来自于年轻的躁动,来自于"外面的世界真精彩"的诱惑,而在博士生阶段,逃离本分的念头却来自于真真切切的现实生活的无情压力。人大了,经济该独立了,以后要成家立业了?以何为业?如何立足?何处存身?哪儿成家?这些焦虑一旦萦绕在心头而徘徊不去的话,那么守住自己的本分又谈何容易?

有一次,我陪同丰老师参加京西宾馆的一个会议。会议结束,丰老师看见黄楠森先生一个人踟蹰在外,于是不顾绕路,亲自打车送黄老先生回学校寓所。在路上,丰老师指着羊坊店胡同的一个地方,对我说,这就是我在北京第一个落脚的窝,当时一家三口,只有十几个平方。丰老师笑着对我说,我也算熬过来了。说者无心,听者有意。我当时就释然了。我现在所遭遇的种种焦虑,其实也正是先生们当年所遭遇的。每一个奋斗的青春,何尝不是从艰苦起步?婚姻、买房、家庭这些负担,总要去经历,总要去承担,天底下又何尝有馅饼掉下来的事情。慢慢熬,慢慢守，总有云开日出重见青天的日子。后来，只要看到丰老师的白发，看到聂老师日复一日守在文献中心孜孜研究，看到杨学功老师依旧耐心地一封封回复我们的邮件，看到仰海峰老师依旧兴奋地畅谈自己的新见解时，我的心灵再次回归到了专注的状态中。我知道，艰苦奋斗乃我辈常态，但是，关键并不在于"艰苦"，而是在于"奋斗"。

有时候，我会安静地盯着马恩全集的一排排黑色书脊直至出神。面对这些卷帙浩繁的"砖头"时，我常扪心自问，终我一生，敢不敢也出版一套属于自己的全集，这套全集里面没有废话，没有垃圾，没有无聊，唯有不懈，唯有奋斗呢？我有时候真是不敢想。倘若能够多读一些让自己当下沉静的经典，少写一些让自己日后满面羞红的文字，那么，俯仰其间，可称无愧，人生至此，夫复何求？马恩全集依旧静静排列在我的书桌前，泛黄的纸张依旧在我的指尖摩挲。当年马恩留下的这些文字，不就证明了本分的力量吗？这种本分的力量可以化风雷为不朽，可以磨人心而砥砺，可以超物外而独立，可以越百年而不废。

人们常说，未名湖是一个海洋，有许多鱼儿在其中，有人溺于其中，有人浮于其上，有人沉潜水底。而我只想当那条沉潜水底的小鱼，因为未名湖是鱼儿的家园，而沉潜恰恰是鱼儿的本分。这种思考来自一个声音的召唤，那就是我曾在大讲堂看过的话剧《立秋》里的一句台词：

> 天地生人，有一人应有一人之业；
> 人生在世，生一日当尽一日之勤。

在知行合一中砥砺成长

> **小档案**：王巍，男，安徽省黄山市人，北京大学哲学系2007级硕士研究生，2009年转为硕博连读学生，至今就读于哲学系。在读期间，曾获北京市三好学生、首都大学生暑期社会实践"先进个人"、北京大学三好学生标兵、创新奖（社会工作类）、创新奖（学术类）、三好学生、北大学子年度之星、北京大学校长奖学金、廖凯原奖学金、戴德梁行奖学金、光华奖学金、五四奖学金、北京大学第十七届"挑战杯"——五四青年科学竞赛一等奖、青年就业创业见习活动"优秀个人"、暑期社会实践"先进个人"、寒假社会实践与社会观察活动"优秀征文奖"等荣誉。

北京大学哲学系历史悠久，底蕴深厚，孕育了中国几代最优秀的学者，是青年学子追求学术的天堂。北大人天然的社会责任感，促使我们在"读万卷书"的同时"行万里路"，将专业知识与社会观察、社会实践、社会调研相结合。在北大哲学系攻读硕博连读研究生期间，我一直以此鞭策自己，朝着这个方向去努力，在学术研究、社会实践和社会工作上取得了一些进步。

李大钊先生曾经说过："只有学术上的发展值得作大学的纪念。只有学术上的建树值得'北京大学万万岁'的欢呼。"这句话给我以很大的启发。正是在这种精神的感召下，我在求学探索中始终悉心体会马克思主义哲学的学术价值。对于我所学的专业——马克思主义哲学，社会上有着一定程度上的误解。有人认为它既不能体现学术性，又不能给社会创造实际的实用价值。一旦进入到马克思的思想世界之后，我才领悟到，其实马克思正是通过对现实的学理性研究而具有充分的学术价值。当我通读了《马克思恩格斯选集》之后，尤其是在老师们的指引下系统地精读马克思的哲学著作之后，我发现，要体现马克思主义哲学的学术性，就必须要追根溯源，重回马克思的原始语境之中。其实，这也是北大马哲研究的传统。正因为在这种学术传统的滋润浸淫中，我自己一点点摸索，将自己的管窥浅见写成了《经济学视域下的双重现代性批判及其意义》等论文。所幸的是，这些论文得到了《哲学动态》、《马克思主义与现实》等核心刊物的垂青。其实，每一篇论文的写作，都是我对北大马哲研究传统的一次学习和体认。

与此同时，秉承导师丰子义先生所强调的"问题意识"和"现实视角"，在阅读原典的同时把握中国现实问题这个"潮头"。马克思哲学研究绝不是对马克思、对时政的一种辩护，作为千年思想家，马克思的哲学里有超越历史延伸到当代的理论价值。在一定意义上，马克思与我们同行。在2009年10月，作为北京大学唯一的代表，我参加了"亚洲地区知识经济未来"之"未来领导者论坛"，与来自中澳两国及亚洲其他国家与地区的30余名博士生共同商讨亚洲知识经济的发展趋势。后来，2009年11月，我参加了中日两国联合举办的马克思哲学国际会议，在2012年1月，我又赴日本参加第六届东亚哲学博士生论坛。在这些国际性的学术交流活动中，我始终以一个马哲学生的姿态发言，聆听着国际学界对马克思的种种品评，始终能够感受到马克思思想的顽强生命力和当代价值。

在很多人的眼中，哲学系的学生是"埋头故纸堆"的形象。然而，我特别推崇陶行知先生提出的"行是知之始，知是行之成"，把"知行合一"当做自己重要的努力方向。"读万卷书，行万里路"其实也正是马克思本人所倡导的学习和生活方式。正因为如此，我才参加了北京大学团委，并通过种种活动来历练自己。在《北京大学研究生学志》担任主编的时候，我张罗大家进行学术讨论，在团委的研究生与青年工作部服务期间，我通过拓展"青年就业创业见习基地"、评比"青年文明号"等活动中，我更是体认到了知行合一的必要性。其实，学术研究并不仅仅等于死啃书本或者泡图书馆，学生工作让我交到了很多朋友，也在一定程度上促进了我的学术研究。对于哲学，很多人看来是很理论化的学科，但实际上，理论只有与实践相结合才能体现出理论的独特价值。

正所谓"好学近乎知，力行近乎仁"，我积极参加了各种社会实践活动。在 2008 年 6 月，一个偶然的机会使我能够去山东新泰，成为支教团的一员，为新泰市十余所农村小学进行国学宣讲和励志教育活动。在这次活动中，看到孩子们天真无邪而又渴求知识的目光时，我感到人生的幸福莫过于奉献。于是同年暑假，我又旋即奔赴广西南宁，马不停蹄地开始进行暑期社会实践，从此一发不可收拾。第二年，我又去重庆市渝北区委组织部见习锻炼，在深入当地情况后，完成调研报告《构建有利于创业型人才科学发展的成长环境》，得到了当地的重视。当地还邀请我参加《重庆市渝北区中长期人才发展规划纲要（2009—2020 年）》的制定工作。当自己的工作得到当地的肯定之后，我的幸福之情难于言表。尤其是改变了大家对北大人"眼高手低"的看法，对此我感到十分自豪。后来，我又利用春节假期，走访家乡安徽省黄山市的多个农村，完成调研报告《村民自治与发展农村公共事业：徽州传统文化对促进社会主义新农村建设的意义》。去年暑假，我又在安徽省池州市为我们北大的就业创业见习团服务，和团队共同合作，朝夕相处，开展"北大学子关爱池州农民工子女志愿服务活动"、"保护母亲河"等各类志愿服务活动。回顾自己的社会实践经历表，我深刻感到，与我的付出相比，我的收获更大。在祖国的山山水水间奔走服务，我不仅收获了对于国情的深刻认知，也收获了团队战友的深厚情谊，更收获了人们对北京大学的由衷尊重。我想，只有通过不断地服务社会，才能赢得人们对北大学子的尊重。只有，在外实践调研的时候，我才感到，"北京大学哲学系学生"对我而言，不仅是一个顶在头上的荣誉光环，更应当是一种放在我们心中的责任和承诺。

马克思曾说过："理论在一个国家实现的程度，总是决定于理论满足这个国家的需要的程度。"在北京大学哲学系的专业学习、社会实践和社会工作中，我深深体会到：只有走出理论，才能真正走进理论。要想做一个"顶天立地"的人，就既要"顶天"，钻研高深的学问；又要"立地"，关切社会发展的现实。我取得的这一点小成绩其实非常平淡，只是尽了自己的分内之事而已。未来的路途还很长，但我想，只要更加执著地追求长远的理想，珍重内在的价值，尊重现实，心怀梦想，秉承北大"常为新"的优秀传统，在学思并重、知行合一中砥砺前行，就能成为一个对社会有价值的人，为祖国做出一点无负祖先、有功后代的贡献。

求学琐记

> **小档案**：肖清和，男，安徽省潜山县人，北京大学哲学系1999级本科生，2003级硕士研究生，后转为2005级硕博连读学生。曾于1999年至2009年就读于哲学系，现就职于上海大学历史系。在读期间，曾于2006年参加北京大学与香港中文大学联合培养计划，2011年获全国优秀博士学位论文。

　　三十八楼明月夜，五千年来赤子心。
　　星河浩瀚连朔漠，峻岭巍峨断古今。
　　君民一体成全道，家国两难破碎身。
　　长空或听吾底泪，漫向人间洒旧尘。

　　上面的这首涂鸦是我大三住在燕园38楼时有感而作。身出寒门，未曾学过诗词韵律，未免会贻笑大方，为了作为此篇小文的引子，权且放在文首。

昌平园

　　1999年9月1日，我独自一人乘坐火车，从安徽合肥出发，直达北京西站。北大在西站有接站的大巴。大巴车载着我们向北大进发。我还以为很快就要看到大名鼎鼎的未名湖、博雅塔；结果车开了两个多小时，却离市区越来越远，最后终于停在了昌平校区的宿舍楼前。我将行李从车窗户中丢下，拿着录取通知书前来报到。教务老师问："是一个人来的吗？"我点点头。她说："很了不起。"

　　挑战才刚刚开始。从高中踏入大学的门槛，我面临很多问题。首先就是语言的问题。因为我初中、高中都是在镇中学里念的，不太重视普通话，因此初来乍到，我听北京人讲话真是美妙极了,而我却害怕开口,一怕别人听不懂,二怕念错音。我们的班主任李四龙老师很委婉地告诉我:"练好普通话,也是一项很重要的学习内容!"

另一个挑战是学习。大学的学习完全依靠自学,从高中的被动学习到大学的主动学习需要一个转变过程。对于我来说,积极、认真地上课是必需的,但除此之外,还要主动地联系老师、看课程指定的参考书。类似于高等数学、英语、古代汉语、政治课等公共必修课,要拿到理想的成绩确实需要下一番工夫。对于专业课来说,除了要认真读书、写论文之外,还要积极参与课堂讨论。给我留下深刻记忆的是专业英语课。尚新建老师非常认真地给我们复印了厚厚的一本西方哲学史教材,上课也是非常认真地一个字、一个字的解释,每次上课前还要发个纸条默写,让我们牢牢记住了哲学专业术语的含义,这对于以后的学习、阅读英文材料有非常大的帮助。

在昌平园的一年非常充实,甚至有时觉得充实过了头,感觉不是在大学而是"高四"。因为昌平校园离市区远,校园不大,可以消遣的地方不多,大部分时间都去小图书馆自习了。初生牛犊不怕虎。刚进校园,我就用不太标准的普通话竞选本班图书室管理员。最终和田炜一起担任图书室的管理员,逐渐接触到哲学、宗教学的专业书籍,开始翻阅尼采、海德格尔、弗洛伊德、韦伯、萨特等人的作品,虽然大部分都是一知半解,但为以后的重新阅读奠定了基础。图书室里还有两台电脑,虽然是非常古老的机器,使用的还是 dos 系统,但仍然可以打字,甚至可以玩游戏,也就是非常有名的"大航海"游戏。

在昌平园的一年,既充实又有很多乐趣,我们宿舍六个人彼此关系都很好,各自的爱好、兴趣都不太一样,但是却能够求同存异、互相促进、共同进步。踢足球是我们共同的爱好。最有趣的是在大雪天玩足球。虽然我的足球技术比不上他们几个，但是也玩得不亦乐乎。刘玮的兴趣爱好最为广泛，古典音乐、摄影等都非常擅长。张子凯、李彦擅长踢足球。李嘉林擅长篮球、滑冰。李峻则沉迷于他的学术思索。

哲学系对于我们这些最后一批"放养"在外的同学格外关照。班主任李老师每周会定期过来看望我们，处理一些班级事务。系里还常常组织一些活动，让我们这些虽然游离在外却时常能强烈感受到哲学系大家庭的温暖。记忆中非常深刻的一件事是系主任赵敦华教授亲自来昌平园和我们座谈。在那次座谈会上，赵老师还特别提及我。事情是这样的。所谓无知者无畏，我一直以来对孟子人性善的说法存在诸多疑问，甚至不满；认为性善论是导致道德沦丧、社会腐坏的重要原因。所以不知天高地厚地就给赵老师写了一封长信。现在我已经忘记了这封信的具体内容，依稀记得我是把人的行为的目的都当做是有利益诉求的，甚至还提出了所谓的"精神利益论"的主张。我也忘记了赵老师当时是怎么回应的，因为很紧张，不知道自己这么一个小人物的谬论会在见面会上被大哲学家所重视。印象中仿佛记得赵老师让我回去好好看人性论的著作。

昌平园的充实生活，让我收获颇丰，不仅我的 GPA 在 top5 之内，而且普通话还大有长进，更重要的是我对哲学有了更深的认识。在昌平的一年，我还迷上了海子，甚至还在昌平园里写了满满一本涂鸦集。

在生活上，我要感谢的人很多。因为我的家庭情况不是特别好，班主任李老师对我特别关照。后来获得的奔驰奖学金让我的生活更有了保障。同宿舍的兄弟对我也有诸多帮助。当然，最应感谢的是哲学系 99 级的班集体,让我这个 19 岁之前从未出过远门的人在北京感受到了家的温暖。我记得入大学之后的第一个节日就是中秋节,我们班举办了一个小型的集会,聚会时的欢乐场面、兴奋情景仍历历在目。

燕 园

回到燕园之后,男生住在 38 楼。变化最大的应该是女生了。她们学会了描眉、学会了涂口红、学会了谈恋爱,而我们还保持着那股被放养的劲儿,依旧踢足球,玩"风雨雷电"。但同时我们也学会了更多的内容,其中之一便是电脑。大二的时候,我们宿舍五个人凑钱去硅谷电脑城买了第一台电脑,而且是 DIY 配置。自己动手,其乐无穷。我们逐渐发现电脑与互联网的乐趣,甚至有人开始沉迷于网络游戏、QQ 聊天。当然,还可以看动漫、写论文。

在昌平园的时候,我们的论文都还是手写的。我记得有一次我们上毛泽东思想概论,我用笔记本写了十几页的文章。那个时候也不知道什么是学术规范,只知道看完书后有感而发。但当时任课老师还在课堂上表扬了我,说写得很认真。

真正的论文规范训练是从上张祥龙教授的西方哲学概论开始的。我记得交期中作业时,我们宿舍集体交了打印稿。我写的题目是笛卡尔我思故我在的内容。作业返回之后,我才发现自己的作业有很多错误。不仅没有达到学术规范,而且内容也有欠缺。张老师和他的学生李旭博士非常详细地用红笔做了批改。

正因为回燕园上了诸多老师类似的课之后,我才开始从门外汉登堂入室,真正开始哲学的"专业"训练。可以说,我现在的学术道路也是从那个时候开始的。

返回燕园之后，整个世界为之一变，舞台变大了，丰富的校园生活，可以安心上自习的图书馆，还有可以四个人一起并排玩"三国"或"星际争霸"的电脑机房。三教、四教是上通宵自习的好地方。好多同学消息灵通，在我们还在玩游戏、无所事事的时候，他们就已经确定了人生目标：出国。时常看到有同学拿着红宝书，神色匆忙，仿佛人生的战争已经打响了。

对于我来说，一贯后知后觉。我去三教最多的是看书，不是背单词。而看书也是随心所欲，从卡夫卡、陀思妥耶夫斯基、克尔凯郭尔到福柯，从存在主义、精神分析到后现代主义，从中国哲学、美学到神学，涉猎广泛，但看得也很泛泛，不很深入，往往是读过之后如浮云，留不下深刻印象。我自己对诗歌还是挺有兴趣，一直都在胡涂乱写，上不了台面。偶然一次的例外是我的涂鸦之作《没有你或者生活》有幸获得"我们"文学奖三等奖。但我也没有领奖，也不知道他们有没有结集出版。若干年后，我也有若干涂鸦之作发表在《新语丝》上，或算是先前爱好诗歌的一种延续。

哲学系是我们共同的家。在这个大家庭里，每个人都会找到自己的位置。我回到燕园之后，也参与了系团委、学生会的一些活动，比如担任过团委的理论调研部长之类的职务，负责编辑系团委的刊物《共青苑》，因此还非常有幸采访到时任校团委书记的张彦老师；还担任过校研究生会学术部干事之类的职务，参加过研究生会组织的学术新星评选的活动；同时，还参与了学校与系里的志愿者活动。值得一提的是，那时我非常有幸去过一次张岱年先生的家里，因此得以有机会亲自聆听张先生的教诲。

花开花落，转瞬即逝。在有些同学忙着准备找工作、考研、

肖清和与老师同学在武当山（后排右三为作者）

保研、出国、考公务员的时候，我还在看我的书，写我的毕业论文。在毕业之前，我们终于有了一次集体出远门的机会，也就是去湖北十堰东风汽车公司做企业文化调研的实习。除了参观工厂、与兄弟院校的师生座谈之外，最重要的是游览了武当山。只有在一起共同经历，我们才知道同学之间友情的温暖与珍贵。实习之后，我们知道分别的日子近了。

毕业季的故事都大同小异：喝酒、唱歌、拥抱、痛哭。或许我也想给自己留一个深刻的记忆，所以在一次毕业聚会上喝醉了，被宿舍的哥们架了回来。学校举办毕业典礼的时候，我们宿舍集体在钱柜唱歌；但哲学系的毕业典礼，我们没有错过。系主任赵老师送给我们的箴言"穷则独善其身，达则兼善天下"一直留在我的心底。

该表白的也表白了，网恋的也都确定了关系，分分合合的最终也走到了一起。这是一个完美的结局。

学 术

确实是一个完美的结局。我们宿舍六个人当中最后有五个都念了博士。但只有我一个人留在母校，留在哲学系念硕博连读。所以，我在哲学系的时间最长，从本科到博士，一共十年。除去两年在香港之外，我在哲学系待了八年。八年的时间是我人生中最美好的时光。现在我时常对我的学生说，要珍惜你的大学生活，因为等你们毕业之后才发现原来大学时光是人生中最美好的时候。

从2003年开始，我真正进入了自己的专业领域，即明清天主教研究。这不是一个艰难的决定。我选择宗教学方向，最初是受到孙尚扬教授的宗教社会学的启发。随后我撰写了我的本科毕业论文，并选择孙老师作为我的论文指导老师。当时选的题目是徐光启，明末第一代天主教徒之代表，著名的儒家士大夫、内阁首辅；而所使用的方法就是宗教社会学。虽然这是一篇入门的习作，但还是获得了孙老师的鼓励。2003年保送本系研究生之后，我选择了硕博连读，并荣幸忝列孙老师门下。

在明清天主教研究领域内，我是一个新手。在游移不定之时，孙老师给了我最大的鼓励和最多的自由。博士论文的主题是我自己选择的，而且今天看起来都过于宏大：研究明清天主教徒群体。虽然我的论文里面也有比较细致的个案研究与文本分析，但是宏大的主题常常让新手难以驾驭，甚至会有覆辙的危险。我最终完成的论文是讨论明清天主教徒群体的形成及其与社会之间的互动。在某种意义上说，它是对明清天主教成功或失败论的回应；也是从另一个角度对明清天主教展开的研究。2009年毕业之后，我非常幸运获得了国家社科基金青年项目，而这个项目就是延续博士论文的内容,对清初儒家基督徒群体展开深入研究。

研究生阶段的训练更为系统,也更为专业,孙老师的要求一贯严格。上课之前要认真准备,有时则需要在学期开始之前就要准备上课内容。尤其是文献阅读课,孙老师带领我们一字一句认真分析句型、语法及其中的微言大义。孙老师对论文的批改也是非常认真细致,至今我还保留着通篇红字的论文初稿。孙老师的谆谆告诫犹在耳边。

孙老师广泛的人际圈以及在学术上的影响力为我进入学术圈带来了诸多便利。2006年我有幸在老师的推荐之下参加了北京大学与香港中文大学联合培养计划。在香港不仅开阔了眼界、拓展了思路,而且还找到了更多的资料,认识了更多的国际学者。2007年更是有机会赴欧洲汉学的重镇之一鲁汶大学,参加由明清天主教研究的著名学者钟鸣旦教授主持的工作坊,结识了诸多学者。2010年,我的博士论文荣获香港中文大学宗教与中国社会研究中心第五届"宗教与中国社会"研究博士论文奖;2011年则更荣幸获得全国百篇优秀博士论文。

所有这些初步的成绩是北大哲学系给我的,是哲学系的老师们给我的,但我也深知荣誉只说明过去,不能证明未来。未来的路还很长,还需要继续脚踏实地一步一步走下去。母校是我前进的动力,也是我奋斗的力量源泉。

尾　声

80后已经进入集体怀旧的年纪,儒家常怀有三代之治的美好理想,似乎美好的总是在过去。每年我都会回北京一趟,也会来四院看看,但是物非人也非,难以找到半点往日的踪影。可是,未名湖依然那么宁静,博雅塔依然那么肃穆,北大哲学人依然那么沉潜。在这个喧嚣的时代,沉潜不是退却,也不是避让,而是隐忍、蓄积。在北大哲学系百年华诞到来之际,谨祝北大哲学系在未来的日子里再创辉煌,愿所有的北大哲学人事业有成。继往圣绝学,开万世太平!

青春味道

静园景色

别样华彩在四院

我们都是哲学的孩子,
她不仅赋予我们勇气,
还教会我们如何去生活,
于是我们乐于去投入社团,
拓宽视野领域,领会合作之美;
我们勇于承担责任,
找寻承诺与兑现相遇时电光火石的一瞬;
我们敢于挑战自己,
把温暖的梦想照进人生的现实;
我们更热爱与人交谈,
感受人性的光辉和社会沉甸甸的重量;
我们的青春如四院的夏花般绚烂,
而哲学始终作为最沉静的底色,
赋予我们敢于书写年华的力量。

青春的怪味

> **小档案：** 王彦晶，男，江苏省海门市人，北京大学哲学系 2000 级本科生，曾于 2000 年至 2004 年于北京大学哲学系就读，2004—2010 年在荷兰阿姆斯特丹攻读逻辑学硕士、博士学位，现于北京大学哲学系任教。

七年多前的一些片段

在一个人的有生之年，他／她的绝大多数器官都在不断地自我更新，有些器官的细胞在短短数天就可以完全更新一遍（比如味蕾），而对于其他一些器官，这个过程可能要花上几个月、几年甚至更长的时间（比如肝脏、头发等）。于是，喜欢附会的人就会"听说"："科学研究显示人体器官的细胞平均 7—10 年就要更新一遍，这是为什么我们有所谓'七年之痒'，因为七年后的我是一个新人了啊！"然而事实上，通常被我们认为承载感情和记忆的大脑皮层在出生之后就几乎没有更新了（除了好多细胞阵亡了以外），倒是脂肪细胞确实 7—10 年就全换一遍。所以，从哲学系毕业七年后的今天，虽然我的脂肪对七年前的事情一无所知，我还是可以从大脑的灰尘角落找到当年的一些蛛丝马迹，那些不在风中飞舞的青春片段。对了，那时我叫 00023037。

逻　辑

青春期青年的一个特征是把人生想成舞台，周围的人都是观众，喜怒哀乐在这个舞台上都被刻意地放大。对于包括我在内的一些人来说，时不时地表演一下"不被理解"或者"悲伤"这类情绪其实是很享受的，尤其是在哲学系这个最怕浅薄的环境，永远不用担心表现得太过深沉。从这个角度讲，我的专业逻辑学也是一个挺好的标签，因为它看上去比较高深和孤独，好像我们专业的人都注定要走上一条与众不同的不归路似的。刚入校的第一学期，我们和几百号计算机系的新生一起上高数，当老师点名到哲学系逻辑学的时候还引起了点小骚动，可见大家心里对哲学和逻辑的成见有多大（更可能的情况是完全没有概念）。我们引以为豪的还有整个高数班上最高最显眼的漂亮姑娘和期中考试100%的优秀率。可惜的是，一年后那姑娘从北大逻辑转到港大读精算去了，另外还有一个当年不太洗脚的哥们儿跑到了数学系，2000级逻辑就剩下我们七条好汉，组成了真正的和尚专业。坦率地说，大部分在哲学系读书的同学都是以"机缘巧合"的方式上的哲学系，可能之前他们也不太有心理准备，所以第一年很多人忙着听很多外系的课，准备出去。不过转系也非易事，所以绝大多数人还是选择留下。这么多年看过去，其实，挺好。

两年一次，每次不到十人的招生让我们逻辑学专业本科的人很少，但是上下届的关系却异常紧密，很多师兄师姐都成了我们一辈子的好朋友。记得C师兄走的时候，我们还着实伤感了几天，我还用淡蓝色的情绪写了一篇深蓝色的怀念文章，歌颂逻辑专业孤独行者云云。但是等到我们自己告别的时候却是异常匆匆，还没来得及伤感就散伙了——因为我们的43楼马上就要拆了。现在想想，在这个时代的分离大可不必那么伤感，坦白地说，这是一个你想见就能见的时代，当然"见"的形式也可能是电话视频，或者就是网上的只言片语。怕的不是见不到，而是见到了无话可说。

她 们

  我曾经跟宗教学专业的 H 兄打赌,谁先找到女朋友谁请客。其实我们内心深处都想早点请客,最后好像还是我先赢了,但是请没请客我就不记得了。忘了谁说的,人生两件喜事:第一,这辈子干了儿时梦想的事业;第二,还和大学的恋人在一起终老。在当今这个荒诞的时代,好像需要有把枪顶在你脑袋上,逼着你去做这辈子你最想干的事才行,否则大部分人还是不可避免地走向更保险的庸俗。但是第二件事相对更可能一些。我们逻辑专业的那帮哥们儿们目前基本都已完婚,当年的那些女朋友(如果存在的话)都变成了他们的夫人,这一点绝对是令我和其他很多人都特别羡慕的。就哲学大班而言,我们同学中目前成了两对,都是这么多年一直不离不弃的,很不容易。其他很多的大学情侣,以前以为绝对没戏的竟然结了,有些好似铁板一块的反而分了。著名逻辑学家哥德尔说过,世界的意义就在于事与愿违及其克服,我深以为是。像所有其他班级一样,我们哲学班也有一两个放荡不羁爱自由,有大美女,有类似"小强"的各种动物,有师生恋,有千古第一,还有很能说笑的彪悍女生。通常形容女性的好词往往不能完美地集中在一个人的身上。但是在北大,还是有特例证明上帝并不是公平的,对于她们,低调会是一种奢侈品。只有离开北大之后,我才慢慢体会到北大女孩真是一群珍稀动物,其实,没有那么容易遇到的。

寝 室

  一个宿舍内部往往会发生传染,除了水痘,其他也可以。例如一个同学买了一台电脑（可换成电扇、床帘等其他玩意），那么在接下来的几个星期里，其他同学的床上（注：当时寝室只有一张公用桌子）也可能会多出一台电脑。这么多年过去了，我们突然发现，传染得还远远不止这些形而下的东西。我们宿舍六个哥们中间有三个目前在从事教育事业，其他三位同学也都读了研究生，目前有很大可能性也在变成教师的路上。隔壁宿舍也大多是学术男，从床上的书的数目就可见一斑，最终还有两位去美国读了博士。好像我们班继续做学问的人都集中在我们这两个宿舍。毫无节制的求知欲并不像其他不受控制的欲望一样遭到鄙视，但是书读多了有可能会让人太相敬如宾，几年来我们宿舍的卧谈会往往都不会特别热烈，很少有让人睡不着觉的时候。我们逻辑学的哥们除了我以外，都在我们斜对门的宿舍住，可以说他

寝室一景

们是我们系当年最步调一致的宿舍。印象最深的一次是为了装机集体逃课，就剩我一个作为逻辑学的代表，结果被生物课的老师逮个正着，结果不提也罢。

网 络

2000年的时候笔记本远没有普及，校园网也刚刚入户，机房成为干各种"正事"（比如聊天，打游戏）的重要场所。机房夜里不开，有时候就去南门外著名的飞宇网吧。不过很快寝室里电脑就多了，大家机房就不怎么去了。当年还没有BT或者电驴，校园里流行开FTP，把自己的一部分好东西做成共享供大家下载。教育网相对封闭，对外出口很小，但是网内速度很快，所以FTP就成为我们获取网络资源的重要途径，校内以电教中心为代表有不少知名的公共FTP。另外私人的FTP也是展示自己的一个好机会，你放的东西代表了你的品位，我当年的女朋友就是看了我FTP上放的文章对我产生了兴趣的（当然来自什么IP地址的电脑访问过你的FTP都会有记录，IP查询甚至可以精确到寝室）。后来IP不绑定了，玩FTP的少了一些，再后来校园里有了无线网了。在光缆刚入寝室不久的情况下，能坐在未名湖边上上网一度被我认为是一个笑话，但是确实令人惊讶地实现了。

在网络时代，你看什么很大程度上决定你怎么想。当年我们入学的时候"一塌糊涂BBS"刚建站不久，里面的讨论海纳百川气氛自由，既有很多非常严肃的学术版面又有之前想都不敢想的前卫版面，叫人大开眼界。同时代的北大新青年论坛也朝气蓬勃，而现在活跃的"未名BBS"还只是纯粹的校内论坛。很可惜，那种繁荣只是昙花一现，现在所能瞻仰的也只是它们的尸体了。那个时候也还没有Facebook和Twitter，更别说开心人人新浪微博了，大家大多数时间还是喜欢把喜怒哀乐写在脸上，而不是写在网上，最多编个BBS文集在Chinaren校友录上说几句。当时信息少，于是假信息也少，我们也还没有意识到这世界上最远的距离是你身在祖国，却不知道祖国发生了什么。

大　事

我1997年初中毕业赶上香港回归，三年后大学入学是新世纪的头一年，也算是乘着1998年百年校庆的余威进入北大学习的。当时许校长刚上台，学校多少有些新气象。我们那级还有文科和理科实验班，通选课刚实施不久，从2001年开始元培实验班开办了，现在已经成了元培学院。也是在2001年，1993年推倒的南墙从概念到形式上又逐渐被恢复了。虽说是南墙复建，其核心却也还是拆，原来由我们级一位著名女同学代言的飞宇网吧一条街被清理了，也诞生了著名的天光照相馆被强拆事件。现在的南门附近绿树成荫，安安静静的，感觉挺好。这南墙的一拆再一建充分体现了"不撞南墙不回头"这句成语的意思，类似撞南墙的事件还有2003年Z老师力主推行的教师聘任制度改革。现在看来当年的大多数改革措施已经基本被妥协掉了，但是好像博士不留校，以及连聘两次高级职称不上就走人的政策最终以较为温和的形式得以保存了下来。学校对年轻人的任用也有所重视，不过同时提出的要求也大大增强，潜台词貌似是：老的管不了，只能管你们了。从这些事情上看，中国的事总是得一步步地来，代价也是要付的。

2001年7月13日中国申奥成功，当夜在大讲堂门口庆祝的我绝对想不到七年之后会在阿姆斯特丹市中心参与组织一场力挺北京奥运反对分裂的集会。当年雅典奥运的火炬传到北大的时候，桑兰还算北大的学生，还没有走上高调维权之路，而是静静地拿着火炬坐在轮椅上，未名湖畔一派祥和。谁又能想到几年后北京奥运的火炬传递在欧美国家竟变成了那样的不堪回首。可以说，多事的2008年是对我们留学生和海外华人有极大教育意义的一年，在火炬传递事件之后的汶川地震更是让我们的感情严重透支，很多人到那时才能真正体会到2001年的"9·11事件"对于很多美国家庭的伤害。类似的灾难其实我们在2003年"非典"时期就已经开始体验了，危机处理和信息公开成为中国政府最需要学习的东西。当年"北京人"三个字在全国一度成为危险的代名词，我还记得当年隔着栅栏和关在校园内的女友挚手相望的场景。

行　走

在北大读书的四年，给我印象最深的是却是两次与猴子结缘的活动。第一次是我们一批选修保护生物学的学生跟随潘文石老师，到广西崇左的白头叶猴保护站进行考察。那是我第一次真正在野外接触野生动物。那次经历最大的收获是明白了要保护野生动物先要提升当地人民的生活水平的道理。另外我用一个最普通的相机拍到了一个猴群的全家福，至今引以为傲，从那以后逐渐走上了摄影的道路。有趣的是，潘老师的学生由于常年在野外，好像个人问题基本都在本专业内部解决了。第二次是毕业的时候跟随V的绿色生命协会去湖北神农架考察金丝猴的觅食路线。

同样，在人和野生动物的冲突中如何理性地抉择是最难解决的问题。我们看到林区有些地方退耕还林后一无所有的贫穷，但是修建妨碍金丝猴觅食的滑雪场真的对改善那些贫穷有作用么？具有讽刺意味的是，林区政府为了招待我们这些打着保护动物旗号、潜在和他们作对的学生，特意准备了各种"圈养"的野味。那次旅行让我见到了这辈子认为最美的景色之一：那是一天天色渐暗的时候，深蓝的天空中点缀着点点星光，一朵白云从大山阴影后露出一个角，一切都是那么静谧，这时突然云朵里闪出一道闪电，只有闪电没有声音，点亮了整个云朵。这幅图景让我想起我们的带队老师严康慧，安静的外表下，拥有一颗闪耀的心。她当年放弃德国的事业在神农架的森林里跟踪研究金丝猴十几年，是真正的北大人。

学　业

大学毕业的时候，我曾经写过一篇小文回忆了一下大学四年上过课程的种种。现在回过头来看看，即使这些年来都还在搞学问，大学本科时候学的大部分内容还是都还给老师了。不过看看当年写的小论文，不由得还是心存敬仰，很多已然完全看不懂了，一种"貌似我当年还挺牛的"的自豪感油然而生，但是同时又在想是怎么落魄到目前的光景的。人对自己不满，多半要迁怒于他人，但是这个时候没别人可迁，只能恨自己的海马体不争气了。有时候想想，半瓶子醋并且无畏地逛荡着也挺好的，至少能让你有自信表现相对美好的自己。有些人说教育最根本的东西是把所有知识忘掉之后剩下的那些，其实绝大多数大学毕业生都不会从事学术科研工作，但是科学和人文的精神是大学应该培养的，也不是光说说就可以的。坦白地讲，北大的教育和国外一流大学还有一定差距，尤其在对学生的激励与研究能力的培养上有所欠缺，同时课程太多，各种其他活动也多，阅读和思考的时间相对较少，老师与学生间的交流也较少。不过北大给有主动性的学生们提供了足够多的机会，有相对比较宽松的学术环境。记得当年曾经抱怨我费了半天劲写的小论文不被重视，老师说看却一直没看。现在自己当了老师之后才发现，其实给每个学生认真看论文并不是一件很容易做到的事情，需要极大的热情和责任心。我特别要感谢周北海老师，是他借给我的一本书使我打开了逻辑之门并踏上了留学之路。当年辅修经济学双学位的时候，W老师对我的影响也比较大，上了他的课后我才知道大量阅读并跟进最新文献的重要性，还记得我做完报告他起立为我鼓掌的情景，非常鼓舞人。一晃毕业已经七年，自己终于也当上了班主任，而现在的学生也和当年的我们有着不少区别，他们当中很多不知道三角地为何物，他们选择更多但也要应付选择带来的压力。看着他们，就好像自己又重新过起了大学生活，很有意思。

北大人

在北大1998年百年校庆的时候，江总书记提出了建设中国的世界一流大学的目标，而清华大学在2011年百年校庆的时候险些"被跻身"世界一流大学的行列。其实两校的整体实力距世界一流还有不小的差距（排名靠前的原因很大程度上是由于优秀毕业生带来的较好的同行评议），但是单就两校的本科生资质而言，绝对具有世界（超）一流大学的水平。对于大多数同学来讲，北大的文凭和强大的校友人脉对他们的后北大生活是同样重要的。前些年，身为一个漂泊在外的北大人，感觉最亲切最谈得来的还是北大出来的朋友。我在荷兰的时候手机的通讯录总是不够用，所以加一个人就删一个人，其实也挺好，因为很多人对你来说都是过客，但是来自北大的同学即使很少联系也不会删掉。现在再翻看当年 BBS 上的发信纪录，看到那一个个人是怎么从陌生到熟悉再到陌生的，很多人还在，但是 ID 没了，也有个别的连人也没了。当然，在物是人非中既有伤感也充满了各种巧合：以前她的朋友变成了我的朋友；多年前只通过一封电子邮件的两个人竟然最后成了同事；最巧的一次是荷兰留学的时候在网上碰到一个人，之后发现他住在自己的楼上，再之后发现他也是北大的，最后发现我们以前就认识，重新又做起朋友了。你总希望那个陌生并不是一个终点，而是下一个熟悉的起点。

毕业七年后再回到北大，我最爱的鸣鹤园没水了；未名湖底的"诗人"可能都在前些年的枯水期死光了；偷看月亮和情侣的理教楼顶也不让上去了；新入校的学生已经不知道三角地到底为何物；没有了当时的那双眼睛，就再也看不见临湖轩附近的松鼠了。虽然我更怀念那些 good old days，但是我心中的北大没有变化。我很欣慰自己能再一次成为了他的一部分，为中国最后的理想主义者耕耘一块乐土。

一粒粟，万颗子

小档案：周素丽，女，河北省平山县人，北京大学哲学系2009级博士研究生，至今就读于哲学系。在读期间，曾获校级三好学生、社会工作奖、华藏奖学金等荣誉和奖励。

大学真是一个好地方啊！氛围宽松，思想自由，朝气蓬勃的学子在这里挥洒青春、追逐梦想，在这里度过一生中最烂漫的时光。

而在大学的众多风景中，学生社团又是最有特色、最为精彩的一部分。不同专业、不同背景的人，因为共同的兴趣而走进同一个社团，为心中的梦想努力，并甘愿为之投入自己时间、精力、情感与心血。

我与学生社团一直有斩不断的情缘。加入一个团体，即可给自己的心灵一方依托，也免得离群索居而造成孤陋和散漫，所谓"以友辅仁"。在北大这四年多时间，我从社团生活中获益良多。

爱智沙龙（前排左五为作者）

《学园》编辑部

《学园》（*Academy*）创刊于 1994 年，是北京大学哲学系研究生学刊。她以思想性和学术性为主旨，承张子"为天地立心，为生民立命，为往圣继绝学，为万世开太平"之训，主要刊登北京大学哲学系硕士、博士研究生的学术论文，并面向哲学界学者征稿。

《学园》编辑部主要由在校硕士生、博士生组成，负责刊物的征稿、审稿、编辑、排版校对等事宜，每学期还会组织学者访谈和学术沙龙。

2007 年秋，初入燕园，出于对学术的仰慕，我报名加入了《学园》编辑部。《学园》的前任主编是大我两届的雷博师兄。师兄学识渊博，谦和热情，初入编辑部时给我们许多指点和帮助。

时任主编为 2006 级的何江宁师姐。由于要准备硕博连读考试，10 月份时，师姐辞去了主编职务，一时《学园》主编缺失。雷博师兄找到我和谢伟铭，问我们能不能多承担些工作。出于对雷博师兄的感激和信任，我们答应了。于是，系里安排时任研究生会主席的任建党师兄兼任《学园》主编，我和伟铭任副主编。接下来几个月，我们便在雷博师兄和江宁师姐的指导下，开展《学园》的编辑工作。

一个学期过去了，第 21 期《学园》顺利出版。任建党师兄不再兼任主编，需要在我和伟铭中选一人出任主编。而我和伟铭都没有把握能独挑重担，于是我提议我们二人同时担任主编，不分主副。

这种模式对我们两个来说最好不过。两人共同担任主编，有事情可以商量，有压力可以分担。我们俩配合默契，如同一人。

例如，财务事宜你负责，排版等技术活我来研究；你负责博士生，我负责硕士生；你写"卷首语"，我写"编后记"，等等。如此，当同时需要应付多件事情时，主编也"分身有术"了。工作之外，我们生活上也几乎形影不离，连平时上课也都是骑一辆车，一人载另一人。现在想想，那真是很美好的回忆啊！

在《学园》的工作经历中，印象最深的就是排版了。将十几篇论文整理成一本刊物，是编辑部的主要工作。《学园》之前用过方正的排版软件，但问题在于原稿的 Word 文档和这个软件的格式转换时，容易出现乱码或错别字。后来为了方便，我们改 Word 排版，但是 Word 的排版功能有限，难以达到以前那样精美的效果。编辑部一度委托理科楼文印部的专业人员帮忙排版，但这样出现问题不能及时方便地修改，且每期刊物还要支付 800 多元的排版费。

从我和伟铭接手第 21 期之后，便计划排版工作由编辑部来独立完成。先由我试着把一篇文章用 Word 排版做成《学园》的标准格式，出现问题，解决问题，然后培训各位责任编辑使用 Word，让每人负责一篇文章的校对和排版。最后，我和伟铭再把各位责任编辑排好的文章整合到一起，出刊。

一开始想得比较简单，但实际操作起来发现问题很多。一篇论文需要排版的内容包括：标题、作者简介（首页脚注）、中文摘要关键词（不分栏）、正文（分两栏）、正文注释（用脚注或尾注，但要与作者简介有区别）、参考文献（尾注，与作者注释要有区别）、英文摘要（放于文末，不分栏）。为了美观，还要设置页边距、页眉页脚、正文行距等。

我们每个细节都力求完美，可是发现每一处都可能出现问题，例如：（1）文章首页的标题、摘要和脚注的作者简介部分都不分栏，这样，正文一分栏就被 Word 强制移到了第二页；（2）正文分两栏，脚注也会跟着分两栏，很不美观，于是稿件的注释只能改为尾注；然而改成尾注后，又不能在文后再添加内容，那么如何再将英文摘要放在文章末尾？（3）文中作者注释一般用带圈数字标识，但是 Word 插入的注释角标，带圈数字最多只能到 20，当我们遇到注释多于 20 处的论文就麻烦了。

为这小小的一个注释问题，我尝试过好多方案——脚注改成尾注、自动插入改成手动输入、调整注释符号、将作者注释和引文出处用不同的符号标志，等等。《学园》排版那些天，我大部分时间都对着电脑，处理各种各样的技术问题，一直看到头昏眼花；自己解决不了，就上网求助，或者跑到理科楼文印部向那些专业人员咨询。

苍天不负有心人，经过反复地试验、调整，我终于可以用 Word 把一篇论文的各个部分都排成需要的样子了，效果一点不比专业排版的差。接下来，我将我探索出来的排版模式"传授"给各位责任编辑，并写了一篇《〈学园〉排版指南》，将此"成果"保存下来。

第 21、22 期《学园》编辑工作顺利完成，我心中充实而喜悦。每一篇文章，每一处字句，都凝聚着作者的思索，倾注着我们编辑人员对《学园》使命的秉承与担当。

北大中医学社

2008 年秋，好友子宁来北大读研，我和她一起加入了中医学社。11 月底，在学社的新老社员交流会上，我们被社里前辈骨干的人格魅力所吸引，又报名加入了中医学社骨干群，和大家一起学习中医。

很快，我便感受到学医的好处：更了解自己的身体，并能够践行养生保健，顺应天时，饮食有节，起居有常。几个月后，对多年的过敏性鼻炎我不再束手无策了；经常手脚冰凉的我，四肢渐渐变得温暖；皮肤、气色也一天好过一天，我和子宁都说对方比以前漂亮了。

如此，我与中医学社的情感越结越深。学社的各项活动让我乐此不疲，我也渐渐由一个受众、参与者变成了组织者。

2009年底，理事会考虑让我接任社长之职，这让我内心纠结许久。看到前任社长洪涛那么辛苦操劳，我不禁望而却步；但是，中医学社需要有一个社长为她操心、为她付出。我决定听从理事会的安排。

换届会后，我回到宿舍，收到了新任副社长杨翔的短信，她说："亲爱的，我们一定要努力！"这句话让我沉重的心一下子轻松了很多。我认识到，不只是我在为社里操心，杨翔比我更用心！我很多时候内心都是比较柔弱的，害怕孤独的感觉。而杨翔，在第一时间给了我依靠。

我们两个都在图书馆三层自习，一个眼神，彼此便心领神会，然后我们便到外面，趴在楼梯口那个小桌上商量社团的事情。慢慢地，熟悉了，也就不限于"公事"了。用杨翔的话说，我们两个"由工作伙伴关系升温为闺蜜"，她对我"很依赖"，不仅社团的事问我意见，而且个人问题也向我倾诉。她比我小四岁，我对她也像对妹妹一样疼爱。

在中医学社，理事会是我的"靠山"。理事会由历届社长、副社长等核心骨干组成，当遇到问题我自己无法解决时可以向理事会求助，师兄师姐丰富的阅历和智慧可以帮忙化解很多难题。有他们在，我心里觉得很踏实。

对一个社团的感情，可以化作为她做事的动力；而在做事的过程中，人与社团的感情又会越来越深。渐渐地，人与社团融为一体——个人是社团的一部分，而社团又成为个人生命的一部分，内心割舍不下的牵挂。

中医学社的常规活动有周末讲座、《内经》读书会、骨干小班、专家义诊等，骨干的分工协作，保证了这些活动的顺利进行。在我担任社长期间，这些常规工作大都有工作机制和往届社长的经验可以因袭或借鉴，而有一项"工程"是没有经验可以因循的，因而也充满挑战，这就是编撰社刊。

中医学社成立于2005年9月，我于2010年初至年底担任社长，正赶上学社成立五周年纪念。理事会决定出版一期社刊，将五年来的活动成果和社员学医所得做一个总结，并藉此提供一个社员互相交流的平台和对外展示中医学社的窗口。社刊的编辑工作由我负责。

虽然我之前担任过《学园》的主编，但是社刊的编辑与之完全不同。《学园》是一个比较成熟的杂志，编辑部主要工作是将既有稿件（主要为学术论文）编辑成刊。而中医学社社刊却是创刊号，甚至连刊名都没想好，一切都要"无中生有"。于是我们从征集刊名、设计栏目、公开征稿开始，并着手撰写社团简史和活动介绍；之后，将征集到的稿件进行筛选和校对；再之后是排版和封面设计。排版要图文并茂，封面要古朴大方——这些工作都要很用心。社刊的编辑工作凝聚了整个社团的力量，下面回顾一下社刊编辑过程中两个片段。

(1) 撰写学社《简史》

《简史》由中医学社创始人王正山执笔,理事会其他老骨干补充修改。正山师兄于 2010 年暑假撰成初稿,两万多字,从 2003 年禅学社中医讲座、2004 年"中医研习班"、2005 年学社成立,一直写到 2010 年夏天,回顾了学社举办的重要活动、各个阶段遇到的主要问题以及我们的应对过程和思考反省。《简史》对学社的经验总结和对于未来的指导意义非常大,因此,只有做到真实、严肃、公允,才足为后人之鉴。为此,理事会 9 月份多次开会,大家对《简史》文稿逐字逐句地审查、讨论、修改,每次都两三个小时。正山师兄数易其稿,一直到 9 月底,《简史》定稿才被集体通过。

(2) 内页排版

排版工作主要由新骨干江玥、刘小维等人负责,我来统筹指导。他们先将各个栏目排好,发给我审查,有问题再修改。记得让小维排版"结缘中医"部分,我一次次地提意见,她一次次地修改,邮件往来好多回合,我都有些不好意思了。有时我也想,干吗这么较真,她已经做得很不错了,而我却总在挑毛病、提意见。可能是因为想做到最好,所以看到可以改进的地方,不改便心不安。好在小维很善解人意。

各个栏目排好后,江玥负责将它们整合到一个文档。我拿去打印样刊时,发现很多图片在多次编辑后变得虚了,便问她能不能换上清晰的。在 Word 版面已经排好的情况下,换图片是件很麻烦的事:一张图片动了,其他排好的文字、图片就全都乱了,还要重新调整。江玥试着换了两张图片,便费了好大工夫。我不忍看她辛苦,便说:"算了,就这样吧!"

可是,将样刊拿回家,看到那些变得有些模糊的图片时,我还是不甘心，便决定自己动手。好在家属一环愿意帮我，于是我找出清晰的图片，让一环将社刊中不合格的全部替换掉，这样又花了好几个小时才全部搞定。

这次社刊编辑工作历时五个月，着实花费了我不少心血。然而，所有的努力都没有白费，用心做事的结果总是令人欣慰的。12月初，印刷好的社刊《未名医话》在学社五周年联谊晚会上亮相时，受到大家一致好评。记得社刊编辑之初，我们借来了耕读社、禅学社等兄弟社团的刊物作参考，觉得他们做得很好；可是当我们的社刊出版后，发现他们的便"稍逊风骚"了。能够不负重托、为学社留下一本拿得出手的社刊，我感觉无比自豪。

2010年底，社长届满后，按照中医学社惯例，我担任了理事长，主持理事会工作，以我们的经验和教训，去帮助下一任社长，为社团发展保驾护航。

汉服婚礼

依传统礼仪举办一场汉服婚礼，是我与好友子宁一直以来的梦想。年初，我们将这一想法跟周围好友讲时，得到了大力支持，婚礼筹备组很快成立。

我为什么将这次婚礼筹备也当做社团生活来写呢？因为这次婚礼的筹备过程和社团活动的性质非常相似：不同专业的人，因相同的兴趣而加入一个团队，来共同做一件事情，将心中的理想付诸实践。而筹备团队的成员，也大多是我和子宁在社团活动中结识的同道师友，如婚礼司仪雷博和迎宾主管曹润青都曾是《学园》的主编，婚礼的总管康凯、礼仪指导杨汝清老师、男相甲顾昱晓、女相甲杨翔、男相乙萧伟光、女相乙彭璐珞也都是北大中医学社或国学社的核心人物。

除了以上列举的人员，此次婚礼的赞礼者还包括男女诵者（朗诵《诗经》来烘托气氛）、司器（负责仪式中礼器的准备和交接）、司象（制作和播放幻灯片）、司乐（播放音乐）、力役（负责桌椅等道具的摆放和撤离）等，总计三十多人。

雷博师兄帮我们策划婚礼流程，杨汝清老师指导两对新人和男女相者习练行、坐、拜、揖等传统礼仪，康凯负责联系人员、调动物资等琐事……从年初至婚礼当天，历时约一个月，我们一次次开会，讨论并排练，以确保婚礼的规范和流畅。大家不辞辛劳，为我们的婚礼忙前忙后，我一直感激在心。

当时，子宁正备考博士，她的新郎安之还在韩国，而我的新郎一环又大病初愈，所以准备礼服、购买道具等琐事便落在我肩上。我的大部分时间和精力都放在了婚礼上，自己的学业则被冷落了。对此一环不是很赞同，他说不要把这事看得太重，就是一场婚礼而已。

一环说得有道理，他是理性的，会分析事情的利弊来决定怎么做；而我则是感性的，做事多凭内心的感受和热情。这个汉服婚礼的确不会对我们有直接的好处，但却是我多年的梦想。而且，随着越来越多的人加入，这也成为了整个筹备组的梦想。我们都是有文化情怀的，希望通过此次婚礼，亲身践行传统礼仪，并在现场来宾中求得共鸣。所以，这次婚礼或可称为一次文化实践或行为艺术——筹备组在齐心协力，打造一件艺术品。

人生能有多少机会，可以暂时放下工作、不计功利而单纯去追求一个梦想？又能有多少机会，一帮人为了一个共同的梦想而努力？而这次，因缘聚合，我们的梦想在师友襄赞下就要实现了，这让我怎能不激动？又怎能不用心？

2011年3月26日昏时，我和子宁两对新人的大婚之礼在北大勺园二层弘雅厅正式开始。婚礼分为四个部分：姻缘会聚、知心共鸣（讲述恋爱故事）、天地铭证（包含祭拜天地、祭先圣先师、遥拜父母、感念师恩四个环节）、相濡以沫（包含同牢、合卺和结发三个环节）。本次婚礼仪式是古礼今用的一次尝试，不仅参考了《仪礼》及《朱子家礼》的规范，也从祭天、释奠、释菜等古礼中汲取相应的元素，关键环节还通过《诗经》的唱诵来渲染和烘托。

由于资金和准备时间有限，我们的婚礼比较简朴，但是我们真挚的情感与情怀，还是感染和感动了很多人，包括行礼者、赞礼者、宾客甚至饭店服务员。当日宾客有200多人，然而婚礼进行时，观众席上却极其安静，大家都沉浸于传统礼乐的宏大气场中。仪式结束后，宾客们对此次婚礼赞不绝口，很多人感动得落泪。我们之前还担心现代人与古礼有隔阂，观礼者与我们有距离，但事实证明，礼乐真的有穿越时空、震撼人心的力量。

婚后我与子宁两家答谢赞礼者，大家围坐在一起，讲述了各自参加此次婚礼的感想。大家普遍认为，此次婚礼实践很有意义，所有行礼者和赞礼者都切实感受到了传统礼乐文化的极大力量。个人的孤独感、欣慰感、历史感、家庭责任感和文化责任感，都通过这个仪式得以彰显和表达。

善缘和合，婚礼筹备组师友同道的齐心协力，成就了此次婚礼，而每一个人也在习礼与观礼的过程中收获了属于自己的美好回忆。

结　语

　　情感、责任、付出与收获是我在社团生活感受最深的几个方面。如今，虽然我已"告老还乡"，从各个社团卸任，但帮我成长的社团仍时时牵动着我的心弦。当写下以上的文字时，往日的一幕幕浮上心头，宛如昨日。社团往事已成为我生命里的一抹亮色，社团同仁已成为我愿相交一生的朋友。

　　感谢系庆征稿，让我有机会重温自己在哲学系生活的几个片段，并将这些故事与师友们分享。

做燕园之眼：北大生活里的另一种姿态

> **小档案**：林起贤，女，广东省汕头市人，北京大学哲学系2008级本科生，至今就读于哲学系。在读期间，曾获北京大学君政学者奖学金、2011年杨钦清奖学金、2010年廖凯原奖学金、北京大学第十八届"挑战杯"五四青年科学奖竞赛二等奖、2010年北京大学哲学系"爱智杯"征文比赛第一名、2009—2010年度北京大学优秀团员等荣誉和奖励。

在燕园，"校园记者"是"哲学系本科生"之外我最重要的一枚身份标签。回首跨入燕园以来的数年时光，北大新闻网记者团的工作在我的大学生活中占据极其重要的位置。在记者团做一双燕园之眼，不仅让我深入理解那些举国关注的盛举，也得以慢慢回味身边点点滴滴的寻常小事。更重要的是，可以阅读自己的内心，以另一种眼光反思自己所熟悉的春诵夏弦的生活。

"看"北大，"看"世界

有了大一在四个不同风格的组织、社团或投入或"打酱油式"的经历后，在本该是学会安分的大二，在朋友的劝说下，我又对北大新闻网这个组织有了些兴趣。多年以前，吴小莉那句"有大事的时候，就有我在"又回响在耳边。怀揣着儿时仍有余温的新闻梦，爱折腾的我决定试试，在一个新的组织重新出发。

"北大无小事"，大一在电视台学生栏目组"媒体聚焦"工作的时候，每星期都能看到大报小报对北大形形色色的报道。有趣的是，不少当局者——生活在燕园里的学生反倒对不少事不知情，也许是因为熟悉的地方没有景色，太近的生活反倒让我们没有了好奇和新鲜感。

而成为一名校园记者之后，我得用不同的眼光去发掘那些原被我忽视的熟悉事物的魅力。

这种目光的转换，首先是在于赶赴现场见证最真实的画面，获得与北大脉搏共振的体验。在报道的第一线，我可以尝试记录现场的每一个细节，获得对事件本身最切身的体验。如果不去采写五四体育场翻新的消息，我想我永远也不会知道北大网球场用的是悬浮式地板，五四跑道用的是无颗粒喷涂技术；如果不去报道CUBA，对篮球毫无兴趣的我可能永远都不会去关注什么是"24秒规则"，什么是"外线内线"；如果不参加北京论坛的报道，我想我永远都不会看到陈鼓应先生这样大名鼎鼎的学者极其可爱幽默的一面……如果只是坐在电脑前快速浏览网页，而不是投入现场，去感受，去发现，去挖掘，我永远都只是一个站在外围的旁观者，幕启幕落，再华丽、再热闹的演出也与我的生命无干。而作为记者在现场进行新闻报道，我可以以见证者和讲述者的身份，成为这大事小事的参与主体之一，并向不在现场的人讲述这些大大小小的故事。

再者，有了一张记者证，我这个"此间的青年"可以从不同的角度来观察"此间"的生活。完成报道任务的过程中，参加了学校不同院系、不同部门召开的会议、论坛，从会场布置、发言风格、可以管窥不同性质的组织机构之间思考逻辑、行事风格存在的差异。当然采访的时候最有意思的还是与同龄学生当中不同"圈子"的接触。印象很深刻的是，我们报道了绿豆营网站团队的创业故事，他们想以创业激情开创环保公益事业的梦想；我还走访过PICA举办过的系列讲座，精心的策划、盛大的嘉宾阵

别样华彩在四院

做燕园之眼

容，显露出商业类社团的干练与精明，改变了我曾经的偏见。

做一双"到现场看一看"的燕园之眼，虽然带给我一种自乐自得的成就感，但并不那么潇洒。记得曾经为了采访一位法国介入神经病放射学专家，足足等上五六个小时，才换来15分钟的采访时间。但是当自己带上新闻网的记者证，扛着单反相机穿行于体育中心、乒乓球馆、百周年讲堂、英杰交流中心的时候，感受现场或热烈或严肃或庄重的气氛，去发现生动的细节，强睁着大大的熊猫眼熬夜作战，完成新闻稿，第二天一早登载的时候，心里总是有一种小小的激动。也是因为这种投入，才让我真正地感到这份工作的乐趣所在。

校园媒体的工作让我更"深"地认识北大，也让我看得更"广"。在一个保守闭塞的小乡镇长大的我，大学之前几乎没有离开过自己生活的地方，以至于常常对着一幅世界地图，遗憾自己的视野如此狭小。学校经常举办各种类型的国际交流活动，参与报道，让我获得不少身在燕园放眼世界的机会。在 2009 年、2010 年、2011 年北京论坛现场，亲历数千名学者齐聚一堂，围绕一个共同的主题，不同的学科视角、不同的观点产生激烈的碰撞，我才感到思想的视野可以如此的开阔。2011 年，我又获得新闻网与高校传媒联盟推荐，幸运作为中方青年代表赴沙特阿拉伯参加第二届中沙青年友好会见活动。在穿黑袍戴黑纱走沙漠访油田游红海的一周里，我第一次近距离接触伊斯兰文明，感叹穆斯林虔诚的信仰，也惊异于彼此间存在的诸多误解——跨越地域的交流可以使不同国家的技术等硬件环境变得越来越相似，但是文明的根基，人文领域的思想、信仰差异却需要更长久的时间让彼此学会相互尊重和理解。

工夫在"新闻"外

写报道多要亲临现场一"看"，但是在"看"的背后，却需要长期的各方面的积累。大二刚加入记者团的时候，自以为在别的组织、社团有过几篇人物报道经验，应对新闻网的任务一样能驾轻就熟。一开始，经过老师学长的修改文稿在修订模式下密密麻麻地划满了各种修改符号。才发现好的报道语言简练通俗、活泼生动，同时又做到了表达准确、信息丰富。而自己常常只执著于语言的准确，句子却冗长拖沓、毫无生气，忘了兼顾时效性是新闻的生命，也忘了新闻是要写给不同背景的读者看的。

不过语言的锤炼是个细节问题，材料的组织安排才是文章的核心，这涉及搜寻信息的能力，以及分析信息过程中逻辑思维及选取独特角度看问题的能力。而这一功夫却远远不是多跑几次现场，多写几篇消息就能练就的。

2011年暑假，我幸运地获得了到新华社对外部实习的机会。实习老师恰好曾经带过一位相识的北大师兄，每每提及，赞不绝口，无形中给了我巨大的压力。因为不是在记者室实习，我并没有第一手的新闻线索，一直苦于如何写稿。最后两周只能自己挖掘新闻、自己寻找角度。这个时候平时写论文海量搜寻信息的技巧派上用场。通过收集资料、无数次被拒绝后的采访，最后两周总算完了四篇报道。现在看来，这些稿子还是有不少的瑕疵，但当时很幸运地被登载于新华网。结束实习的时候，实习老师简单说地说了一句"北大的学生都挺不错的"，我才终于舒了一口气。2010年夏天，老乡联谊会委托我给内刊写一篇老前辈的人物报道。老先生德高望重，但有些严肃、讲话谨慎，说一口混杂着京腔、乡音的普通话，两三个小时的闲聊，让我紧张不已，心想最后的报道唯有指望再一遍遍听录音了。很不幸，录音笔偏偏在这个时候出了问题——两个多小时的录音全都没了，更糟糕的是，采访的时候因为理解先生的意思有些费劲，我几乎没有记笔记。无奈之下，我只能凭借采访时即时筛选后的重要信息以及梳理好的逻辑，组织记忆有些模糊的材料，憋出了四千余字的报道。意外的是，除了少部分的细节疏漏之处，报道得到了老先生的称许。而每每搜索枯肠，无辞可说，也恰恰在于没有一个好的思路。

采写技巧固然重要，但终究是"末"，我坚信社会责任感才是新闻工作者之本。伸张正义、鞭挞邪恶，一度有着英雄主义情结的我一想起这些宏大的字眼便觉热血沸腾。遗憾的是，相对和平的校园环境，并没有给我施展一腔天真的"巾帼气概"的余地。然而在点点滴滴的日常报道工作中，我慢慢发现，所谓媒体责任，首先缘于对媒体职能的准确定位——除了耳熟能详的"不媚上"，也要"不媚下"，而是要准确、客观地为受众传递信息。而这一实实在在的技能却有赖于长期积累的鉴别真伪的反思能力与严谨的态度。2010年11月，英国首相卡梅伦首相莅临北大演讲，我和另一名记者负责报道，现场没有讲稿，没有同传，英语水平有限的我只能在下面艰难地练习听力，幸好同行的另一名记者有良好的笔译能力。讲座结束后，我们立刻一边听录音，一边写稿，当天晚上完成了《英国首相卡梅伦北大演讲：中国的崛起是一种机遇》。一想到这是一个校内外瞩目的重大新闻，我们就感到很大的压力。第二天早上新闻网发布稿件，不到半天时间点击量就超过了三千。晚上，我看到一篇转自校外论坛的帖子指责向卡梅伦提问"英国应该向中国学些什么"的北大学生傲慢无知，在未名BBS以及校外各大论坛引发了漫天的口水战。后经过不少亲临现场的同学澄清，才发现事件起因是一位报社记者记错了现场的信息，把提问的同学——一名伊拉克籍交换生误认为是北大的中国籍学生，从而被部分读者进一步误读为这是北大学生自大无礼的表现，而后各方基于不同的立场展开论战。这场起因于模糊事实的争论引发了很多人的反思。而我也从未如此强烈地感受到自己责任的重大——记者写下的每一个错误都可能引起轩然大波，而作为受众，对于那些哗众取宠的吸引眼球的报道，也从此多了几分保留评论的谨慎。

阅读心灵

也许成长不仅是向外去拓展未知的世界，更是向内来去发现自己的内心。苏格拉底的一句"认识你自己"不仅仅是哲学家们讨论的命题,也是普通人穷尽一生去完成的任务。具体到大学阶段,"认识自己"这个抽象的命题个体化为寻觅所爱并爱吾所爱的任务。

向内深入到自己的心灵也必须以向外探索世界作为前提。只有当自己置身于一个新的环境中时,你才能从思维定势中摆脱出来,审视自我。大一时,我经常会有比较纠结的情绪,在不断交织的嗟叹迷茫与听人嗟叹迷茫中渐渐消磨青春的时光。对于自己的专业、对于曾经的社团工作,一开始不是真的喜欢,只是因为依赖和习惯;对于从来未涉足的领域,并不是因为讨厌,只是因为害怕尝试。桎梏在自己熟悉的狭小世界里,有时看似忙忙碌碌,却没有方向,生活有如一个漩涡,把我卷进去了。

大二开始,为了完成新闻网的采写任务,在日常工作中,我得以与校内高层、社会知名人士接触,描写社团牛人、学术文艺高手成长的心路历程、去嘉兴报业集团实践,与校外媒体打交道……报道了不同的学科讲座,倾听不同的圈子的故事后,我才发现生活有如此多的可能,才知道世界是如此的广阔,才发现曾经将大学简单地浓缩为"保研、就业、出国"这三个选择是多么浅陋与无知。更重要的是,这种观察也给了我一次次省思自己的机会,去渐渐发现自己是怎样一个人,并不断思考我想要什么样的生活方式。一开始,带上记者证就得"被迫"走出自己的世界,而现在我则时常和大家开玩笑说,记者证是一种特权。其中,对我影响最大的莫过于对学业的规划。当初进入哲学系有一部分原因是"被选择",大一几门专业课下来又深深感到了哲学之艰深但又没有勇气转专业,虽然大二辅修了社会学双学位,但多多少少也是种跟风修双及惧惮经双的退缩行为。在参加报道的过程中，我得以从记者这种新的视角来看待熟悉的哲学系。2010年暑假，我负责由汤一介先生主持的儒藏主编精编会议的摄影。会上，耄耋之年的老先生对诸位主编说道，编撰儒藏不仅是一项研究课题，更是一件关乎全人类文明、惠及子孙后代的大事，参与编纂工作的学者都任重道远。说到动情处，先生更是声音哽咽，几乎泪下。这个场景至今印象深刻。几年的学习也让我慢慢切身感受到哲学系总是有这样一群勤勉治学的老师在默默守卫文化的火种。我还有幸采访了哲学系79级的彭兴业学长，倾听他诉说系里往事、哲学对工作的裨益，不知不觉中对于自己的专业有了更深的认同感。同时我也顺道听了不少不同学科的讲座，可以一种他者的目光重新看待自己的两个专业，了解到不同学科之间的差异与会通，寻找自己真正感兴趣的领域，同时也让我更加确信无论未来的选择是什么，本科能学哲学这样一门很有厚度的学问都是一种福分。

9月，夏日的余温还未完全散去。我怀着"尝试一下"的心态有些忐忑地参加了新一届记者团骨干成员的竞选。意外的是，这个组织给了我又一次成长的机会——虽然加入新闻网只有一年的时间，我幸运地从普通成员一跃成为了第十届记者团的团长。习惯了单枪匹马独自作战，带领一个将近100人的团队于我无疑是一种新的挑战。2011年北京论坛报道的组织工作是对我的第一个考验。时值期中，不少骨干成员都面临着考试，新记者还未熟悉新闻业务，人手紧缺，前期组织颇有些混乱。好在编辑部老师出了主意，才总算顺利地完成了报道任务。这次组织工作也给了我一个教训：一个真正负责任的leader不应该把所有的事都往自己肩上扛。在这一年里，参与社会实践，改组骨干团队，重建日常制度，开展业务培训，筹备十周年庆典，撰写纪念文集……我慢慢学会转换角色，与他人一起携手成长。"同声相应、同气相求"，我们本因为共同的兴趣而聚首，经过两年时间，真挚的友谊也越沉越香。

这种角色的转变也让我看到自己要学习的东西实在太多太多。于是在结束任期之后，我又再次出发，找了一份与新闻几乎没有关系的咨询行业的实习，希望在不同的领域里看得更多，想得更多。

生如夏花的青春时光：在哲学系团学组织的那些日子

> **小档案：** 杨洪源，男，河北省沧州市人，北京大学哲学系，2005级本科生，2009级硕士研究生，后转为2011级硕博连读学生，至今就读于哲学系。在读期间，曾任哲学系青年志愿者协会秘书长、系团委副书记、系青年志愿者协会副会长。曾荣获北京大学光华鼎力奖学金、三昌奖学金、西南联大奖学金、廖凯原奖学金，并被评为北京大学三好学生、北京大学优秀团干部、北京大学优秀共青团员"、北京大学社会实践优秀个人、北京大学志愿服务之星、北京市奥运会残奥会优秀志愿者、北京大学2010年年度之星。

还记得朴树那首传唱多时的《生如夏花》么？青春像夏花也像烟草，既绚烂又浓烈，短暂的青春不知不觉已在热烈中挥散，或许成长后的我们身上再也找不到那股淡淡的花香，剩下的也仅有浓烈的烟草味，但青春的味道无法消逝，特别是在哲学系团学组织的那些日子。如夏花般的青春在那些日子也仿佛是一杯酒，可以调出不同的味道。挥霍着青春的孩子们，曾经挥霍如今追忆着青春的大孩子们，都能在那里找到。

懵懂岁月　逐梦四院

有人说："青春不是年华，而是心境；青春不是桃面、丹唇、柔膝，而是深沉的意志、恢弘的想象、炽热的感情；青春是生命的暗泉涌动。"

我们不禁要问：青春是什么？是苦涩未熟的果实，还是清澈见底的河水？是充满幸福的泪水，还是苦恼的包袱？当你在不知不觉中，将岁月的书翻去多页时，才能更好地体味青春的味道。

谈起"青春",我首先想到柠檬。很喜欢柠檬,即便它的味道酸涩,但略带甜味;喜欢柠檬的颜色,淡黄,给人干净、清新、不同凡响的感觉。青春的味道就像柠檬,酸中透着一丝甜意——青春时期的团学工作虽然清苦,也充满苦尽甘来的回报。

初入燕园,第一次一个人离家独自生活,生活中充满苦涩。燕园的金秋在我眼中不是银杏遍野,而是处处凉意。初识北大哲学,印象却是懵懂,对未来的茫然与不确定,甚至连"philosophy"(爱智慧)都不知道是何。更为苦闷的是缺乏直系学长的指导与帮助,尤其看着周围同学出入于各种高中的同乡会,更觉得凄凉。

尽管无助与苦闷,但青春总是要面对这些。大学的生活不同于中学的根本之处就在于选择的自由与对未来规划的愈发明确;除了学习生活,我的大部分时光是在各种学生组织中度过的。然而当路过三角地时,"百团大战"虽热闹非凡,但始终无法吸引我的目光。于是乎,系里的团学组织成了我唯一的选择。第一次团学系统例会,具体的流程早已忘却,但无法忘记的却是"欢迎来到哲学系团委大家庭"、"我们是友爱的共同体"、"希望大家在这里收获友谊、培养感情、共同成长"。这几句话虽易懂但却用了三年时光去践行,也开启了我的寻梦之旅。

难忘记第一次三角地发传单、喊口号,大家整齐划一、响彻校园的"欢迎关注哲学系社会·文化·心灵系列活动",吸引众人的关注,第一次感悟到团队的力量;

难忘记第一次在"牛教"刷夜画海报,从傍晚到黎明,直到将海报贴在三角地最醒目的位置,兴奋与喜悦将疲劳与饥饿尽驱,第一次在燕园品尝到收获的喜悦;

难忘记第一次去打工子弟小学支教,看着孩子们渴望知识的眼神与收获知识的喜悦,第一次懂得什么叫做青年人的责任与担当;

难忘记第一次拜访周辅成老先生,陪先生聊天,听先生讲述过去年代哲人的风采,第一次了解学哲学是为了什么;

难忘记第一次参加定向越野,恰逢奥运倒计时1000天的日子,当我们完成一个个题目,最终走向终点,获得第一名时,第一次懂得志愿服务的意义……

时光飞逝,岁月冲刷着逝去的记忆,但抹不去积淀的成长,许多事情虽然易于忘却,但无法忘却的始终是那些记录着我成长点点滴滴的"第一次",它们构成我在北大四院寻梦的足迹,见证了我从懵懂走向明晰。而这一切的开始都是从加入哲学系团委、青协的那一刻开始的,而寻梦的结果是"从集体中收获进步与成长"。

哲学底蕴　奥运情怀

作为一名80后"鸟巢一代",在我心中始终存有一份奥运情怀。回首那段时光,之所以难以忘怀,不仅仅是因为历史的契机与时代责任,更重要的是哲学底蕴与奥运情怀的融合,是那份在哲学系团学组织学到的执著与担当、对事物的深入思考使我更好地融入志愿服务中。

回首往事,已经记不清来过多少次鸟巢,却始终没有仔细看过鸟巢,每次来的时候总是为各种事情忙碌着。每天的工作就是在不断重复着"一整套的规定动作":15:00至次日1:00,挂上集群电话,拿着工作本签到、巡岗,为志愿者发放物资,对每个人说着鼓励的话,处理各种突发应急事件……没有任何特殊的感触在其中。人都是这样,当每日的生活成为一种习惯与常态时,你就融入其中,按照习惯的方式去完成,没有特别的体悟;而当这种常态结束的那一刻,再经过一段时间的沉淀而再次回味时,你就会发现你的成长与收获。

在鸟巢的日子亦是如此,当残奥会闭幕式结束,坐在场地中央的草坪上,感觉是那样的舒适。我们在草坪上尽情地奔跑、合影、狂欢。当我被大家高高抛起的那一瞬间,我凝视着鸟巢的上空,是那样的和谐,那样的宁静。人,相处得久了,自然会有感情;而物,相伴得久了,自然会有依恋。在我的记忆中,数不清有多少遍走过鸟巢的各个角落,记不起多少次露出标准的"五颗牙微笑";忘不掉曾经在场馆的各种"打抱不平",忘不掉在处理紧急状况时的各种"小创新"。观众数量庞大、流动性强,长期疲劳带来的志愿者的士气低落,相关部门的配合协调等等,这些大大小小的问题,都要一一解决。回想起来,当时还不明白、也没有时间思考是什么动力使我挑起管理、协调整个团队的重任,每天工作十几个小时,坚持把工作的每一个细节处理漂亮,从上岗、巡岗、疏导观众、安排志愿者轮休到最后的归还物资、签退离场。今日思来,是那种在团学组织锻炼中自然练就的责任心与踏实做好每一件事的心态使我在面对各种复杂事物能够做到随遇而安。

可以说,鸟巢对我来说是既熟悉又陌生。于我而言,我只是熟悉自己的业务知识,只是能够帮助观众解决各种问题,只是熟悉与自己的工作相关的区域——在鸟巢的日子里,与其说我在鸟巢,不如说是鸟巢在我。然而在即将离开的时刻,却发现了鸟巢的存在——不是我在鸟巢,也不是鸟巢在我,而是我和鸟巢在一

杨洪源在鸟巢担任奥运志愿者

起。鸟巢的身体中流淌着我曾经洒下的汗水,她的身体中留着我的印记;我的脑海中永存着对鸟巢的记忆,她的大,她的美丽。时代赋予了我作为"鸟巢一代"的责任与义务,而哲学则赋予了我担当责任的底蕴与毅力!

爱智之思　青春无悔

所谓青春的味道就是自己的味道,由于每个人的经历不同,性格不同,他的青春就会焕发出不同的光泽,就会散发出不同的味道。但是每一个在哲学系团学组织中成长的孩子,他们的青春都会有些相同的味道——"甜蜜"与"无悔"。

这种"甜蜜"是踏实做好每一件事情后收获的喜悦,这种"无悔"是对办好每件事情所做的"爱智之思"。

有人说，哲学系团学组织有自己的"道统"，那就是"无为而治"，即"保持常态，不折腾"。这种"无为"不是"不作为"，而是做好每一件事的原则——立足于实、优秀于精、成功于心。

当然，每一个有过团学工作经历的人都会有学业与工作相冲突、矛盾的时刻，即任务无法兼顾，只能舍弃其一，甚至有人会为自己付出很多精力在团学组织工作而懊恼。其实，二者绝不矛盾，后者甚至要以前者为基础，正如一位师长所讲："要用做学问的态度做好团学组织工作。"事实亦是如此，做学问，写好一篇学术文章，需要以下步骤：即梳理相关研究文献，确定研究方向与框架、提出问题，按照一定的逻辑框架逐步分析解读问题，提出解决问题的方法，指出解决问题的意义等。做好团学工作同样需要"谋篇布局"：即确定做什么工作，准备做该项工作所需的条件，把握做该项工作的每一个细节，总结做此类工作的经验等。并且在学业之余，从事一些团学工作有助于培养我们更好的认识与把握社会的能力，因此，做好这项工作是"无悔"的。

团学组织工作所带给我们的"爱智之思"不仅如此。曾子有云："吾日三省吾身，为人谋而不忠乎？与朋友交而不信乎？传不习乎？"道理易懂，但更需要人生经历的体悟。团学组织中的踏实做好每件事情的经历，使我们不断践行着"为人谋而忠、与朋友交而信、传而习"的信念，即尽心办好每件事情，诚心与每个人交往，不断反思、总结自己的经历，完善自我、不断成长。

虽然现在已离开哲学系团学组织已三年有余，但它给我的青春所添加的味道至今回味无穷。每当进入四院，总是能看到学工办窗外的爬山虎格外鲜绿；而窗边的那棵山楂树的果实依旧是酸中带点甜，正如那青春的味道，让人终生难忘。

哲学·艺术·人生

> **小档案：** 禹洁，女，上海市人，北京大学哲学系2003级本科生，2011级博士研究生，至今就读于哲学系。2009年硕士毕业留校工作，目前就职于北京大学教育基金会。在读期间曾获北京大学优秀共产党员、北京大学三好学生、北京大学学子年度之星、北京大学优秀毕业生等荣誉称号，并获北京大学五四奖学金、曾宪梓优秀大学生奖学金、北京大学校长基金、中国宋庆龄基金会OLAY女性创新与梦想基金等奖励。曾担任北京大学民乐团团长，北京大学民乐团荣誉团长。

北大，令多少莘莘学子魂牵梦绕。"兼容并包，思想自由"的博大胸怀，"爱国、进步、民主、科学"的传统精神，"勤奋、严谨、求实、创新"的学风，共同铸造了植根于北大人心中的北大魂。

智慧，无疑是每个求学之人的终极向往。百年哲学门在一代又一代北大哲学人的共同努力中隽永辉煌，成为北大学子爱智慧的那一座最高的殿堂。

而对于我，北大魂、哲学门、民乐情共同谱写着我生命中最重要、永远值得铭记的乐章。

2003年，仍是懵懂少年的我进入北京大学哲学系学习，2007年本科毕业后保送北京大学光华管理学院攻读研究生，2009年毕业留校工作。2011年，我重回哲学系，在职攻读美学专业博士研究生。时光荏苒，岁月如梭，此间九年，哲学系的一路相伴让我的北大年华充满了美妙的记忆和收获的喜悦，我的成长和进步始终离不开北大这片沃土，离不开哲学系这个底蕴深厚又温馨包容的大家庭。

佛语有云："九九归一，终成正果"。在这里，"九"

是最大的,是终极的。九九归一即从来处来,往去处去,又回到本初状态。然而,这种往复不是简单的返回,而是一种升华,一种再造,一种涅槃,更是一个全新的起点。在哲学系百年系庆之际,回顾我与哲学系缘来九年的时光,深感收获颇丰,思绪万千。在此分享自己的所思所想,希望借此表达我对哲学系的一份深情。

幸福来敲哲学门

在北京大学哲学系学习,有一种强烈的幸福感。"思想者们打开的是人和世界联系的智慧之门,这就是哲学门。"余敦康先生给我们讲授"哲学导论",带我们走入"哲学门":哲学是知"道","道,可道",所以古往今来的哲学家们才去思考哲学问题,然"道非常道",才会出现灿若繁星的哲学家和各具特色的哲学思想流派。两千多年前,西方先哲就在讨论世界的本质是什么,人生到底有什么意义等问题,但这样的问题无法用科学准确地考察,更没有唯一的答案。哲学研究的问题,简单地说,就是世界是如何的,我们应该怎样。哲学靠悟,也就是深思,理论是物的规律,也是思想的轨迹。不同于自然科学,哲学的问题从来就是"仁者见仁,智者见智"。

诚所谓,做学问,先学做人。研究哲学的起步很重要,必须从了解先贤的思维结果开始,要"心正"、"意诚",尊重他们的逻辑,体验他们的人文精神,然后努力提高认识能力,通过独立思考,才能形成自己的思维结果。在本科期间,有幸聆听到诸多恩师的教诲,获益匪浅。从他们身上,不仅能感受到扎实的学术根基,更重要的是在他们的言传身教中,其反思、敬畏的治学之道与淡泊名利、宁静致远的为人之道，深深感染了我。

哲学助我打开思考世界、思考人生的一扇门。对世界终极问题的思考，让我在面对任何问题时总能站在更高的角度去分析和解决；对人生态度的思索，让我在日常生活和工作中活在当下乐在当下，踏踏实实俯下身子去做事。学习哲学不仅影响了我的思维和理念，也让我懂得应当如何自信地治学和自尊地为人，所以说哲学之门给我的生活甚至人生带来了深深的幸福感。

艺术点亮人生

在自己的一片天地中，每个人都应当并且可以找到生命的方向感，活出精彩而有意义的人生。哲学告诉我们，生有涯而知无涯，守护自己的心灵就显得更加重要；做内心热爱的事情，保持毅力和恒心，定会找到自己的人生信念和理想，最终成就卓越。对于我，中国的民族音乐艺术即是我所选择和所热爱的。

我从5岁起学习中国乐器柳琴、中阮，自2003年进入北大哲学系时，就加入了北京大学民乐团，并一直是乐团的核心骨干。我的世界和人生一直围绕着我所热爱的艺术而进行，尤其是我所钟爱的民乐。民乐承载着中国传统文化，尤其与美学有着深刻的联系，可以说是理论与实践、学术与体验的关系。

一个人的眼界和胸怀，决定人这一生能够拥有的天地的维度，学习哲学正是让人拥有了更具高度的视野和更加宽广的胸怀，并在实践中去拓展人生的维度。九年来，哲学的理念不仅给了我知识上的启发，也成了我在艺术实践中的智力支持和思想积淀。哲学还告诫我们，每走过一段人生的历程，都应当时时反思自省，在精神和物质的得失中取之中道。在音乐的体验中，我对哲学的认识也不断丰富和深化，我想这就是所谓的让生命顺其自然。

九年来，北大民乐团为我进行艺术实践提供了良好的平台和广阔的天地。北京大学民乐团历史悠久，其前身为萧友梅教授主持创办的北京大学音乐传习所。在晚于哲学系建立仅十年的1922年，近代民乐大师刘天华先生任教于音乐传习所，成立了中国最早的民乐团体，正式标志着北京大学民乐团的诞生。百年北大，历史沧桑，以哲学为代表的人文精神一直为一代又一代北大人心所向往，民乐的火种也在一代又一代北大人手中传承，诗书礼乐萦绕成一种承载着中华文明精神的北大魂，使得中国传统文化的魅力不断深入人心。几十年来，北京大学民乐团已成为北大校园中弘扬中国传统文化的重要力量。近年来，民乐团在学校举办过"乐未央"、"燕园感怀"等多场专场音乐会，均获得好评；同时，北大民乐团的节目多次在中央电视台播出，在校外也为中国传统民族音乐和思想的传播留下了浓墨重彩的一笔。

在北京大学民乐团担任团长期间，我组织参加了几十场重大的演出，并多次随团出访，还多次为国外大学校长来访代表团献上精彩的演出。我们的每一次演出都反响热烈，这些精彩的表演展现了北大学子朝气蓬勃的青春活力，更传承和发扬了中国传统文化。

2008年5月4日，北大迎来110周年校庆。怀揣对母校无限热爱与敬仰之情，我带领着民乐团的全体成员，集体原创民乐《古韵新篇》，从创作、演奏、编排、舞美等，凝聚了全团的力量和智慧。《古韵新篇》分三个篇章演绎，《第一篇·月》通过埙的空旷深邃以及琵琶的纤小灵动表现一位长者和北大的青年对话，这位长者叙述着北大历史的悠长和延绵；《第二篇·云》青年学生将长者的话告诉给自己身边的人,这群有梦想的北大人表达了胸怀祖国服务人民的情怀;《第三篇·风》以轻快、有节奏感的旋律贯穿始终,在这块兼收并蓄、思想自由的圣地,显现了新世纪北大学子们的青春活力和昂扬向上的精神风貌。这是近年来首次尝试的艺术创作。

对民乐的热爱和乐团演出事业已成为我的一种习惯,成为我生活不可缺少的旋律,近年来,在工作和学习之余我仍然坚持着自己对艺术的实践,音乐带给我快乐的人生体验,也让我获得了认可和荣誉。

用哲学感受音乐,用艺术点亮人生。坐而论道,亦需起而行之,如此才能做到"知行合一","知行并进"。系统地学习美学等哲学理论为我的演奏点染上思想的华彩,而艺术的实践也让我

禹洁在进行民乐表演

对"子在齐闻韶,三月不知肉味"的君子风度和人生境界有了更真切的体验和发自内心的理解。有了哲思的渲染,音符的颤动、节奏的耦合就不仅是一种瞬间的震撼,这些"印象"已经凝固在我的记忆里,永恒地融入我的情感和生命中。

探求美的境界

在北大的九年,是有哲学和音乐相随的九年,我真正体验到由艺术走入人生,又将人生纳入艺术之中的美妙境界。在美学专业师生见面会上,叶朗教授向我们传递了"美学的真谛":"美学研究的全部内容,最后归结起来,就是引导人们去努力提升自己的人生境界,使自己具有一种'光风霁月'般的胸襟和气象,去追求一种更有意义、更有价值和更有情趣的人生。"这便是所谓的艺术人生,人生艺术。

正如朱光潜先生所言,我们要像欣赏艺术一样欣赏世界和人生。凡是善于欣赏的人,他"有一双慧眼看世界,整个世界的动态便成为他的诗,他的图画,他的戏剧,让他的性情在其中'怡养'。到了这种境界,人生便经过了艺术化"。学习美学也好,学习艺术也好,关键"不在于能否掌握一两种技能,而是要看我们能否达到一种化境"。人生的境界有很多种,能够达到朱先生所崇尚的"艺术化的人生",则可以说"今生无愧矣"。

朱老先生还曾指出:"凡是艺术家都不宜只在本行小范围之内用工夫,须处处留心玩索,才有深厚的修养。"学无止境,艺亦无止境。不断加强理论学习、学术研究,丰富知识面,开拓视野,丰富艺术实践,具备深厚艺术修养和艺术品位,贵在勇于超越自己,贴近生活,展示生气,融入生命,终致恬淡自然、情境交融、意象共生。这是我一直以来的理想、信念与坚持。

那些穿越风雨、追逐阳光的历程都是我成长的印记；那些风华绝世、荡涤人心的音乐带给我的是一种心灵的震撼，一种超凡脱俗的情致与梦想。

中华悠久的历史，灿烂的文化，五千年的文明传统生生不息，薪火相传；民族文化的传承，文明传统的弘扬，是北大人肩负着的历史重任。

在哲学系迎来百周年系庆之际，让我们共同分享节日的喜悦，共同见证这个激动人心的历史时刻，共同谱写新的篇章。

阳光作伴 歌声飞扬

小档案：王蓓，女，宁夏人，北京大学哲学系2000级本科生。曾于2000年至2004年于哲学系就读，现就职于北京大学党委宣传部新闻文化办公室。在读期间，曾获校级三好学生、玫琳凯奖学金、全国大学生艺术歌曲演唱比赛一等奖、北京大学十佳歌手大赛冠军、北京大学优秀团员、北京大学优秀毕业生等荣誉和奖励。2004年获得第十一届全国青年歌手大赛（非职业组）民族唱法荧屏奖，团体铜奖。2004年获得三星校园新空气歌手大赛全国总决赛优秀歌手；2005年参加首届全国大学生艺术展演，获得一等奖，同时获得北大创新奖；2006年获得第十二届全国青年歌手大赛组合组北京赛区金奖；2008年10月，北大原创音乐剧《一流大学从澡堂抓起》参加首届全国高校戏剧大赛，获最佳剧目奖（最高奖），在剧中饰演女主角"秋"。

光阴荏苒，转眼间十年已经过去。虽然，我只是一名年轻的北大人，但我身上流淌着的血液却毫无疑问是北大的。

中学时期常听人说，选择一所什么样的大学，将会决定你的一生。

懵懵懂懂的高中后两年里，大学是个什么样？我从没有仔细考虑过。是没有时间？没有勇气？还是不敢奢求？我想，都有一些吧。我只做我能做的事——学习。我知道，认真学习、无愧于心，高考结束之时自会有属于我的一片天地。

我很幸运，来到了北大。更加让我意外的是，我入选2000级哲学系文科实验班，用本科四年的时间来学习北大文科精华之中的精华。上天如此眷顾我，我有什么理由可以不努力？

重回起点

子曰："吾十有五，而志于学。三十而立。"如今，我即将步入"而立"之年，应该能够独立地面对一切困难。虽然我一直在为此努力着，可总觉得自己仍幼稚得像个孩子。过往近三十年中，我绝大部分的时间都在学习：学习真、学习善、学习美。我想要读懂自己、读懂他人、读懂一切。无奈乎"已知"和"未知"乃成正比！无怪乎唐代韩愈有云"学海无涯"！在哲学系的四年时光，是我被重新塑造的四年。回想当年刚入北大时的青涩年华，心中还是颇有一些感慨。

初入燕园，压力从四面八方扑面而来。地域文化和教学水平的差距，让我这样从高考小省来的学生倍感窘迫。我来自宁夏，当年北大在宁夏共招收八名文科生。我是这八位里的第七名。第一次看到系里高考成绩排名表时，曾经的优越感荡然无存。我浑身一个激灵。天之骄子？父母的骄傲？不，我什么都不是，什么也没有。我问自己：如何能够改变现状？答案唯有"重新出发"。

然而，知易行难。大学和高中有很大的不同。高中的学习方法也不再适用于大学，何况高中饱满的斗志和自信已经和曾经的优越感一并消失殆尽了。这个"众声喧哗"的校园大舞台上，我还只是个看客。看着他们的精彩，我羡慕，但不嫉妒。我想有一天，我也能像他们一样自如、一样潇洒、一样专注、一样芳华……

懵懂，可概括我刚上大学时的状态。我从银川来到北大时，一并带来我的二胡。时常郁闷，二胡便成了为我排遣烦闷、宣泄情感的朋友。我很喜欢《二泉映月》和《兰花花叙事曲》。那悲鸣、呜咽正好暗合了我当时的心境。文科实验班的功课很忙，中文、历史、哲学三个专业齐上阵,压力自然很大。正当我迷茫无助时,我遇到了中学的师兄,他把我带到了北大学生合唱团里。记得参加合唱团第一次排练的那天夜里,我兴奋得睡不着觉,那神圣又激昂的混声合唱如天籁般在我耳边回响。这就像冬天里的一把火,仿佛我的青春早就在等待她的到来,因为她而沸腾。我突然感到我又充满了力量,又拥有了斗志,仿佛回到了从前。这是歌唱赐予我的。

在合唱团里,我开始知道什么是真正的混声合唱,并有机会在实践中进一步摸索;我开始接触以前不曾接触或接触不多的丰富多样的音乐形式;我开始重新认识发声理论和声乐技巧;我学会不断迎接新的挑战,克服困难,沿着一个又一个的山峰向上攀;我有了鼓励自己增强自信的途径,也有了展示生命价值的舞台。

王蓓在舞台上演唱

在那之后，我先在2000级新生文艺汇演上获得了一等奖，又在2000—2001年度的北大十佳歌手大赛中获得冠军和最佳服饰奖。获得了认可，我在不知不觉中融入了北大。北大就是我的家。我开始习惯于奔波在教室、艺园、图书馆之间的生活，逐渐明白了大学是什么、该学些什么和我要怎么学。重燃斗志，重拾自信，静下心来，踏实学习。不论演出还是比赛，每一次我都会严阵以待。各类比赛、大型演出、出国访问等活动逐渐多了起来，我也一步一步地从学校的舞台走上了中央电视台、从国内走到了国外。我的大学生活因此而变得丰富多彩。当我在维也纳演唱《火把节的火把》时，当我看到法语报纸上刊登着我的照片时，那种感觉是难以言语的。

热爱歌唱

我是伴着歌声长大的，嘴角常挂着笑。我喜欢看着人的眼睛，笑着说话，喜欢给他人带来欢乐，给阳光般美好的生活增添更加绚烂的色彩。

我父母都是普通的劳动工作者，但他们都能歌善舞。我爸爸很喜欢秦腔，也是男高音；妈妈是女中音，音色很纯，很美。也许是因为综合了他们二人的优势，我天生有很好的乐感。至于嗓音，我认为是比上不足比下有余了。

我没上过幼儿园和学前班。四五岁的时候，爸爸妈妈白天都要上班，我常常被反锁在家里，那个年纪的事情，我现在大概就只记得些与唱歌有关的事了。

一天，我午觉醒来，家里空空荡荡，只有我一人。我害怕极了，就哭起来，缩在墙角一动也不敢动，眼睛不敢往别处看，只是盯着白色的天花板。这哭一是觉得委屈，二是觉得害怕，三应该就是给自己壮胆了。哭着哭着，那害怕和委屈的情绪逐渐没了踪影。我开始小声地试着"啊"了一声，停了一会，仿佛在等着会不会有其他的声响……没有！于是，我又"啊"了一声，这次要比上一次响了一些。除了微微的回声外，只有静。将信将疑，我"哈哈哈"地笑了三声。这次更踏实了。呵呵地笑着，我高兴地唱了起来。

那时还不认得几个字，但好听的旋律总是能给我留下非常深刻的印象。当爸妈被精彩的电视剧情吸引的时候，我被那些动人的旋律夺去了魂魄。歌词是什么，我那个时候应该都不大清楚，但却能把旋律准确地唱出来。也许是胆小的缘故，我只有在一个人的时候才敢唱歌，就连我妈妈，也是后来才知道的。她告诉过我，某天她刚从学校下班就急急忙忙往家里赶，不放心我一个人在家。快到家时，她听见不远处传来了《红楼梦》的熟悉旋律。她先以为那是谁家的录音机在"唱"，但仔细听听又觉得不像。离自己家门越近，歌声越大。是她女儿唱的！当她欣喜地打开门，看见躺在床上眼角还微微湿润突然愣住的我时，眼睛里充满了只有一位母亲才能体会到的幸福和骄傲。

至于我为什么不敢乱动也不敢乱看，我不能确定。但可以肯定的是，从那个时候起，我在音乐方面所表现出的天赋，正合了父母的心意。为了让我的天赋不至于埋没，也为了实现他们曾经的梦想，在我6岁的时候父母送我去学了电子琴；8岁我考进宁夏青少年宫合唱班；9岁又被宁夏电视台小燕子艺术团合唱队破格录取……从此，歌唱成为我生命中最重要的组成部分。

我"涉猎"很广，只要是歌，我都唱。《黄土高坡》、《信天游》、《枉凝眉》、《敢问路在何方》等等，是我上小学前整天挂在嘴边的歌曲。当时热播的电视剧的主题歌或者插曲,经常是电视上还没播几集,我就能唱出来。后来虽然掌握了科学的发声方法,但并没有就此局限在高雅的框框里,小虎队、黑豹、唐朝等我也很喜欢。《红太阳歌曲联唱》的磁带,我不知道听了多少遍,不仅是每一首歌,就连间奏也能一个不落地唱出来。我的一项娱乐活动就是拿一本《中华卡拉OK大家唱》的书照着谱子从头唱到尾。

80年代末90年代初时兴的街边卡拉OK时常会有我的身影,那时一块钱可以唱一首歌,《潇洒走一回》、《变心的翅膀》、《妈妈的吻》、《耶利亚女郎》等等,都是我经常唱的曲目,时常老板收了一首的钱之后,其他的都算免费赠送。虽说免费给他做了活广告,但我也过了把瘾,内心感觉相当自在。

11岁时,我第一次参加全区小歌手卡拉OK大赛,以宋祖英的《小背篓》获得第一名。在那之后所有女高音歌唱家们演唱的当红歌曲,都成了我的保留曲目。但《小背篓》这首被我听过万遍、唱过千遍的歌曲仍是我上大学前最具代表性的作品。

认真是金

在宁夏能参加小燕子艺术团,好比在北京能参加银河少儿艺术团一样。在少儿这个集合里,这样的艺术团体就是专业的。9岁时,我有了人生第一次的舞台专业表演经历。一切从这里开始。尽管那时自己还什么都不懂,什么也不会,但却十分认真地按照老师要求打开头腔共鸣、始终保持微笑状态、随着音乐自然地摆动身体……一首《共产儿童团团歌》,被我们几十个孩子唱得活力十足、热情洋溢。

9岁起，我开始接受声乐训练，没有一对一教学，而是一个老师对好几十个孩子；老师讲完要领，大家一起唱、一起体会。我唱出的声音和其他孩子的一样，如小溪汇入了大海，分不出彼此。合唱训练讲究去个性，找共鸣。那时，我们的启蒙老师张庆祺的教学方法形象生动，他会用他能想到的最能让我们接受的方式来告诉大家发声究竟是怎么回事，如何操作。所以，即便是像我一般年纪的孩子，也能很快领悟，而且受益终身。

　　每次训练结束回到家，我都会按照老师的要求，每天一有时间就唱——温习课上讲的知识、练习发声技巧、把新发的谱子学会并脱谱。起初并不顺利。最先对这些产生怀疑的是我的家人。他们发现，我自从参加了这个艺术团之后，以前非常会唱歌的那个孩子变得不会唱歌了，声音也不再甜美，唱歌时人也比以前没学的时候拘谨。这让原本充满希望的他们难以接受，甚至产生了要劝我放弃继续参加艺术团的念头。但因为我亲耳听到过那些"老团员"们灵动美好的声音，深深被她们的美妙吸引，所以我也不跟他们解释，着了魔一样地天天练习。我暗暗较着劲，总有一天，我会让他们知道，我的坚持是有理由的。

　　多年后，我才明白了学习声乐有个不成文、但却很重要的要求，你做到了就事半功倍：一旦你要换方法，那最好先忘掉你以前是怎么唱歌的，只有这样，你才可能在最短的时间内掌握新的方法；反之，总是在实践新的方法过程中，被"旧方法"左右，影响进度不说，甚至还会产生负面影响。一张质感非常好的白纸更有利于书法家挥毫泼墨。

　　果然，大概经历了几个月后，我就掌握了科学的发声方法，假声也开始有了色彩，音色、音质、音域和音量都有了很大的提高。家人看到我的进步都倍感欣慰，这才放下心来。我也在这个过程中逐渐自信起来。

　　有时张老师会在训练间隙让几个学生单独唱给他听，他会立刻反馈意见。第一次在那么多"懂的"人面前唱歌，谁都会很紧张，但我还是主动站了起来。唱完《天边有颗闪亮的星》时，我感觉每个细胞都在颤抖。强忍颤抖，我看向老师，期待他对我的表扬，因为这是一首彭丽媛演唱过的女高音声乐作品，以10岁的年纪能完成它已是不易。但令我没想到的是，老师一个表扬的字都没讲。他略带忧虑地说，"你唱歌的时候舌根习惯性地往后缩，这个习惯很不好，时间长了可能会造成声带小结等问题。"我当场懵了，感觉浑身热得像滚水一般。但我还是问了他，"有什么解决办法吗？"唱歌时舌面应该是自然放松的，舌尖自然抵着下牙龈。他教我有空就把舌头用干净的手绢包住拽出来，唱歌时舌头一定要放松。在这之后，我每天又多了一项任务，就是"拽舌头"，家人有了之前的经验，也都见怪不怪。隔了大概一个月的时间，又一次训练间歇，我唱给老师听，这次他毫不吝啬地表扬了我。舌头的问题，就此解决！这无疑是对我最大的鼓励和动力。

　　其实唱歌过程中曾经遇到过很多类似的困难，但只要认真地对待它，克服它就只是时间问题。我天生就不会发"大舌音"、"小舌音"、"打响指"、"吹口哨"，但凡是可以出声的、可能有节奏、有旋律的我都很喜欢，也渴望学会。以"大舌音"为例：我有一个多月的时间，就连走在路上，我嘴巴里总是"得儿，得儿"地不停。直到有一天，我下楼梯"俯冲"的时候，正在"得儿，得儿"的舌头配合着越叹越深的气息居然连了起来，就如学骑自行车一样，成功了一次，剩下的就是熟练的问题。"大舌音"的修炼宣告成功！

这样，逐渐地，我在同年入团的几十个孩子中脱颖而出。

多年学习声乐的经历给了我很多很多。最大的心得就是面对任何事情，只要你认真、用心地对待，一定会有回报。具备条件要上；不具备条件，创造条件也要上。我相信不论头脑聪明与否，笨鸟总是先飞的！

找准位置

我跟"老师"很有缘。妈妈是老师；研究生毕业后我留校成为大学行政人员，也被唤作老师；小学、初中、高中、大学的老师们说过的一些话一直影响着我；两位声乐老师——张庆琪和侯锡瑾，也和我亦师亦友亦亲人，他们给我开启的是一个阳光般温暖的美好世界，不仅教我读书，更教我如何做人。

现在，我长大了，当遇到合唱团新进的小师弟、小师妹时，我也会告诉他们："找准自己的位置，说唱歌就往专业里唱，要学习就踏踏实实地像其他优秀的北大学子一样用成绩说话。千万别和唱歌的人比学习，和学习的人比唱歌。"这些道理都是这些老师教给我的，如今被叫做"老师"的我，有义务将它们传递下去。

记得我刚参加"小燕子"的时候，是四年级。我痴迷于唱歌，为了有足够的时间赶到老城区去训练也经常旷课，每次训练到家再写作业已经晚上十点多了。印象中我曾经发着高烧，还在写数学练习册，烧得糊里糊涂的，却怎么也不肯去医院。就这样，我的学习成绩每况愈下。有一天数学老师拿着考卷走到我的课桌旁说："别整天只想着唱歌，小心你这只'小燕子'飞不起来了。"我从小也热爱数学，这让我备受打击，如梦初醒。我认清了我是一个学生,学习是我的第一要务,不能顾此失彼。所以在醉心于唱歌的同时,我也努力把成绩搞好些。经过了最初的不适应,几个月后,我的成绩不仅回升,而且比之前还有所提高。但数学老师的话我一直记在心里,不敢忘记。它一直在提醒我,在这间普通的教室里,不需要一个歌手!

进入初中,我的成绩在班里没有数一数二,但成绩稳定在十名上下,没有偏科,因为有很多演出任务,所以依然经常缺课。班主任在开班会的时候,会以我为例子告诫大家要努力。她说我虽然经常缺课,但我是一个已经有饭碗的人,与其他人不同。当听到同学转述这些给我时,我心里却没有一丝喜悦。我很难为情。我不希望被这样"另眼相看"。经过了几年的锻炼,我主观上从来没想过依靠唱歌这个特长获得什么,更没想过以唱歌为职业。

也许正是潜意识里有这种思想,在高中文理分科时,我虽然选择了文科,但却坚定地拒绝了父亲要我报考音乐学院的意见。当时,我已经是全宁夏青少年组歌唱比赛的三连冠,很多人认为我考中国最好的音乐学院都很有竞争力。但我明白,那不是我想走的路。高中语文老师章朝阳赠了"淡泊明志,宁静致远"给我们。这八个字至今仍然是我的座右铭。很多人都认为搞艺术的人比较浮躁,这有些道理。所以这八个字的"沉静",恰恰是对这"浮躁"的一种扶持。章老师还用身体力行的方式强化了我正直的性格和忧国忧民的责任感和使命感。这是一股深厚的力量,有它佐助,高二、高三两年我的成绩迅速提高,直到最终被北大录取,而这里就是属于我的那片天地。

文、史、哲是北大最具代表性的学科。聆听那么多大学者的教诲我常常很感动。记得历史系的阎步克老师在讲到魏晋风骨时，眼睛里是含着热泪的；给我们讲唐诗宋词的张鸣老师那一身中式灰布衫，整肃而潇洒；哲学系的席大民老师能把马克思主义哲学的基本原理讲得生动有趣……没有极特殊的情况，我很少缺课。在课堂上，我坐得笔直，喜欢看着老师们的眼睛听他们讲课，遇到重要的内容，都会很认真地记录下来。我深深感到，这是艺术，三尺讲台上的这些教授们，不仅传道授业解惑，也在用心灵赞颂瑰宝、在用情感表达思想。我发现这些学问不再艰深，它和艺术是相通的，有血有肉。唱歌时我们需要全情投入，做学问又何尝不是呢？在他们的课堂上我收获最大的不是获得具体的知识，而是他们看似不经意间说的一句话，可能会激发我的思考或者领悟一个简单而深刻的道理。

比如，世界史的朱孝远教授告诉我们，他希望我们成为电流，而不是电器。电器需要电流才能运转，而电流可以让电器实现价值。他用树来比喻学知识，用一种寓言的方式，告诉我们专业虽然有不同，但学习研究的方向和方法是相通的。他也用一个有天赋的孩子去音乐学院学习大提琴过程中的三种状态来解释我们学习所必须经历的从自然到规范再到自然的过程。而我自身的"从艺"经历，也使我对朱教授的话有很深刻的认识。

声乐是一门高深的学问，包含着许多复杂的内容和丰富的哲理。我至今从事与声乐相关的学习和实践已有 20 年的时间。虽然不敢自称专家，但至少已经是个内行人。每当我遇到瓶颈，又找不到其他办法的时候，我就会想想在学习声乐过程中可否遇到过类似的问题，自己又是如何解决的。不得不说，帮助是非常大的。不论是在学习中的态度还是方法，我都从声乐学习中获益良多，在学习过程中遇到的许多难题，有一大部分是这样被解决的。

我很满足于这种状态。北大的舞台上需要一个歌手时,我依然会严阵以待地拿出专业歌手的素质和态度对待每一场演出,在那个舞台上,没有"业余"这两个字。考博的时候,我是一名普通考生,和所有备考的人一样,紧张地备考,争分夺秒地学习,最终考出自己的风采。唱歌的时候是歌者,学习的时候是学者。这就是我的位置。

这个位置是北大给我的。我要感谢所有帮助过我的老师和同学们。没有大家也就没有今天的我,也就没有阳光作伴、歌声飞扬的美好现在。

二十余年成一"梦"

> **小档案**：六梦钰，女，河北人，北京大学哲学系2008级本科生，至今就读于哲学系，曾于2010年赴新加坡交流学习。在读期间，曾获北京大学光华鼎力奖学金、北京大学奔驰奖学金、新加坡淡马锡基金会奖学金、21世纪财经新闻奖学金等荣誉。现已被保送至北京大学光华管理学院攻读金融学硕士学位。

三年前曾屁颠儿屁颠儿地缠着师兄师姐问这问那的我如今也成了所谓的"过来人"，想来日子过得可真快。近日频繁地翻旧照片，记忆再次回到大三的焦灼、大二的奔忙、大一的莽撞，乃至于高中的霸气侧漏、童年的灿烂无忧，总想在二十余年的青春里抓出一抹亮色，以慰藉这颗即将堕入毕业感伤的心。然而生活并不是林黛玉，不会因为忧伤而风情万种。感念之余，我更是何其庆幸，庆幸自己在二十年里走过的所有悲欢离合，庆幸自己做出的每一个或对或错的决定，是它们把我塑造成了今天的样子，我所爱的我。没有什么风风火火的经历，没有什么值得炫耀的成就，可是我为自己骄傲，因为岁月赋予我的温润、踏实、果决、坚忍已然融入了骨髓，让我有底气立于世上。

踏实到地底下，坚持到骨子里

北大的三年无疑是我成长最快时期，跟许多同学一样，我的燕园生活也是在一片忙乱中开始的。精英云集的学工部，充满温情的系学生会，眼花缭乱的社团，门都挤不进去的大牛讲座，以及每次都听得云山雾罩的专业课，大一上半学期我基本处于找不着北的状态。与那么多顶尖聪明的人为伍，我实在不知道自己要如何努力才不至于跑得太慢。凭着一股"初生牛犊不怕虎"的劲儿闯下去，因为要强，因为责任，因为有着内心的一点点自负与虚荣，什么都想尽力去争取，尽力做到最好。我不知道自己漫天洒下的种子会在哪个角落开花，所以我能做的只有不断给自己做加法，认真地耕耘每一寸土地，然后找出最为茁壮的一棵。一个学期下来，当我看着成绩单上那个漂亮的GPA，我知道自己终于找到了——我的"核心竞争力"。

对，"核心竞争力"，这是我在北大悟出的第一个关键词。对于一个并非天赋异禀的学生来讲，我没有能力既做GPA"大牛"又成为"社团达人"，并且娱乐休闲一点儿不耽误。我必须沉潜下来，专注一条凭自己的努力能走好的路，学习就是我的"核心竞争力"。北大学子给人的印象是才气纵横、挥斥方遒，不死读书；然而如人饮水，冷暖自知，以我自己的感受，要想把知识学

六梦钰在北大办公楼礼堂担任党培结业典礼主持

好，踏实读书是第一义的。北大的丰富多彩不是每个人都全才全能，而是不同方向的北大人术业专攻的总和。当然，对于仍处于大一的我来讲，真正沉潜下来，执著于自己的坚守并不容易，因为北大实在是一个多彩到令人眩晕的地方，这个园子最不缺的就是机会，如果用"机会成本"的概念来讲，在北大专注做好一件事情需要放弃的东西尤其多。看着身边的同学或是当上了部长主席，或是成为了社团骨干，在各种舞台上绽放精彩的时候，我也羡慕，我也曾怀疑过自己的选择。可是凭着内心的一股执拗，我还是默默坚持着，一点一点地积累能量。后来，我欣喜地发现，我开始理解了祥龙大师当初"非对象化"、"非概念化"、"几微"等玄之又玄的概念，开始明白了姚卫群老师在印度佛教史的课上讲述的"空"和"无"的区分，开始津津有味地咀嚼起了仰海峰老师用鲍德里亚"镜像"理论分析的《黑客帝国》。也正是这些值得尊敬的师长对于学术的踏实态度进一步坚定了我的选择。

  大二是我的转折阶段，在这一年里，我开始修习中国经济研究中心开设的经济学双学位。当然，作为一个文科专业的学生，我起初对经济学还是有所惧怕的，担心自己的数学功底太弱。但学久了才发现，经济数学是工具，只要肯花时间终究可以掌握；而逻辑和思维方式才是区分水平的关键，需要经验的积累、思维范式的培养，甚至还有一点点天赋。哲学的学习无疑在第二个层面给了我很大的帮助，比如每次考试前我都习惯自己总结这门课的逻辑线索和知识的层次结构。后来，我渐渐爱上了这门学问，体会到了数量经济学的神奇，也为各位老师严谨的治学态度和对真理的追求所折服。这两年是一段与大师作伴、与"牛人"为伍的日子。犹记得亲切和蔼的海校长每周专门从深圳飞过来给我们讲课满场座无虚席站无虚位的夜晚，忘不了享誉全国的周老大讲新制度经济学周六从早8点连上4个小时硬是没人打瞌睡的场景，放不下儒雅帅气的黄老师在货币银行学期末考试那天亲自在论坛上给我们写长信感动得无数小姑娘边考试边流泪的情谊，还有我志同道合的朋友们，他们言语之间对经济问题的理解常常令我醍醐灌顶。我何其幸运，能够把喜欢和应该做的事情融合在一起，如此，每当我背着沉沉的书包穿梭于教学楼图书馆有时课程紧得只能买个面包填填肚子的时候，我不至于感到辛苦；每当我为了准备本专业和经双各种论文考试即便只有一个半小时的车程都顾不上回家的时候，我不至于感到寂寞。

后来我去了新加坡交流学习，离开了三角地的喧嚣，走出了北大的快节奏，我有了大把的时间去构思自己的未来。结论很明了：首先，我要留在中国；其次，我要读经济或金融的研究生。那个时候我给自己设立的目标是中国经济研究中心和光华管理学院，一个是国内经济学术顶尖机构，一个是国内金融教育的翘楚。当然，这两条路中的任何一条对于当时的我来讲都是天方夜谭。可是，路不是人走出来的么？因为路途艰难、希望渺茫就放弃努力，反过来托辞那并不是自己想要的，到头来剩下的只会是遗憾，这不是我的做事方式，也许我从骨子里就是一个惯于逼自己的人吧。

收获季节

经过了又一年的积累和奋斗，我在大三后的那个暑假拿到了七个经济或金融保研夏令营的入场券。在两个月的时间里，为了弥补在专业知识和数理基础上的不足，我把经双学过的所有教材全都复习了一遍，还自学了公司理财、投资学等金融基础课程。

事实证明，在面试过程中，知识都是浮云，思维方式和综合素质才是王道。

作为2011年最早的夏令营，清华公管在我完全没有走出数理逻辑期末考试的崩溃状态时迅速开营了。5天的夏令营，我有幸听到了胡鞍钢、薛澜等老师的讲座和诸位营友的高水平presentation，可惜限于我不是学公共政策出身，对这一领域实在"爱莫能助"。

复旦管理学院的夏令营很学术，第一天报到就布置案例分析的任务，在讲座之余还安排了笔试，但是他们只招硕博连读的学生。

清华经管是我参加的第一个金融类夏令营，依旧是精彩的讲座，李稻葵老师很儒雅口才不错，可是没有讲经济学；杨老师学术踏实，是我的面试老师，对他印象很好；郦老师有喜感，可以去说相声。笔试分英语和逻辑推理题两部分，对于一个刚考完数理逻辑的哲学系同学来讲并不困难。面试过程很顺利，后来听师兄说我的名字后面还写了highly recommended。结营仪式上，看了白发苍苍的朱镕基总理回经管的视频，我激动得泪流满面。

经济中心的夏令营安排得最为丰富多彩，我们听了汪丁丁老师、李玲老师、卢峰老师的讲座，去了国家大剧院，还一起爬了长城。论文答辩的那一天，面对众位专家的问题，我才发现原来自己的论文如此不堪一击、漏洞百出，脸上还是一副自信满满的表情，心里却早已崩溃。老师们却一点责怪都没有，态度始终那么和蔼宽容，更加让我愧疚得想哭。

光华金融夏令营是最后一站，多少已经有些体力不支，但是听讲座的时候心灵真的有被震撼到，找到了久违的共鸣。面试同样崩溃，暑假准备的几万字的面试问题，看过的范里安米什金罗斯以及各种数学书都没有被问到，全部是中国宏观经济的问题。我绞尽脑汁满嘴跑完火车，然后给老师了一个灿烂的笑。

在又一轮艰难的选择与摇摆之后，一切终于尘埃落定。回头看这三年的沉潜、两个月的冲刺、最后几天的绽放、乃至于持续几天几夜的纠结，我可以充满底气地说，这个offer是我一点一点的努力、一次又一次舍与得之间的权衡换来的。一路走来最大的感慨：一是坚持，二是感恩所有帮助过我的人。

"反叛"的尾声

笔落至此，按照行文逻辑似乎该说"树立高远志向，坚持梦想、不懈奋斗，未来北大以我为荣"之类的话，可是此时此刻，我心里却是另外一种声音。

怀特海说过："什么是教育？教育就是把你在课堂上学的东西全部忘记了，把你为考试背的东西全部丢弃了，那剩下的东西就是教育。"而我在北大，抑或是哲学系学到的最重要的东西，就是用一种开放的价值观去看待周围的人和事。

我记载下自己在燕园的经历，并不是想告诉别人什么是对的，怎样做一个"牛"人，成功需要哪些素质。事实上，我本就不觉得自己算得上"成功"。就像妈妈跟我讲，"你只是通过自己的努力换了一个想继续深造的专业而已，就像喜欢天文的人去了天文学系，喜欢哲学的人留在了哲学系一样，都没有什么可牛的。"每个人都有自己的理想抱负，有自己的追求，有自己喜欢的生活方式，我们任何一个人都没有权利站在自己的价值制高点去指责别人的选择。我敬重那些为自己的学术理想坚持努力或保研或考研甚至二战三战的人，欣赏那些本科毕业就已经规划好自己的职业勇敢地走向社会的人，佩服那些破釜沉舟历经各种考验背了N遍红宝书申请出国深造的人，这些都是生活，是我们度过自己大学时光的一种方式，也是作为一个成年人对自己负责任的选择，没有高低之分。就像我不会质疑那些要么忙于学工社团要么在外实习兼职出没于各大活动的同学为什么不踏踏实实地泡图书馆，别人也不能嘲笑我不爱参加集体活动不聚会不当学生干部忙完专业课忙双学位过的什么苦逼生活。我失去了锻炼"软实力"的机会，而别人也没办法体会我在学习中所获得的成就感。我们都没有什么可牛的，每个人的选择不一样，经历也不一样，但是我们的生活同样精彩，我们走过了一条再也不会有的路，叫做青春。

青春味道

四院的紫藤

友爱的共同体

如果问我，
四院的岁月里，谁最温暖，谁最难舍难分，
我会说：
是教室里的他们，寝室里的他们，操场上的他们；
是讲台上不倦的耕耘者，
是办公桌前不息的思考者，
是哲学圣殿里的引路者。
燕园寻梦，是他们同我齐头并进；
学海行舟，是他们照我走向黎明。
高山流水，同道人携手征程；
滋兰九畹，杏坛前如饮醍醐。
还有课堂内外的互动交流，出入燕园的深入调研，
丰富的社团活动都是阳光路上最风景旖旎的旅程。
命运的偶然铸成了我们相遇的必然，
岁月的飞逝带不走我们相处的陶然。
四院的一草一木，是我们永恒的坚守，
四院的一师一友，是我们今生的至爱。
师生、你我，我们构成了哲学系最友爱的共同体，
我们将共同守护这精神的家园！

同门

> **小档案**：杨立华，男，黑龙江省七台河市人，北京大学哲学系1995级博士研究生，1992至1998年就读于北京大学哲学系。现任北京大学哲学系教授，主要研究中国哲学史、儒学、道家与道教等。著有《郭象〈庄子注〉研究》、《气本与神化：张载哲学述论》、《匿名的拼接：内丹观念下道教长生技术的开展》等专著，翻译著作有《王弼〈老子注〉研究》、《近代中国之种族观念》、《宋代思想史论》、《章学诚的生平与思想》等，在《中国哲学史》、《读书》等刊物上发表学术论文数十篇。

一、我的1992

对我而言，1992是格外特殊的年份。时间与事件交织成难解的隐喻，宿命般展开。

1月，杭州大雪。从一本漫画开始的浪漫想象，正穿越记忆中最漫长湿冷的冬天。那场雪下了整整一天。深夜跟三五个同学一道翻过灵峰，在雪夜的微光中，见识了腊梅的本色。折回的几枝，插在宿舍的空酒瓶里，竟开到了寒假结束。2月，考试。那一年入学考试安排在了年后，我去安徽我姐那里过的年。初六回杭州。夜里在上海转车。我只买到了第二天上午的慢车票，却在最后一刻意外地换到了当晚的特快。"每个人的眼睛都望着那象征命运的红绿灯"，经过十字路口的时候，我心里常会响起罗大佑歌中的这一句。考试过后，我请假回家。在家的几天，父亲已有些轻微的咳嗽。走的那天是半夜，有朋友送我，父亲第一次没去车站。很多年来我一直想记起父亲跟我说的最后那句话，到底是"路上注意点儿"还是"东西都带好了吧"，却始终记不起来。只记得客厅昏黄的灯光里,他留给我的最后的侧影。3月,杭州阴雨。我在实验室里烘烤潮湿的煤粉。石棉手套、电炉、钢板和比面粉还细的煤粉,比起对未来的焦灼,重复机械的劳动真是幸福! 5月,面试。当时哲学系还在老哲学楼一层。在昏暗的楼道里,认识了周晋和姜长苏。7月2日,赶回家中。父亲已于前一天病故。3月初父亲被确诊为肺癌晚期,家里人没让我知道。看到父亲遗像的那一刻,我的人生残缺了。残缺比完整沉重太多,难以承载。十年后的2002年岁末,我读到了北岛的《黑色地图》——"重逢总是比告别少,只少一次。"用同样的残缺铸成的诗句催迫我赎罪般地用文字来消释。但消释过后,残缺碎裂为冰锋,刺入生活中那些不起眼儿的瞬间。

9月,入学。我拖着行李,推开了46楼1084的门。

二、姜子

同门间以"子"相称,好像是入学后两三周的事儿。只是觉得这样叫着别致,跟现在的孩子把头发染成五颜六色的意思差不多。

姜子名长苏。本科是人大念财经的。嗜书,入学的时候带进来七八箱,顺道也带来了人大的蟑螂。他那时已有了些同辈中人的交往,对旧书的行市极其熟稔。我第一回跟他去书市,简直吓了一跳。平时那么迟缓个人,在旧书堆中却动如脱兔。姜子有自己的藏书目录。最大的乐趣是买书归来,往本子上一笔笔地记录:何时何地购入,原价若干,实付若干。有一段时间,我们常拿他的本子考他,说出的价钱可以精确到分。他没去搞财会,真是财会界的损失,当然也是财会界同仁的幸运。姜子有一枚藏书

杨立华与其同门（左一为作者）

印，上刻"格竹"二字，那是他的号，取自王阳明少时格竹的故事。让我艳羡了很久。姜子气弱，善头痛。每头疼时必对学术抱悲观态度。我们开始的时候，还认真劝慰，后来习以为常，干脆听之任之。

我刚入门的时候，完全懵懂。学问门径基本上全凭姜子指点。

硕士毕业那年，他突然决定赴美留学。当年未能成行，在北京市委党校待了两年。1997年入亚利桑那大学，师从田浩教授。2001年秋我在伯克利访学，姜子来看我。那时他已萌生了离开学术的念头。我们彻夜长谈，啤酒罐扔了一地。我发现只有在谈学问的时候，才能看到他忘怀地笑。2002年中，他离开了亚利桑那，转去读计算机方面的博士。现在洛杉矶工作。

记忆中的姜子，还像从前那样仰着头，跟坐在上铺的我聊天。"我常想，要是哪天我的书烧了，我怎么活下去呢？"他对我说。那一刻，我从他眼中看到了类似绝望的东西。

三、裴子

裴子做完早课，我还在高卧。那时候我失眠，起得晚，基本不吃早饭。裴子住我下铺。跟楼先生学佛教，笃信佛法。每天必清早起来焚香念佛，农历逢一逢五，皆过午不食。我们戏称其"月省六顿"。裴子常以佛法化导我辈，无奈我和姜子冥顽，儒佛之争在寝室里被日常化。常常是裴子义正辞严，我们英雄气短。一日看《青蛇》归来，裴子又庄严说法，我们用许仙的台词给出响亮的回答——"我迷恋红尘，我舒服！"裴子失望了。

周晋一直在家里住，他的床基本上就归了裴子的那些吉大的朋友——后来也大都成了我的朋友。裴子弹一手好吉他，当年是摇滚青年，直到1994年，还有乐队来邀他加盟。我对罗大佑的热爱，完全是裴子栽培的结果。

宗教的虔诚，难免催生神秘主义。有一天裴子宣布："我将得到一把宝剑！"从神情看，这定是源自某种神秘启示。我肃然起敬，静候神迹降临。没几天，裴子居然真的拿回把剑来。我们惊问："剑从何来？"答曰："琉璃厂买的。"

裴子佛学造诣深，硕士论文极得许抗生先生赞许。毕业后进国家宗教局工作至今。两年前姜子回来，老友小聚，裴子的鬓发竟也有些苍然了。

四、周晋

见周晋最后一面，是1997年9月，刚开学几天。那时我博士论文已基本完成。两年的道教研究，已使我极度厌烦。一边调整阅读方向，一边迷上了围棋。我当时住48楼2067。周晋来的时候，我正在"摆谱"。周晋棋下得好，我见过他下棋的样子，那是真帅。周晋坐在对面的床上，悠然地抽着烟。我记得那段时间他抽"都宝"。周晋抽烟时，下颏微仰，烟吐得很直。我1993年开始戒烟，直到1998年秋。没机会跟周晋分享，遗憾。一周后，周晋去世。

整个硕士阶段，周晋不在学校住，所以交往不多。1995年以后，我们博士同班，他每月的助学金都由我代领，见面就多起来。那时他常到我宿舍闲聊。博士论文选题时，陈来老师想让他写王安石，他拒绝了。理由是：王安石身边小人太多。他选择研究北宋心性学的起源。有一段他常在未名湖边翻《全宋文》，我则在图书馆埋头于《道藏》。偶尔见面，各谈心得。一次我读书有得，深夜在电话亭里给他打电话。电话那端的淡定，让我听出我的兴奋有点过头儿。

周晋的硕士论文是《二程与佛教》。文章是极老到的"学案体"。我现在上课时还引用他的结论。答辩的时候，我少不更事，与老师争辩了几句。出来后心情沮丧。他笑言："学生答辩其实不过是老师间过招儿。"我知道他是想安慰我。

周晋长了张娃娃脸。他常以此自嘲。第一次见到他，是在哲学楼一层。破旧灰暗的楼道里，我从他身上看到了透亮的光芒。这透亮的光，与周晋的形象一道，在我心中永恒。

五、陈寅恪·罗大佑·酒

陈寅恪在1992年那会儿的北大，是一种氛围。《吴宓与陈寅恪》几乎成了国学的入门书。有一段时间,我们临睡前常背诵他的《挽王静安先生》:"吾侪所学关天意,并世相知妒道真。"一人一句,很有些悲壮慷慨的意思。现在想来,陈寅恪对于那时候的我们,意味着喧嚣中的固守。那股狷介之气至今仍残留在我身上,不时放出自己都意外的冷箭来。

对面宿舍的老梁有台破录音机,音量极大。晚饭的时候,常放罗大佑、崔健、黑豹和唐朝。裴子以姜子的后背作鼓,击打出变化丰富的节奏。我们嘶声怒嚎,仿佛是对这世界绝望的宣言。

1992年年末,班里聚餐。那时候"燕春园"还没拆,就在今天农园餐厅的位置。应该是班费的原因,当天只备了二锅头。我那时不习惯白酒,几杯下去,基本找不着北。不知什么时候,周晋开始跟人斗酒。满茶杯二锅头,一口干下。后面的事儿记不太清,只记得我背着周晋,跌撞着前行。记忆中那天格外寒冷。惨白的路灯照着摇晃的路面,耳边是杂乱急促的脚步声,我在哲学系最初的岁月,就在这样的记忆里定格。

那是怎样一段岁月啊!忿狷的青春。踉跄的青春。沉醉的青春。

燕园七载忆师友

> **小档案**：林丽娟，女，山东省文登市人，北京大学哲学系2004级本科生，2008级硕士研究生，2004至2011年就读于哲学系，现于德国慕尼黑大学攻读博士学位。在读期间，曾获北京大学西南联大奖学金、北京大学泰兆基金优秀论文奖、北京大学2008年挑战杯特等奖等。

虽然离毕业只有短短数月，泪别燕园也仿佛只是昨天的事，但是我心里却清楚地知道，从离开燕园的那天起，人生中一个重要阶段便随之结束。那是段真正阳光灿烂的日子，对我而言具有关涉人生轨迹的重要意义。自从来到异国他乡，我就开始把它珍藏在心中最珍贵的角落，在平时的忙忙碌碌中并不轻易提起。因为那样的北大哲学系，那样的师长和同学，那样有特殊成长的珍贵岁月，竟然已经一去不返了。这是令人难以接受的。

然而那当中的一些片段，仍然时不时会突然浮现在脑海：在慕尼黑大学的哲学史课上听白发苍苍的老教授讲授莱布尼茨的《单子论》，就突然想起当年跟刚刚学成归国的年轻的先刚老师读《单子论》原文的情景；在随迈尔教授研究尼采《朝霞》的过程中，会一再回味起跟我的导师吴增定老师一字一句读《敌基督者》时的激动心情；在慕大的柏拉图《智者篇》的读书小组中，又会无限感念地回忆起吴飞老师当年如何手把手带我们读书，培养我们对文本的敏锐触觉和问题意识……而这些都还只是许多记忆中的几个片段而已。当我离开北大，却继续带着她的理想主义前行在学术的道路上，我一再体认着北大哲学系所馈赠给我的财富，而这是支持我继续走下去的不竭动力之源。

我一直很骄傲，为自己在北大，更为自己在哲学系。在这里，我遇到了许多学识渊博又心怀天下的老师，他们正直而真诚，勤恳而有担当。正是这些老师们为我打开了一个我以前并不知道的世界，而这个世界的丰富和广阔至今都常常让我惊奇。记得刚入学时，系里聘来叶秀山老先生为我们04级学生讲授哲学导论。叶老先生翘着兰花指，口中念着黑格尔的小逻辑、海德格尔的"此在"（Dasein），在黑板上画出一个又一个圈圈。那时哲学对我来说极度遥远和抽象，它是一个个我永远搞不懂的抽象词汇；叶老先生第一次叫我们知道哲学的艰深和晦涩。他教我们哲学不是辩论，要先去读书，要把根基打牢，以及学语言要趁早。尽管如此，我却不知道哲学和生活的实质关联，不知道哲学为何。

这种不知为何，在后来逐渐的学习和读书过程中慢慢具体和充实起来了。这种具体化，体现在杨立华老师课上宋儒的担当："为生民立命，为往圣继绝学，为万世开太平"；也体现在吴增定老师课上理想国的正义和哲学家王。我逐渐意识到，我所学习的绝不是一种抽象的东西，而是从以往时代流传下来的思想中最深刻和最精华的部分。自此之后，哲学突然开始变得真正"有滋味"、有意思起来了，并且越发变得复杂和有魅力。在彭锋老师的"美学原理"课上，哲学与艺术关联起来了；在吴飞老师的"宗教学导论"课上，哲学和宗教关联起来了；在吴增定老师的"利维坦"和"神学政治论"课上，哲学与政治关联起来了。哲学最终展开为整部人类思想文化史，并揭示自身为人类最重要的精神财富。

更为实在的快乐则凸现于直接的文本阅读当中。叶老先生所讲的"此在"（Dasein）的具体含义，只有在直接阅读《存在与时间》文本时才会完全呈现出来。而此时它便展开了自身在现象学思想中的丰富脉络，而绝不仅仅是一个艰深晦涩的概念。并且，只有通过与文本切近地接触，某种思想才不仅仅是你所"知道"的东西。它成为活生生的思想，参与建构着我们的问题意识，并且直接影响到我们对眼前生活的体会和认知。哲学绝不只是一种专业训练。此时，老师们为我们所呈现出的丰富诡谲的思想世界才获得了生命力。

我一直热爱读书，但是却也一直不自信自己能否坚持在学术这条路上走下去。犹豫当中是哲学系的老师们给予我支持和鼓励。其中我尤其要感谢吴增定老师和吴飞老师。吴增定老师是我的导师，也是对我学术兴趣影响最大的一位老师。他的课往往紧扣文本，深入而浅出，叙述条理又极其清晰，听之常让人有醍醐灌顶之感。跟随吴增定老师所开的课程，我得以回溯从古代到近

林丽娟取得硕士学位
时与吴飞老师合影

代再到现代,从柏拉图,到马基雅维利、霍布斯、斯宾诺莎、卢梭,再到尼采和海德格尔的思想进路。这些课一方面能够非常好地拓展知识视野,另一方面又是建立在极为扎实的文本阅读和批评之上,是我哲学的真正启蒙。而吴飞老师则在我最彷徨的时候鼓励我尝试学术道路。他所开的宗教类等一系列课程,弥补了我知识结构中很大的一块空缺。而他更曾逐字逐句校正我所做的英文翻译,在读书小组中手把手带我们读书,所有这些都令我终生受用不尽。当然,哲学系的其他老师,都直接或间接地令我受益良多。尤其是我们当时的班主任杨学功老师,在学习和生活等各方面所给予的关心和支持,令人感动。

我时常还甚怀念当年在智慧的堂前,和亲爱的同学们一同坐而聆听的情景。毕业之后,反而才更品味出集体生活的可爱之处。那时大家为了听心爱的课而早起贴条占座,坐在一起兴奋地聆听智慧,回来一同整理笔记,要考试了一起自习通宵准备。白天一同自习,晚上相约去听老师的讲座,夜深了还精神奕奕地争论。所有这些,如今回忆起来竟还恍若昨日,让人忍不住感叹:那时我们对于真理和智慧的渴念是多么单纯和执著!那时一同的读书还锻造了许多益友,对于读书具有相仿的兴趣,大家定期读书和讨论问题。在斗室中摊一卷书,大家朗读,思考,提问和热烈地争论。恰恰是在这个过程中,我们的视角得以拓展,问题意识凸显,对文本开始有了最敏锐的感受力,阅读和思考实实在在成为乐趣。而深夜寝室当中的讨论则更是别有趣味。研究生时,我和徐诗凌、曹润青、刘乐鸣住同一寝室。大家本科曾是四年同窗,而研究生所选专业方向却是完全不同。诗凌读宗教学,润青读中国哲学,乐鸣读伦理学,我则读西方哲学。于是,寝室的夜聊就变得非常热闹。在这里你可以听到各专业方向的最新八卦,也能听到关于治学方法和学术问题的来自不同视角的激烈争论。相仿的志趣让话题层出不穷,现在想来,像这样的谈话和讨论,真是人生乐事。读书累了,大家就相约一起访山问水,或是就在学校周边打打羽毛球,逛街,唱歌,吃西门鸡翅和麻辣烫,那时的快乐如此简单却真实,让人无限怀念。

然而似乎毕业也是一眨眼工夫的事情。转眼大家各奔东西,聚少离多。但我想我们将一直引以为傲的是,北大哲学系给予了我们最优秀的教育。如今我在异国求学,这里的确能够给予我一些北大哲学系所给予不了的东西:比如系统专业的古典学教育,世界领先的学术资源等等,然而我想最重要的一种氛围,他们却无法提供。我常想北大哲学系的老师们又开了哪些课,他们在带同学们读哪些书,同学们之间又产生了哪些争论,以及是不是又出现了更多氛围良好活跃的读书小组。北大哲学系中优秀的师资和学生,良好的风气和氛围,令人怀念。而我们所接受的如此优秀的教育,也必将成为我们一生受用的财富。

如人饮水，冷暖自知

> **小档案**：任小溪，女，山东省济南市人，北京大学哲学系2006级本科生，2010级硕士研究生，至今就读于哲学系。在校期间，曾获北京大学三好学生、北京大学军训优秀学生干部、董氏东方奖学金、强华奖学金等奖励。曾担任2009年、2010年北京大学"一二·九"歌咏比赛暨新生"爱乐传习"项目哲学系代表队指挥。

听说系里要为百年系庆出文集而征稿的消息时，我正在赫尔辛基大学做一名专业为音乐学的交换学生。说起来，许多事情或许都是冥冥之中自有天意：比如大学本科的我误打误撞地进了哲学门，比如念了硕士的我执著笃定地留在哲学系，比如童年起的业余爱好如钢琴和声乐最终影响了我选择美学作为自己专业的决定，而我又因此而硬着头皮给系里排了几年合唱。

说到哲学系的文艺活动，真算得上一个小众话题。回忆一下哲学系与"一二·九"合唱比赛的渊源就很明白了：在北大"爱乐传习"活动大张旗鼓开展起来之前，年年举办的"一二·九"合唱比赛哲学系会选择性地参加；带过声部训练、做过两年指挥的我，在自己大一那一年，也未能得到作为一个哲学系的普通合唱队员站上百年讲堂的舞台的机会；从前的哲学系，"一二·九"的参赛曲目竟然多是齐唱而鲜有多声部合唱。大一时我因个人兴趣选修学校的公选课"合唱（初）"，考进北京大学合唱团，才发现自己是哲学系历史上为数不多的北大合唱团团员，因为这样的身份，似乎在哲学系被如火如荼的"爱乐传习"活动席卷后不可避免地参与到哲学系的合唱历程中。

青春味道

小溪在国外交流中

我清楚地记得,在 2009 年和 2010 年的"一二·九"合唱比赛后,我都用"如人饮水,冷暖自知"作题目写过流水账一样的总结。之所以"如人饮水,冷暖自知"一说再说,就是因为不参与其中很难晓得"一二·九"的酸甜苦辣,尽管它只是大部分北大学生大学生涯中一段小小的插花,尽管它只是北大学生工作中每年都会发生一回的规律事件中普普通通的一件。2008 年我只是负责女高声部的声部训练,工作量并不多,当时的我并不清楚做一个合唱指挥究竟都要承担些什么;2009 年的我,在唱了这许多年歌后头一次挂帅做合唱指挥,纷至沓来的种种状况,突然将手足无措的我打击得节节败退。我至今仍记得分声部时师弟师妹们参差不齐的自然嗓音给我带来的冲击,仍记得两个小节的反拍却被大家唱得如落花流水时我的无奈,仍记得期中袭来缺勤率居高不下时我是多么伤心,也记得看大家挤在四院小小的会议室甚至有时不是每个同学都有座位我是多么心疼……我曾经犹疑过自己排多声部合唱的曲目对哲学系的同学们来说是不是一个合适的选择，也曾经思考过怎样的训练频率才能兼顾整体的排练进度和每一位同学的空间时间——就这样一路走一路揣摩，尽管每一年都不曾做过详细的进度规划，却跌跌撞撞，每一年都硬着头皮得到了在我看来已经非常完美的结果。

不得不说，有时候看到一些人力充足财力丰富的院系将"一二·九"搞得轰轰烈烈，我也会羡慕得心痒，也会被外国语学院精湛的艺术表现力或城市与环境学院热闹的舞台表现力所折服，甚至会偷偷嫉妒社会学系那架音准欠佳的钢琴。然而我知道，对于哲学系的每一个同学来说，我们不用通过"一二·九"来完成某几个人对于合唱这种艺术形式本身的追求，我们无须通过在"一二·九"合唱比赛中取得怎样的名次来证明学生工作的成绩，我们也不要初入燕园、摸着石头过河的新生因为一个文艺比赛而平添许多不该有的烦恼——我只希望大家能够开开心心地用一小段时间一起唱唱歌，好好珍惜对于大部分同学来说可能是唯一一次站上百年讲堂舞台的机会，体验一把在北大演出的乐趣，认识更多的哲学系的同窗并更好地融入哲学系这个不大却异常亲近温暖的家庭。

我仍记得每一次训练我拍手跺脚弹琴模唱，用尽各种方法，只为大家能记住一小段旋律的身体感觉，也记得每一任文艺部长开会抽签借教室请老师跑前跑后只为能更好地组织起每一次的训练；我仍记得作为指挥的我无论生病失声还是论文临头都不能缺席哪怕一回，也记得王博老师、杨弘博老师对我每一句的肯定和师弟师妹们对小溪姐姐的每一句关心；我仍记得自己因为和声效果总是没有进步而急出的眼泪，更记得每一个在认真训练之外还会主动帮忙搬电子琴、扛矿泉水的师弟师妹的汗水。虽然哲学系每年参赛的人数都比较少,虽然哲学系没有太过华丽的舞美,虽然哲学系很少在"一二·九"比赛中拿过十分出色的分数,但我们有用钢琴、小提琴和朗诵填充舞台的哲学系同学们,有帮忙写符合哲学系素雅清新风格的合唱谱或帮忙给几十张青春面庞化出好看妆容的外系朋友们,有一直在给大家鼓励并积极上台的哲学系老师们,最重要的是,有发出年轻声音努力唱准确用心唱动听的哲学系合唱队员们。

有我做一天指挥,我就乐意在哲学系"一二·九"的过程中加入更多对新生学习生活的关心,让文艺活动变得更像一家人的游戏,如我小时候同母亲在家边弹琴边唱歌一般活泼而温情。我们的"一二·九"可以用好笑的"狗喘气"来练气息,可以穿插说不尽的俏皮话,可以有蛋糕水果小饼干,可以贴美美的假睫毛上台演出……我希望每一个参加过"一二·九"的哲学系同学关于哲学系"一二·九"的记忆都是甜美的,以后回忆起他们自己的"一二·九"来都会扬起嘴角。

2011年的"一二·九"合唱筹备工作开始时,我已经远在芬兰,因此也无法做这第三年的哲学系合唱队指挥。然而即便我身在异乡,我还是会第一时间收到改编诗经三首的合唱谱,会清楚如今排练的进度,也能听说排练的问题,甚至还能看到排练的视频……前年头一遭做指挥后觉得太过辛苦而口口声声来年一定撂挑子不干,去年却再次挑起担子;今年却真真因为距离而不能在场,我才真正感觉到哲学系的"一二·九"是多么令我牵肠挂肚,也才真正感觉到不能亲身参与其中是有多么遗憾。

去年"一二·九"比赛结束后,我曾经写过这样一段话:

"一二·九"是什么运动与我无关,"一二·九"合唱比

2010年哲学系"一二·九"代表队

赛是什么活动与我无关，0.5学分与我无关，学生工作与我无关，艺术追求与我无关，抛头露面也与我无关……只有哲学系，这个踏实的、端庄的，却又小小的、可爱的小屋子，与我有关，与你们每一个人有关。没有经历过"妖而久"的哲学人，不会明白上台的两首歌、十分钟对于我们来说有多么珍贵。作为一个毕业过一回的哲学人，希望每一个孩子都能珍惜自己在哲学系的时光，因为有朝一日当你走出哲学门，思念便会真的绵延不绝起来。

隔着一年时光和六千三百一十五公里的距离再看这段话，那份对哲学系的依赖和恋慕越发深刻而清晰。我真真切切地付出过，哲学系每一个参与到"一二·九"之中来的人都真真切切地付出过，我们得到的不止于参加过一个为纪念"一二·九"学生运动而举办的合唱比赛，不止于一项全国高校都会搞的文艺活动，还有许许多多难以用三言两语提炼的收获，无形中加深了我们每一个人与哲学系的牵绊。还是那句话,"如人饮水,冷暖自知"。我可以很自信地说,我的"一二·九"是与众不同的,我们的"一二·九"是与众不同的,而这所有的不同,全都是因为我们是哲学人!

  2012年,北大哲学系即将迎来自己的一百岁生日。何其有幸,我竟能置身哲学系这见证风风雨雨的一百年。与哲学系相遇是因缘,在哲学门中的每一丝牵绊皆是因缘,借着这种种因缘,每一个哲学人都如四院大门周围的紫藤一般,将生命与哲学系紧紧缠绕。我用哲学系属于我的最特别的记忆,来纪念她百年生命轨迹中微小的一段,仍所谓如人饮水,冷暖自知。

  谨以此文庆祝哲学门百年华诞。

智慧的旅程

> **小档案**：于文博，女，吉林省吉林市人，北京大学哲学系2007级本科生、2011年保送中国哲学方向本科起点博士研究生。在读期间，曾获国家奖学金、季羡林奖学金、五四奖学金，获得北京大学三好学生标兵、优秀团干部、优秀毕业生等荣誉。现任北京大学儒行社社长，自2008年7月起先后赴河南洛阳、云南广南、楚雄进行国学支教。

2010年的9月，天气渐凉的日子，和班里的一群女生为了保研复习，三五成群地流窜于学校周围的各个通宵自习场所。背书累了就聊聊天、吹吹风、唱唱歌，一直到天蒙蒙亮的时候。虽然在很多人看来，我们当时的忐忑是多余的，可那是一种只有切身经历过才会觉得值得的付出。哲学系的生活就是这样，它以多重的面向教会我们生活的态度。

时间好像一间充满惊喜的画廊，里面的图画纷繁多彩，每一幅都是一个闪亮的故事。每当回顾在北大哲学系的这几年生活，就仿佛走入了这个令人感动的时间画廊。转眼间，在哲学系学习生活已经进入第五个年头，或许真的是冥冥中的某种安排，在哲学系本科四年的学习结束后，又获得了直博的机会，可以在静园的小院里再度过人生重要的五年。已经过去的四年和已经开始的五年，是一场与智慧结缘的旅程。

每年7月，校园里弥漫着毕业的气氛，看过了三年毕业季，到毕业那年才体会到，入学的心情不尽相同，但毕业的心情却总是类似。四年来哲学系的生活是充实而丰富的，每次和周围的人一起回想，彼此脸上都会洋溢着微笑。

大一那年，四院的紫藤开得很灿烂，对于刚刚入学的我们来说，哲学实在是一门太深奥的学问，学校里各式各样的活动也不断地进入视线。第一节哲学导论课上，祥龙大师将哲学解释为"关于人生边缘问题的学问"。这门课里，我们在讲台下惊叹地仰视着慈祥的祥龙大师挥洒自如，娓娓道来那些玄妙的道理；课下在图书馆啃着哲学导论两大厚本的教材，不知道这些深刻的文字会把自己的未来带向哪里。宗教学导论课上，飞哥描绘着西方思想的发展脉络，从《安提戈涅》到但丁，再到霍布斯、洛克，就这样开始尝试和人类伟大的思想对话，蹒跚中只感觉自己的无知和渺小。

记忆中的大一上学期更多的是迷茫与混乱，一方面惊叹于哲学学科的博大精深和课程的自由丰富，另一方面也迷失于花样繁多的活动，很多方面都想尝试。但实际上，刚进校门的我对于自己的生活到底应该如何规划，时间如何安排，并没有那么明确的概念，往往是大部分的时间都疲于应付各种琐碎的事物，忙碌的生活却像是没有灵魂，学习和考试也都非常匆忙地应付下来。面对这些困难，哲学系的课程给了我答案。苏格拉底在《申辩》中坦言，一种未经省察过的生活是不值得过的。面对纷繁复杂的生活世界，自己开始思考到底怎样的生活才是真正的有秩序的生活。明代大儒王阳明更是强调立志的重要性，为人为学要有头脑有主宰。这些不只是哲学上的道理，更是生命的学问，可以贯彻在点点滴滴的生活中。为此在大一下学期，我尝试更合理地安排自己的时间，将更多的时间和精力集中到学习上来，并且开始仔细地规划每一天的生活，对各种社团和学生活动也有所选择与进退。在这个过程中，发现忙碌的日子开始变得有序了，可以在固定的时间起床、睡觉、上课、读书和处理工作，也得以更从容地面对作业和考试。反思和掌控自己的生活是一种能力,它需要在每一件具体的事情上不断磨炼,也需要在平凡而琐碎的生活中反复实践和提升。

大二那年,学着坚持自己的选择,思考如何过一种丰富、饱满而又温暖的生活。在经过了大一的适应和动荡期之后,对中国哲学的热爱与日俱增,中国哲学史课程引人入胜,展现了一个丰富而充满力量的生活世界,对于那些流传千年的文字,有一种天然的亲近感,这也使得我最终选择中国哲学作为自己未来的方向。这一年,通过"中国哲学史(下)"、"魏晋哲学"和"儒学哲学专题"等课程的学习,我更深刻地感受到古代汉语中所包含的深刻内涵和时代精神。让我更受鼓舞的还有师友的砥砺、老师的引导、同各位中哲专业学长的交流,使我一方面感到了自己的差距,另一方面又找到了前行的无尽动力。因为向往宋代的学术氛围,更钦佩宋儒对时代的关切,所以在大二下学期,我和另外两个同学一起申请了教育基金会基金,以"宋初三先生"之一胡瑗作为研究对象,主要进行《周易口义》的标点和校勘。希望借此机会,进行一项比较基础的训练,提高对古籍的阅读和解读的能力。很庆幸在这场旅程的前半段,欣赏到了蓝天白云,更闻到了智慧的花香,也认识到了自身的问题。然而,正是这些不足能够使得我和我的同学们在一步步的踽踽前行中对这门学科有更为深刻的认识。

双学位也是这场旅程中的意外收获,选修历史学双学位确实为我打开了一个全新的世界,同为人文学科,史学也需要广阔的视野和全面的思考,对于本专业是非常必要和有益的补充。历史系的老师们学术态度严谨,对学生的要求严格,大二上学期常常会觉得作业太多而吃不消,甚至在期末复习时想要退掉不修。但是，自己还是深深地被历史学独特的魅力所吸引，它可以给哲学研究提供更加坚实的基础。而且，历史系老师们的讲解也实在是精彩。双学位的确增加了课程的负担，这就要求更合理地利用时间，课堂上提高效率，更有效地读书、做笔记，本专业和双学位的课程分清主次，但都不能怠慢。虽然很艰难也有些辛苦，但还是坚持了下来。今天看来，收获是非常大的。正如钱穆先生在《国史大纲》中提到，中国人须对本国历史有一种温情和敬意，史学的学习，更深化了我对这种温情和敬意的理解，至今想来，仍旧受益匪浅。

那年，哲学系的系衫上印着"哲学使我勇敢"，穿着这样的系衫穿梭在校园之中，大二的日子，似乎就这样在自习室的灯光下度过，在无数个图书馆古籍阅览室的午后阳光中度过，记诵着《大学》、《中庸》，在二教顶层伴着黑暗的天际和脚下斑斓灯火的夜晚中度过，让人无比怀念。

大三那年，本科的时光已经走过了一半，站在大三的门槛回望，想想刚刚迈进大学校门的自己和那时的自己，似乎真的感觉到了这两年留下的痕迹，这是旅程留下的痕迹，从最初面对生活的迷茫到被哲学深深吸引。不再是那个不愿意离开家的孩子，从家乡到学校，就像开关一扇门那么容易，那么迅速地适应，但是和父母却愈发依赖亲近起来；生活已经归于平静，沿着选择的轨道，一步步踏实地前行。也明白生活中或许还会出现更多的转折和选择，还有太长太长的路要走，还要付出更多更多的努力。本科第三个年头，学习和生活的新鲜感虽然有所消退，但仍然保持着一种学习和生活上的热情。哲学作为一种生命的学问，更多教会我们一种生活态度，敬以直内，义以方外，无论面对什么样的困难，都要保持一种内心的醒觉，思想的魅力是无穷的，让人在生活中充满求知的期望和力量。

　　虽然较早地选定了中国哲学,但依然尽可能认真地去上各个方向的专业必修课,坚持坐在教室第一排记笔记。欣慰的是,后来整理笔记的时候,发现已经有十六七本自己手写的笔记了,翻阅之时,当时上课的情景都历历在目,实在是一件很有意义的事情,而在保研复习时,这些笔记又派上了大用场,不禁庆幸三年来的坚持。大三上学期去旁听了张学智老师为研究生开设的《传习录》课程,对于中国哲学的阅读方法有了一定的认识,既需要阅读材料的技艺,也需要贴切阐发材料的能力。与中哲有关的工夫还有基金项目《周易口义》的点校,标点的过程是极为缓慢的,胡瑗解《易》细致笃实,卦爻辞中的一句都不放过,我花了很长的时间尽量去理解其中意思,也难免很多出错的地方。点过之后到图书馆古籍阅览室对照清代的刻本,这是我第一次在古籍阅览室驻扎,对着一本 300 年历史的古书,小心翼翼地阅读翻检,实为一种享受。在此基础上,我想要完成与胡瑗有关的学年论文,但发现这是一个异常艰难的过程。点校一本书是一回事,而要研究其中的思想又是另一回事,再加上部头大、时间紧,大三下学期围绕着学年论文是无比的焦虑,不过好在有老师的悉心指导,还有师兄师姐的帮助,总算如期完成。老师肯定了其中花费的心血和精力,同时也直接地指出了其中的毛病并说明此种论文写作中的问题需要长年累月地练习,不是一时能够克服的。我深感惭愧,提醒自己以后万万注意随时防检,力图早日进步。

　　生活中还有良师益友的鼓励和关怀,大学生活即将进入第四个年头,着实感念过去三年遇到的人和事,学习生活上或许有些困难等待在前方,但有了这些成长的感动和温暖,又有何畏惧呢,只需要微笑着一路走向远方。

大四这年,到了整理和反思的时候。开学初的保研复习紧张忐忑,但回忆起来却是一段瑰丽的时光,早出晚归,一群要好的女生一起背书,一起看北京苍茫的夜色,一起在深夜迎风歌唱。复习范围则涵盖了四年课程的主要内容,一遍遍地翻阅笔记、背诵教材、阅读原著,老是会想起无数节中西哲史或者专题课的情景,或者想到每个繁忙的期末二教自习室的灯光。这其实是一个重新审视四年成长的契机,不只是在课程上,复习的过程还时时提醒自己不要忘掉初心,记得最初的热情热爱与梦想。虽然自己认为准备还算充分,但从笔试到面试的过程实在是惨不忍睹,面试时问题回答得也不尽如人意,但老师们更多地把重点放到了对于之后学习的指点和建议上,提醒着我们在高深的学问面前,时刻保持谦恭的态度,不断精进。

　　就这样,静园的草坪绿了一年又一年,四院的紫藤开过了一季又一季。四年的时间既是一种断裂,标志着在很多方面的成长,同时又是某种程度上的延续,要延续哲学系的老师们教导我们的谨慎、谦恭、乐观的生活态度,真诚地对待身边的每一个人。

　　四年似乎转眼而过,但细细想起来,其中却又有很多的故事。在哲学系的生活是丰富多彩的,最为感念的还是遇到了给予鼓励和温暖的良师益友。班主任飞哥自入学起就对我们百般照顾,班会、春游、选课都悉心指点,每次班委会,总是惊叹于他竟然掌握了如此全面的情报,并时不时露出他那标志性的狡黠笑容。大三暑假的贵州之行,深感07级本科班的温暖,象棋赛的调查问卷、黄果树和屯堡的结伴而游,甚至还有保研的种种鼓励与关怀,真是庆幸自己学习生活在一个有凝聚力的温馨的集体中。大二大三在哲学系团委每周改公文,程式化的工作却也能时时启发自己生活中是否如改公文一般耐心细致，对字字句句抱有一份尊重。思考在这样的形式中，体贴背后的良苦用心。

最为可贵的还有可爱的室友们，我们一起聊着笑着闹着走过四年的时光。可能更多的时候，我们总是在忙着自己的事情，上课、看书、写论文、复习、考试，但是桌上的一瓶酸奶、一张纸条时时传递着彼此的问候和关怀。和她们在一起的日子，总是无比美好和闪亮的。现在只要有时间，我们依然夜聊到深夜，谈论令自己困惑的话题，不过加入了各自的学科背景，也常常在宿舍里各干自己的事情，互不打扰，却深深依赖这种舒适的气氛，又曾深夜相伴游荡，嬉笑打闹，都是太美好的回忆。

大二开学时加入了儒行社，全社上下是一个"友爱的共同体"。可以说，此后两年的成长，很大程度上受到了儒行社中各位师友的鼓舞和指点。大二时几乎每周，都会和同学交流读书的心得，《国史大纲》、《论语》、《近思录》尽管多数仅仅读了一部分，但是相互交流共同思考的过程总是充满了乐趣。特别是大二结束的暑假，随同儒行社的实践团一起赴云南支教。我们教学的主要内容是《弟子规》，站上讲台，看着一双双明亮清澈的眼睛，心中总是有无限的感动。在教育他人的同时，我开始认真地检讨自己的行为，是否也符合《弟子规》中的种种规范。我开始真正了解父母在自己身上付出的心血，开始站在他们的角度思考，"身有伤，贻亲忧，德有伤，贻亲羞"。在云南明媚的阳光中，在琅琅的诵读声中，渐渐懂事，渐渐长大。大三寒暑假各一次加上2010年4月的一次讲座，半年内三次洛阳之行，其中自己担任领队一次，儒行社众兄弟姐妹依然齐心协力，蒙学教育收效日益明显，社团规模日益扩大，特别是保研之前社团同学们的贴心问候，深感到"友爱的共同体"之宗旨。读书与实践的结合，更是

于文博在儒行社支教过程中

让人体会"儒行"的真谛。

  本科毕业时整理自己四年来的各种行李,发现每一样东西都足以唤起某一个角落里的小小一段回忆。翻到之前读过一些师兄师姐们写的本科回忆和思考,再重读时发现我们的生活轨迹总是相似的,同为哲学人之间的话题是无穷无尽的。如果你也曾经抬头欣赏过四院的紫藤,如果你也惊叹于哲学系课程的精彩绝伦,如果你也在图书馆埋头读着《理想国》、《四书章句集注》和莎士比亚,那么真的应当为这样的生活感到幸福和骄傲,在我们之前有很多前辈,在我们之后也会有更多的学弟学妹,我们的生命因为哲学系变得紧密相连,因为我们走着同样的路,经历着同样的迷茫与成长,还将共同编织关于哲学系的美好记忆。尽管经过了几年的学习,哲学对我们而言依然是一门深奥的学问,但这场与人类深邃思想交往的旅程本身就充满了意义。我们应该给自己留一段时间，踏踏实实地读书，认真地做每一件事，真诚地对待身边的每一个人，不是为了漂亮的成绩、辉煌的简历或者所谓广阔的人脉，不求回报、不问结果，只是为了让那年的我们坚强勇敢地成长，只是为了回头看时，发现自己确实经历过那么美好的一段生活。那年的我们永远地留在了记忆中，更重要的是，有了这样一段智慧的旅程，我们可以勇敢地开启另一段新的旅程。

未曾离开，已然怀念

小档案： 李春颖，女，河北省承德市人，北京大学哲学系2003级本科生，2007年保送中国哲学方向本科起点博士研究生，至今就读于哲学系。在读期间，曾获北京市三好学生、北京大学三好学生标兵、北京大学团干标兵、北京大学优秀毕业生等荣誉称号。

我想，让我这样一个马上要毕业的人写自己的校园生活，是件非常残忍的事情。我迟迟不能动笔，因为害怕陷在美好的回忆中，一发不可收拾。

但总要开始面对的。于是我为自己在哲学系的九年生活定了一个调子——成长。大一新生几乎见到所有人都要称师兄、师姐，有些人已经比较老了，就叫大师兄、大师姐，有些人已经太老了，就戏称为"骨灰"。而我，在校园中属于那种早已化灰却阴魂不散的类型。九年，从18岁到27岁，从未离开。我看到四院中整墙的爬山虎一遍遍绿了，又一遍遍黄了；我看到我熟悉的教学楼一幢幢拆了，又一幢幢盖起来；我看到9月份一批批年轻的孩子进入燕园，又看到7月份，一届届穿着学位服扔着帽子的学生毕业离开燕园……而现在，我终于也快毕业了。与其说我在哲学系学习，不如说我在这里成长，一个给了我成长的地方，也给了我出发的行囊，同时，也是我此后路途中一步一回首的故乡。

阳光灿烂的生活

进入哲学系第一年，我关心的是朋友、工作、学习；

进入哲学系第八年,我关心生活。这是一个艰难和复杂的过程,但充满温暖、快乐和幸福。上周参加社团的会议,大家讨论学生活动的意义。我一直在听,然后我很想让师弟师妹们了解,很多事情的意义远远超出它本身,可能需要很久之后,我们才恍然大悟。大学四年,我马不停蹄地参加团委活动、社团活动、社会实践、实习兼职……当时的自己偶尔也会想自己的努力和辛苦有什么意义,那样想的时候,就似乎真没有特别值得一提的意义。但后来,每一个 12 月 31 日,我例行写些年末感想时,都特别感激那些日子和那些日子里的人。

大一入学进入系团委,被分到宣传部,那时宣传部部长是季志强师兄,我们叫他老大。在编辑《共青苑》的时候,觉得好文章很多,但每半年一期的刊物相对容量小,时效性也不够。我们跟团委书记于晓风老师说了这个想法,于老师很支持我们办一个系报,唯一要求就是要好好办,要坚持下来。从此,每周二、四的晚上,康博思西餐厅都会出现五个人,有严肃有欢笑有争论,一直到康博思关门还不肯离去。这五个人就是黄婷、庄莉、张梧、胡翌霖和我。在很多个康博斯之夜,我们商定了报纸的名字——《心裁》,定下了固定栏目"众妙之门"、"饕餮美食",约了王璐师姐的美文、王鑫师兄的陌上花开……有一天我在系里二楼会议室看到一沓旧纸,竟然是当年的每一期《心裁》,放在角落里等待被人发现。我当时的心情除了欣喜之外,还有感动和思念。

思念我们当年共同努力的日子,感动我们曾经共同的梦想。当年,我们不止一次激动地谈起创办刊物,甚至讨论如何能买到旧刊号,如何定位我们的杂志。王璐姐说,人总是会被影响的,我们就是要做能够影响和引导大家的刊物,我们要告诉大家什么是品位什么是真正的时尚。后来《男人装》出现,我每每路过报亭,都会默默想,当年我们策划幻想过的众多刊物中,也有一本叫《男人装》吧。

然后我就幸运地赶上了九十周年系庆,在一片热火朝天的喜庆中跟在王征姐后面打杂。记不清王征姐当时是不是学生会主席,但她在我脑子中绝对是一个神一样的女子,干活之余和她聊天,那叫一针见血、字字珠玑。现在的我常常后悔当年没有拿个小本记录下来。当然,有一些我牢牢记了下来,比如谁谁是四大公子,谁谁是四大帅哥,她还告诉我传说中的杨立华老师其实就是当年我们"哲学导论"课的助教。这个"不良"教诲,让我整整一学期的哲导课都在教室的茫茫人海中用排除法寻找杨老师。这事如果让杨老师知道,他定会笑我了。

有一天于晓凤老师把我叫到办公室,让我写一篇系庆讲座的新闻稿。我忐忑地说没写过新闻稿啊。于老师给了我范文,说你去写吧,写完了拿给我改。我写了一晚上的草稿惨不忍睹,第二天于老师一字一句地修改,更准确地说,于老师根本就是从头又写了一篇,然后交给我,让我送到学校新闻网。我在系团委工作了三年半,这期间于老师不知道帮我改过多少篇稿子,直到我自己稍稍能写出还像点样的新闻稿为止。还有一次评北京市三好学生,需要写自传,我写了一些个人感想,于老师知道后帮我改了三遍才同意交上去。她跟我说,文科生以后出去工作,笔杆子是基本功。这句话愚钝的我最近才真的明白,工作中需要写大量的公文,这是惯于散漫涂抹随笔的我最头疼最应付不来的。感谢于老师那么耐心地教导和培养我,虽然我后来还是写字散漫,但我理解她的良苦用心。很多很多的事,于老师都这样手把手地教我,在我气馁时,发几百字的短信鼓励我,叮嘱我要有勇往直前的魄力;了解我时常做事羞涩,于老师站在旁边看着我打电话解决完问题,才离开;知道我一贯神经大条,于老师跟我讲完事情的结果,还会和我分析事情的经过……我本科四年阳光灿烂的生活,时时有于老师的帮助和叮咛。很多次我想当面说句谢谢,但总觉得矫情和词不达意,所以经常在别人面前谈感谢于老师的我,从未在她面前提起过。

有一次师妹发短信问我"社会·文化·心灵"活动是从什么时候开始举办的?我心里感慨时间流逝。2005年春季学期,三角地"化学文化节"、"物理文化节"、"数学文化节"的条幅迎风展,海报漫天飞。我在系团委办公室中筹划"哲学文化节",觉得应该换个更能展现主题的名字,于老师提议叫"社会·文化·心灵",于是就有了每学期一次的"社会·文化·心灵"活动。第一届活动中,王博老师帮忙邀请陈鼓应先生讲座,当年陈先生还在台大,我只在各种中华书局、商务印书馆的书上看到过陈先生的名字,所以现在还记得那种充满敬仰的激动。

现在已经是大师兄的赵金刚,那时还是金刚娃,是我们最喜欢的师弟。我们在三角地列队两排,一边发海报一边喊讲座宣传词,金刚总能以他独有的浑厚声音压倒三角地的各路人马,于是"社会·文化·心灵"活动场场人员爆满。陈鼓应老师讲庄子的那场,治贝子园只能容纳一百人的教室挤了四五百人,桌子、椅子全部搬出去,窗户打开,人就站在窗外听。直到院子里也站满了人,只好紧急请王博老师来救援。现在想想,我们每一次活动,王博老师都是坚定的支持者和最具人气的嘉宾。被我们一群团委同学打扰劳烦之后,还出资出力地慰劳我们吃个西门鸡翅、必胜客啥的。

那时另外一件让我们兴奋的事情就是软磨硬泡地邀请到杨立华老师讲座,题目是"孟子人性论"。当年我们也算得上是有勇有谋，杨老师讲座的宣传在未名BBS十大上盘踞好几天，占据三角地最抢眼的位置，小海报贴满每个宿舍楼的宣传栏……讲座举办时还是深冬时节，教室里因为听众太多，温度格外高，杨老师把外套脱下来的瞬间，我恰巧录了下来，现在依旧存在电脑里。当然，粉丝做的事情在外人看来往往是无聊的，比如润青、黄婷几个人把杨老师讲课录音一字一句整理出来，甚至连表情都标注在括号里，这份资料也在我电脑里，常常翻看，并从中找出一些句子作为qq签名档以自我激励。进入哲学系的九年时间，杨老师的课堂和教诲贯穿了每一天。有一年他去德国，我们几个人每次碰面，都要自我检讨，杨老师不在的日子，没人引领提拉着自己一直向上，生活就特别容易懈怠。后来我形成了一种习惯，每每遇到状况，会在脑中闪出杨老师的话，然后就不容易迷茫。不久我会离开北大，离开哲学系，但习惯、方向和价值，是哲学系的老师们、一起成长的兄弟姐妹们帮我培养起来的，会伴

杨立华老师的讲座

我终生。

乱七八糟的想法

回忆到这里，让我不自觉地又开始了持续近两年的自我反思。

在人人网上看一个师妹刚刚更新的日志，大概是关于命数、灵异等等，还有三毛。我初中迷恋三毛，全集看了又看。说实话，我有些相信那些感人故事可能并不存在，如电影《不请自来》，人其实可以活在自己虚构的世界中，或者说，人本来就或多或少地活在自己虚构的世界中。但是，真实而温暖的生活一定来自你周围的"他人"，是"他人"带给你最踏实的生活，最深厚的影响，最真实的成长，最温暖的慰藉。所以，特别感谢在我18岁到27岁这段重要的日子里，引领和教诲我的老师，与我一同干活一同学习一同嬉笑的兄弟姐妹，你们构成了我的世界、我的生活。

2003年秋天至2006年春天的生活，可能是我成年后最为灿烂的日子。忙碌、真实而富有意义。前段时间在旧电脑中翻出了本科毕业前写的简历，连自己都惊讶三年的时间，竟做了那么多事，大学应该经历的所有事情我几乎一件不落：创业大赛、用大赛的基金合伙创办公司、社团、旅行、科研基金、兼职、支教、编书、学生干部、《心裁》、看了几百部电影、在于老师鼓励下在北大校报开过影评专栏……

这样简单忙碌的生活在2006年夏慢慢结束。

2006年，我认为，每个人生命的可能性随着年龄的增长越来越小，也就是说，每个人的生活是一个空间快速缩减的过程，对个人来说世界越来越小。偌大的世界对于一个刚刚出生的孩子是完整的，充满了无限可能。随着时间一分一秒过去，他偶然地经历着人和事，这些随机出现在他生命里的东西影响着他目光的方向和他思考的方式，使他本来可以看到整个世界的眼睛开始只注意世界的某些部分，开始成长。

而成长的过程与空间的快速缩减其实是同义词。身处一片广袤的原野就不知该往何方，感到茫然。直到有了目标，放眼望去是一个固定的方向；直到为非此即彼的选择大伤脑筋，无限种可能消解为一个岔路口，我们就长大了。

这样来说，比起禁锢我们是更害怕自由的。

所以，道家的冷静、智慧和自由是残酷的，将个体抛入空旷的世界，面对无限诱惑，让其寻找自己立足的基础和生长的方向，对绝大多数人来说，这是残忍的。

相对而言，儒家的炙热和规范充满了人性的温暖。我愿意把礼理解为尺度，为每个人规定了其行为的空间。丧葬、服饰、用具、言语……这样每个人在不可逾越的空间内做具体的事。更为根本的，普遍的伦理、道德能够为个人提供坚实的依靠，使个人在集体的价值中成长，并寻得和实现自身的价值。相比于道家的冷峻，这是一个温情踏实的过程。

2007年，和小顾聊天时，我说，或许上面的想法根本就是错了。人生就像一条长长的走廊，走廊两边有很多门，也有岔路。我们走着走着，会想如果我推开某个房门，展开的就会是不一样的生活；如果我当初选择了另外一条岔路，现在就到了完全不同的空间；或者眼前的路口我反复犹豫，到底走哪一边才能带来更好的生活……这样想，就似乎我们生活真的有很多可能，并且我们真的有权利在这些可能性之中做出选择。

而事实可能是，我们只能走现在所走的这条路，我们只能到达现在所到达的空间。当初没推开的门，根本就推不开，只是虚设；当初没选的路，根本就走不通，或者又会走回原地；现在万般犹豫做出的选择，根本就是唯一的选择。

那些虚设给了我们貌似的自由和自主，带来生活中貌似的权利和遐想。所以，我们坚定地走现在的路，不需要对过去后悔、对未来犹豫。

2008—2009 年，我眼睛不好，但还是努力完成了道家原著课的期中和期末两篇论文，至今我依然不时赞叹郭象的智慧。虽然这两篇论文最终得到的分数是我成绩单中的最低点，但它们确是我的真实感想。

两篇论文都是讨论死亡的，当时我想生命的最终意义很大程度上是因死亡而获得的。当我们谈及生命时，无论是否自觉，实际上都已经不可逃脱地包含了死的内容，但恐惧或者无知让我们更多选择对死亡的回避。虽然一生中不可避免地经历他人的死亡，但这样的经历却很难如学习某项技能那样增加我们对死的认识或者让我们在事关自己的死生时表现出熟识者的优雅。对生的眷恋造成了我们对死深刻的恐惧，还是对死的恐惧不断增长我们对生的眷恋，这样的问题恐怕是无法得到究竟的答案的。但有一点是可以确定的，对死的理解，必然会影响对我们生的态度，我们依照这态度去处事，去判断，去选择，依照这态度生存。

如果死亡是个人生命的彻底消亡，任何生命都必须面对死亡，并通过死亡获得平等的消失，那恪尽职守与放辟邪侈都是一生。我们凭借什么来追求所谓的价值，所谓的意义？宗教对死亡的诠释，儒家对逝者的重视，都是对生者温暖的慰藉。

除却慰藉，还有另外一种可能。按照郭象的逻辑，人从不知所以然而生，到不知所以然而死，贯穿其中的是巨大的不可撼摇的必然，从生到死都在命与性的限制下。这样看似绝对的宿命论，在郭象没有导向彻底的消极，没有得出《列子·杨朱篇》中的恣意纵欲。如果说寿命是不可更改的期限，那么对身体的珍护有什么作用呢？如果说能力大小是分限所定，那么勤奋或者放纵会有任何差别吗？如果说死是每个人都要归向的同一终点，那么生时的行为修养有什么意义呢？总而言之，个人的主观努力与修养，在一个必然性的世界中如何可能，又有何意义？

无论是对必然性的认识，还是对必然性的顺从，不以名利以及任何其他事物作为生命的目的，也就可以不以任何事物牵累生命。这顺化不是对生命的无所谓，反而是对生命的最大尊重。将生命本身当做方式，生命本身既是目的，也是过程。

万事万物无时无刻不在发生着变化，不知其然而生又不知其然而死，这是不可抗逆的必然；万事万物都有自己性分的限制，所作所为都不得不依循着性分，所作所为都无法超出性分。但是，处于此种必然性的人也并不是无可选择、无可作为，可选可为的恰恰是自己的内心。内心是属于自己。我们生活在自己塑造的价值世界中，可以通过改变自己的内心来改变自己的价值世界。喜怒哀乐爱恶惧，与其说来自于难以更改、充满限制的外部世界，不如说是来自于自己的内心。当我们可以完好地建造起自己的内心世界，那么也就建造起了自己的整个世界；生命的意义不在于生命之外的任何目的与成就，而在于对自我生命本身的关照与构建。

2008年开始，我慢慢喜欢上张九成，这个一生不得意的状元。最初接触张九成的文章，我被各种迷惑、疑问环绕：一生不得志，他何以能坚守自己的立场？十四年生活于南安军，贫困潦倒、几乎与世隔绝，他何以能对价值观毫不动摇？面对诱惑，面

友爱的共同体

李春颖在燕园中

对政治生活中的黑白颠倒,他何以能坦然而坚定?他如何看待自己对价值的坚守、对道德的修养?

我用了三年时间慢慢理解张九成,慢慢理解什么才是最深沉的智慧,什么才是最强大的勇敢。

无论我们怎样解构,无论这么多年来我们多么喜欢和习惯挖掘圣贤背后的污点,以最大的恶意揣测圣贤的初衷,还是必须承认,世界上确实有和我们不一样的人存在。

这些真正的强者,不需要我们凡俗的价值来导向自己的人生。内心真正坚定的人,无论处于怎样的混乱与诱惑中,都能泰然自处。正是他们在漫长时间中的坚持,为我们凡夫俗子构造了精神的家园,让我们有所依靠地成长、生活、死亡。并在这生命的整个过程中给予我们温暖的支撑和慰藉。

我清楚地知道，这些幼稚的想法还会继续改变，它们影响着我看待生活的态度，而生活本身也不断影响着我这些乱七八糟的想法。正如在张学智老师不厌其烦的教导和无微不至的关心中，我的论文在一点一点进步，我在一点一点跟随张老师学习知识的同时，更在一点一点努力学习他笃实的学风，一点一点体会他将一切复杂厚重化为淡泊的深沉。

最后我要以"友爱的共同体"来结尾。我们如此常用这个词组，最初的根源是杨老师吧。流行的根源是谁呢，是金刚吗？九年时间，这个友爱的共同体给予了我太多用言语无法表达的爱护。或许想到时间飞逝，想到我们将一个一个毕业，各有所归，所以身处其中却愈发思念，愈发无赖地拖慢脚步。

有一天朋友告诉我，校园里我最喜欢的那两棵会开花的树，其实是南方的玉兰，被一位惦念家乡的老者移植到北方。很多年，花期迟来，却坚持绽放，不为了谁，也不为了欣赏，只是将偶然当成了习惯。我的精神故乡，是这个我无法用语言描述的"友爱的共同体"，它偶然给予我的，注定是我此生最贵重的财富。

藉得阳光致新知

> **小档案**：徐诗凌，女，广东省南澳县人，北京大学哲学系 2004 级本科生，目前是北京大学与意大利摩德纳大学联合培养的博士研究生。在读期间，曾获得北京大学 2005—2006 学年度杨清钦奖学金，北京大学 2008—2009 学年学业单项奖。曾任北京大学阳光志愿者协会副会长，并获得 2005—2006 学年度"北京大学十大杰出青年志愿者"称号。

在入读哲学系迄今的七年时间里，我不断地被亲友们问到这样一个问题：为什么想学哲学啊？这个问题，被列为哲学系学生最常遭遇的问题之一。其他常见问题包括非常实际的"哲学系学生出来以后都干啥"，以及回答难度堪与"哲学是什么"媲美的问题："你们在哲学系都学什么？"

我们在多年锤炼中都总结出一套自己的回答。而我对"为什么想学哲学"的回答是：我在报专业的时候，还不想定到历史、文学、社会学或经济、管理之类的具体方向去。现在想起来，这个回答里多少包含了"道器之别"的观念。但是在高考志愿表上将哲学填为第一志愿的时候，我也没有想到，在入学大半年以后，我就迅速把自己投入到一个实务的社团，钻进了一种器用的思维。至少从表面看来，这一年多的社团活动经历和哲学系完全没有一点关系，和专业课程走的是两条路子。但它并不因此而仅仅成为一段博物馆文物似的记忆；它给我的哲学系生活增添了许多复杂性，它的影响我至今未能厘清。

藉哲学门百周年盛事，应文集编辑暨私交好友之邀，动笔将这一段社团经历写下来，既是为系庆尽心添色，也完全了我自己的心思。

激情与理想

北京大学阳光志愿者协会于 2002 年建立，通过募集资金、建立骨髓库、患者服务、知识宣传等形式，致力于推广骨髓捐赠、提高白血病患者的生活质量和生存率。阳光的发起人、北大的学生刘正琛，本身就是一位慢性粒细胞白血病患者。正琛在自己的治疗过程中，感于国内骨髓库规模太小，服务粗糙，效率低下，遂立志自己建立一个骨髓库，并配以相关的患者友好的服务。

正琛的故事感动了许多人，包括其时在国外享有优裕生活的杨仿仿。仿仿与正琛的许多理念一拍即合，遂决然回到国内，为阳光做一个"零薪水"的首席执行官。2004 年 11 月我听到正琛和仿仿两人的演说，和许多同学一样受到感动，报名将自己的数据加入了阳光骨髓库。四个月后，又加入了这个社团，参与志愿者活动。一直到我离开阳光，正琛和仿仿都是整个团队的领袖，他们的故事和人格魅力感召了许多志愿者和社会人士的加入。

那时的阳光，已经是一个小有成就的北大社团。建立骨髓库是阳光早期的首要任务，在 2005 年初，骨髓库里已经有了两千多个数据。每个数据的提取需要至少 500 元的费用，对于一个白手起家的学生组织来说，这并不是一笔小资金。为了筹资和宣传，阳光已经办过两次大型义演，参与各种义卖和慈善拍卖会，并有了一定的媒体曝光率。2005 年 2 月，这仅仅两千多个数据的骨髓库里已经出现了第一例配型相符、并成功进入手术操作的骨髓移植案例。捐赠者也是北大的学生。

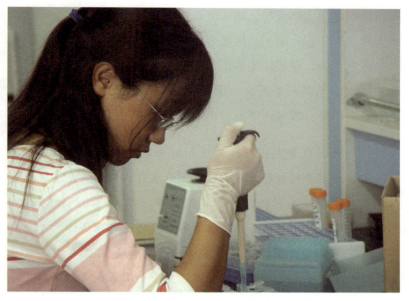

徐诗凌在实验室工作中

友爱的共同体

这些成绩,对于一个学生社团来说,从各方面来说都是极为出色的。在一个刚刚走进大学校园的学生眼里,阳光两位领袖人物的故事,就是发生在身边的英雄梦想;而响应他们而聚集起来、时时紧张工作到深夜的阳光骨干团队,都在为一份理想事业而全力以赴。光荣、热情、理想,这些从前只在小说里读到的词语,这时都闪耀犹如火焰、犹如明灯。直到现在我写下这些回忆的句子,还能感觉到激情在血管里隐隐鼓动。

年轻学生的激情大体是一致的吧。每年阳光招新,总能吸引不少学生。2005年3月我不满足于观望,正式参加了阳光的工作,选择的是阳光热线部门。这是一个常规化工作的部门,主要工作就是在值班期间,接听患者咨询和有意捐赠者的电话,打出通知采血检测的电话。其时校团委给阳光在南门边上的24楼里分配了一个小办公室,兼作热线办公室、储藏间、会议室和活动筹备场所之用。热线的志愿者就在这里值班。我已经不记得我第一次走进办公室，第一次接起电话，面对听筒那头的陌生人说拗口的医学名词，是怎样的情形了。但是那感觉一定是非常鲜活而敏锐的，因为在三个月后，我在学校 BBS 的阳光社团专版上发表了一个帖子，零零碎碎地写了热线工作的一些体会，诸如：

　　通过口音和措辞，大致判断来电者身份背景和文化层次，并以此对自己应答的口语化程度作出相应调整；

　　询问信息时如何使用礼貌措辞，尤其是询问姓名时如何恰当使用拆字法、组词法等各种技巧进行确认；

　　电话通知报名捐赠者前去采血时，要记录不能前来者对时间、地点的特殊要求，以避免下一次采血活动通知时再次犯忌，引起对方的反感。

　　这是我在阳光版面发表的第一个帖子。后来这种又详细又实际的谈工作长帖成了我的特色。

　　五一期间，阳光在未名湖边进行宣传、募捐和义卖，我报名参加了三个全天的工作。抱着捐款箱和义卖物品迎向陌生人，开口搭讪并迅速引起对方的兴趣，这对学生来说是一个极大的挑战。但在激情的鼓舞下，一切都不是问题。义卖过后，我又参加了几次采血服务，并受委托担当了其中一次的负责人。头一回负责活动，让我忐忑不已。好在操作已有惯例，大致是落实一百多位采血者的资料，带领十六名志愿者到达与我们合作的医疗机构，分配岗位，监督工作，现场交流，应付机动情况。6月份，我经手了一部分数据录入，又设计和主持了几次全体联欢会。9月份，我甚至跑到负责检测的基因研究所，干了一天的 DNA 提取。至此，阳光所有部门的主要基层工作我都体验过了。此外，我还在办公室里把过去三年中整理或未整理过的过往资料全部读了一遍。

这般活跃和主动的状态，在我身上也只出现过这一个时期。这个状态太不同寻常了，犹如把整个人的开关扳到了"工作"档。只要一碰上和阳光挨边的事，我的感受和应变就异常敏锐。那也的确是一个充斥着新事物的时期。我一直与书本为伴，何尝想过实务操作要落实什么大目标和什么小细节。更重要的是，作为在大城市和校园里长大的孩子，我直接接触人群的机会并不多。但是在阳光，我看到了陌生人社会里的善意和热心，也收到过谩骂和冷漠。2006年4月我参评"北京大学十大杰出青年志愿者"，在材料里写下了这么一段话：

> 我总会想起在阳光热线工作的日子。在这里我接到过那么多的电话，来自社会各个阶层，怀着各种目的，用不同的口气。每当我听见带着浓重口音的患者一字一顿地读"慢性粒细胞白血病"或"严重再生障碍性贫血"这样奇怪而拗口的名词，唯唯地询问查询骨髓配型要怎么收费，那种小心翼翼的、有时甚至是恭敬的语气总使我的心里揪一下。
>
> 这是我一直怀着一种严肃和异常认真的态度对待阳光的原因。

然后又写：

> 阳光人，这一群有激情、有思考、有行动力和执行力的理想主义者，在某种意义上正是我的理想。我相信，我们一定能通过行动为某个群体改变些什么的。阳光志愿者不是一个在校期间玩玩就过了的身份；面对一个群体，这实在是

一份要用对他人遭遇的切身疼痛、深入的思考、果决的行动来推进的不懈怠的责任。

热血与冷眼

在后来的半年中,我承担了更多的实务。2005年的七八月间,我一直在广州进行"阳光广州行"的前期联系,同时联系11所高校和3所中学的志愿服务社团,洽谈合作意向,落实活动形式、确定财务管理、宣传方案、资料配套等各种事务;从广东团省委和省青协听取了建议;在总体活动策划案之外,又不停笔地撰写了志愿者培训资料,结合自己的义卖经验,列出了志愿者可能遭遇的一般或刁钻的问题,并给出了标准回答和处理办法。9月份以后学期开始,这项工作交由阳光的全职志愿者负责。"阳光广州行"在当年12月成行,带来两千多个数据、四万多善款、大量媒体报道。广州当时还没有自己的骨髓分库,这是这一观念在当地的首次传播。

9月回到学校以后,正琛和仿仿开始戏称我为"办公室主任",让我带领阳光热线团队,并负责办公室的事务管理。此前,阳光热线只有最基本的轮班制度和口头的职责说明。但这是个面向公众的服务部门,也是阳光建立公众形象的常设前线。于是我首先着手的就是撰写热线志愿者技巧培训资料,与医学资料《造血干细胞捐赠者手册》配套使用。在我的经验里,一名合格的热线志愿者,应当准确地掌握相关医学知识,应当学会严谨地记录,应当了解阳光和合作伙伴的工作,以便向来电者介绍,并在恰当的时候将问题转交给其他部门;他还应当能从口音、语速、用词等声音信息判断来电者的身份和心理,适时给予含蓄的安慰、温和的鼓励或者干脆的配合；他应当掌握应答技巧，用声音塑造温暖、可靠、专业的形象。我不厌其精地在培训材料里列出这些问题，在实践中手把手地示范，让大家在例会里分享和分析彼此的经验。在领着新志愿者学习的同时，我自己也在学习怎么做一个团队领导者。

　　身为普通志愿者和成为一个部门的负责人，所见所想相去甚远。成立九年以来，阳光经历过两个转型：从以激情和理想为特质的小型组织变为规范化、制度化的大型社团；从学生社团跨出校园，成为专业的注册公益组织。其实，正琛最初的梦想、阳光所应承的任务，就决定了这不能是一个让大家来"玩一玩"的学生社团，而得面向社会，用可持续的工作方式扎实地推进这项事业，这个要求，是流动性大、见识和经验有限的学生难以满足的。

　　我进入阳光的时候，阳光刚好处于第一个转型期。十来名学生在宿舍里连夜奋战，扛下一场大型义演的故事，是阳光草创时期的传奇。但是一个拥有近二百名志愿者的社团，却不能重复同样的路数。正琛和仿仿开始推进制度化，期间生出了好些波折。有好些老志愿者感觉彼此之间不再能亲密随意如战友，因而离开了协会。这时的我和几个兄弟持着尖锐的"制度化"立场，批评这种"非理性"行为。与之同时，我们使用表格、编号、条例、工作手册、工作邮件等文书形式，努力使各部门的日常活动都有章可循，不会出现"少了谁就做不成"的情况。

　　这的确是有效维持工作的办法。这其中又有多少问题可以琢磨呢！我意识到，虽然硬的制度能维系组织运转，但保持组织活力、将众人拢成一个整体的，其实是软的情感因素。文书规定应该细致到什么程度，怎样既保障规范运转，又给个体的热情、能动性和整体的改进提升留下空间呢？怎样在日常和在一次次聚会中消除条例规定的冷冰冰痕迹,建立和巩固起一致的认同感呢?我对自己带领的志愿者们怀有的感情和保护欲,怎样在团队领导者的身份中恰当地表达出来呢?再者,志愿者们能从团队和团队工作中得到什么,这个小团队又会怎样塑造他们呢?这一切都是可控的吗?至少在当时,我毫不怀疑理性化的力量,但也同时觉察了自己身上对于"理性化"的非理性激情。

  一个学期将尽,十位热线志愿者都认真地写了工作总结。那都不是应付任务的套话。他们真诚地写自己的见识、收获、愉悦、触动和不足,提出意见和建议。他们在技能上还不完美,但是已初具理想志愿者的意识。我为此欣慰非常。

  2006年4月,阳光推荐我参加当年的"北京大学十大杰出青年志愿者"评选。这是一个出乎意料的荣誉,因为这时我已经不再负责协会里的具体事务,只挂着一个副会长和顾问的牌子。但在老友的坚持下,我开始着手准备评选材料。

  评选办法包括公开投票和评委答辩。我很快发现,这些流程中有着太多的可操作空间,评选结果并不一定真正反映该候选人在志愿服务上的贡献。评选组委会为每一位候选人制作宣传展板,让我们在BBS上进行宣传,在公开投票的现场则可以散发传单。如何针对不同的媒介设计不同的展示内容,如何在有限的篇幅内最快地吸引路人的注意力,怎样把零散的工作统摄在一个主题下展现,文字和图片怎样组合才既赏心悦目、又有效传达信息,煽情和冷静的尺度怎样把握,会引起读者怎样的观感,这都关系到公众宣传效果和公开投票的结果。而在答辩环节里,PPT的结构和图文设计,口头陈述与PPT的配合乃至候选人的举止台风、语速语调,都能影响素不相识的评委。这些技术问题,与候选人本身怀着对他人的关心、对现实的焦灼而完成的志愿行为,并没有什么关系,却会对评选结果本身产生关键的影响。我看到有些"亲友团"在公开投票现场用简单甚至粗暴的方式进行拉票,也看到一位为河北贫困学生出力甚伟的师兄因答辩不佳而最终落选。但对我来说,这些技术恰好就是我在阳光的义卖、热线、对外交流和对内培训的工作中反复琢磨过的问题。这个称号的最终获得,带给我对制度的观察和警醒,远甚于喜悦。

行动与智慧

在好几年以后,我才慢慢接受每个实存的组织和制度中总会出现的比其设计原型更复杂、更微妙的因素,并且开始学习如何评估这些不那么理想的成分。但是在2006年,实际与"型相"的距离还是一个不小的打击。我退出了阳光的工作,全心投入到书本和课程里。

但是阳光一直牵动着我,正琛在准备注册的时候,在从学生社团向专业组织转型的过程中,也还回转来询问我的意见。我这时眼睛变得复杂,又收敛心性,谨慎非常,难以为他提出果决的建议。只是后来在读到韦伯、涂尔干、托克维尔,在浏览教会史,甚至在琢磨中国和西方对立身养性的诸家论述时,在阳光的经历都隐隐浮现。这些历史、思想家的洞见、各个命题,便鲜活起来了。而正是在这些书本中,我开始学习更冷静、更深远地理解各种现象。

公益也从此一直牵动着我。2008年汶川地震后,各个层次、各个领域的公益组织的冒头和成长是中国社会最为突出的现象之一。我注视并钦慕这一群人,在他们身上看到了最高贵和最简单的闪光,也看到人性的限度和软弱,看他们做不同的尝试,走不

阳光志愿者协会的一次活动（前排左三为作者）

同的路。这批参差不齐的行动者也许是我们的社会中，最有活力的一支力量。

  但是，阳光还在成长，国内公益界还在摸索，我自己也还在行路，哲学和公益仍然在发生影响。还远未到画下句点、作出定论的时候。我所用以自勉的是，在面对公益界诸现象时，在面对这个纷繁的社会时，唯有倚靠透彻的智慧和坚定的心性，才能把握自己，不迷于歧路，不流于狷介，不落于绝望。写到这里我恍然想到，这便是真正的勇气，智慧的勇气，也是七年前初入系门时，老师对我们说的"无用之大用"吧。

后来

> **小档案**：王立刚，男，北京大学哲学系1994级本科生，1998级硕士研究生，2001年硕士毕业后进入北京大学出版社，任副编审。十余年间为众多学者出版了百余种学术著作，并在人民文学和作家出版社发表过长篇小说。

此值百周年系庆，因得知94级没人捉笔，为避免时光的缺环，我责无旁贷地潦草一篇，算是我对王守常老师和一干同窗尽一点点心。

回忆开始于这样一个笑话：刚入校那年，也赶上82周年系庆。办公楼里举行的庆祝大会完全没什么印象，只记得每人一份盒饭，里面有一条鸡腿。某君把他那盒饭弄得翻江倒海，最后咆哮道：我的腿呢！

那一年，哲学系招了16个男生，4个女生，可说是"哲学让女人走开"的注脚。就先从这4个女生开始说起吧。

先说两个北京妞。赵小姐目若秋水，但身体极瘦，像个风铃。她声音很好听，用现在的话说，透露着一丝"岁月的静好"。当时是昌平园广播站的播音员。每天晚饭时分若没有她的声音，食堂的饭菜就更难下咽。回到燕园以后，反倒见得少了，而且越来越少，直到有一天她和她的女儿出现在我们面前。但想起她，总是当年那个静好的女孩，如果那时就是最后，该有多好。

姜小姐的眼睛像赵薇一样巨大。整个昌平园那一年只记得她成天戴着耳机，神龙出没，似乎一直在路上。听说是因为要准备转到法语系。嗯——若干年后，想象她穿着香奈儿奔行于时尚的巴黎街头，见面不说"哈喽"，而说

"崩乳"……但后来忽然听说她因为发不出法语里那个小舌音又转回来了。该死的法语,有大舌头不够你用的。后来当我开始喜欢王菲的靡靡之音时,忽然发现短发利落、面庞洁白的姜小姐和菲姐的冷艳有几分相似。

江西来的何小姐像一粒铜豌豆。她个子小小的,嗓门很大,反应很机敏,所以大一时参加昌平园的辩论赛,她是唯一没给我们班丢脸的。她人小,但却做过我们的团支书,蛮有领导的决断力,说话办事都很干脆;干脆不了的时候也不忌惮和男同学吵架,实在不成还可以到守常那里撂挑子——毕竟还是个小女生。可惜我们那时候都不懂那是她撒娇的方式。最小的苗反而发育得最好,她后来去美国读了博士。

来自黑龙江的尤小姐,最有发言权的应该是Q君。因为Q经常迷惘,经常彷徨,经常发现生存意义的危机,尤小姐充当了他的疗伤师。有一次甚至两人深夜不归,弄得守常发动全班搞地毯搜索,最后两人披着星月的光辉缓步归来。

剩下的16个男生,应该先说河南的W君。他是复习多年考上来的,一脸胡子,不知道的还以为他是班主任呢。对于W,我们所有人都觉得他一身的压力,若现在可称得上是"鸭梨哥",或者"亚历山大"什么的。"鸭梨哥"年纪大,所以首先就面临着尽快成为哲学家的任务。他经常坐在床边痛切地说:萨特27岁就成名了!鸭梨哥的家境不好,虽然把奔驰奖学金给了他,可解燃眉之急,但要分给自己用,给老爹那一家子用就捉襟见肘了。鸭梨哥还忍受着生理过于成熟的压力,经常听他说某某女生的皮肤真嫩啊。一个"嫩"字说得特别热切又有点辛酸。但最心酸的是,W最后放弃了成为哲学家的梦想,和我们过同样的生活了。

另外一个内蒙的W君,年纪和河南W不相上下,但比较洋气。头发用发胶一丝不乱地梳向脑后,虽然有点佝肩,但不失为一个"帅锅"。而且他自己说混过黑社会,挨过江湖洗礼,所以可说是世事洞明。我们还没把学校的路认清楚呢,人家已经是学生会里的"大咖"了。而且回到燕园之后,他照样能操作全校的学生会选举,让后来转系到我班的翁某如愿以偿了。大一时学校贴出了一个旷课榜,他旷课140多节,多门挂掉。但回到燕园后,他虽仍然旷课如旧,但展示了超级考试男的实力,依靠突击,除了英语,全都九十多分。他真是个活明白的人,毕业后我们个个阮囊羞涩。他已经开着别克往返于几套房子之间——那可都是在房价变态之前购得呦。

和他同乡的C君是个平静的愤青。我还唱着《一封家书》的时候,人家已经听过Nirvana和"枪花"了。有段时间经常和他聊聊摇滚乐啥的,把我刚从图书馆的音乐杂志看到的摇滚动态巴拉巴拉。本科毕业后他回内蒙,好像在电视台工作,后来又回到北京。守常召集聚会的时候,他侃侃电影什么的,深刻;侃侃社会问题,也深刻。然而这个社会并不怎么成全深刻的人啊。

和C君的强壮不相上下的D君是安徽人。口音和表情起初都非常淳朴。后来突然听说他是旱冰协会的会长,能做出让纯洁之女生惊叹的各种花样动作。像我等这般只能僵尸一样滑行的人始终无缘得见。他后来忙于社团工作,心思好像很少放在班级里,后来他去了某区政府工作。老D,常想起你那少女般腼腆而憨厚的笑容,你会是个好官吧。

D君的同乡S君和我同宿舍两年。两条浓眉毛几乎连在一起,他灿烂的笑容是我对那时最美好的回忆之一。S君很憨厚,很少发脾气。上铺的Q经常骚扰他,甚至是身体骚扰。他不怎么深刻,证据之一是经常听一盘琼瑶剧的电视剧主题音乐的磁带。当他一个人在屋子里时,就会打开随身听,让"梅花开似雪,往事如云烟"、"情人啊亲亲,走到我窗前"这些凄婉的歌词和哀怨的音乐拥抱他。

经常骚扰S的Q来自江西。他小时候一定是个多动症的孩子。据说他第一志愿就是报的哲学,所以也拿了奔驰奖学金。他用这钱可以大手大脚地买书。他没入学多久就开始读海德格尔、萨特、齐克果等这些干尸级大师。所以很快就迷惘彷徨了。守常、尤小姐、赵小姐等都在他精神恢复健康的过程中起到重要作用。上课时他老是问老师诸如"什么是幸福"、"什么是真理"这种问题。我们以为Q对学术的兴趣就如同小孩一样不会持久,没承想他最后还真去德国读神学去了。神若让他能静下来,是我们那个班的幸事。

经常和Q争论的是湖南的J君。J像很多湖南人一样矮个子。但气派很足,说话有点主席腔,颇有些惟我独尊的感觉。J君的父亲据说是铁路局的,他不用节衣缩食以及操心以后的生活。按照哲学是富人从事的事业来讲,他是我们班里比较合适的。他的书读得也是有板有眼。后来做了系里学生刊物的主编,记得在里面署名的时候,他的笔名"雪麓"后面还附加一个括号"血路",弄得白里透红。每次聚会或集体活动,他总要迟到5分钟,是比守常还大牌的领导。他晚上待大家酣睡的午夜时会起来,如密涅瓦的猫头鹰。他在宿舍的黑暗中散步或吃方便面,同时思考或写诗。本以为他是班里唯一有潜质成为学者的,后来毕业却去做官了,但似乎又没做到究竟。小J啊,切不可跨着门槛,一脚学,一脚仕,那叫"卡门"啊。

和 J 同乡的 Z 君来自湘西。那里被电影塑造成匪气勃发之地。Z 个子也不高，但走路时挺胸拔背，说话带着湘式的霸气。人说湘西的夷人会唱山歌，他的歌唱得也很好。他同宿舍的 L 君也是个气壮的，两人经常斗齿。Z 君的英文发音带着湖南的豆豉味道，如 control，他会发成类似"看雀儿"；但后来他发奋了，成为本科时班里唯一考了 GRE 的人。他很有正气，后来去了校办，不知道那里适不适合他。具体负责写很多官文，所谓案牍劳形，Z 君多保重啊。

跟湘西接壤的广西来了两位"帅锅"，而且都姓 T。大 T 个子小，梳着潇洒的中分，露着明亮的额头，穿着西装，戴着眼镜，非常有文人的气质。由于方言的影响，平时说话都带着韵，走路时也有点像台步，使小小的身材辐射出壮阔的范儿，就如国画的特点"咫尺有千里之势"。他笑起来很阳光，但眼神总有点忧郁。后来无意中听说他身体不大好切除了一只肾。毕业后他去南方做了中学老师。但据说领导比较混账。后来在大觉寺重逢时，他开始跟我们谈《了凡四训》。这世界对善良而单纯的人并不友善。也许彼岸更好，否则彼岸为何译为"菠萝蜜多"呢。小 T 个子倒大些，也是善良而单纯，正如那里的山与水。他的眼睛仿佛戴了天然的黑瞳，清澈得就像顾城诗歌里的眼睛，特别能激发女生的母性，经常会有女生来套词。他经常弄一些小玩具，小饰件什么的，用现在的话说"很萌很萌"。但他和女生似乎最多就是朋友。他说话也很萌，例如"为什么"总是说成"喂婶馍"，不是台湾腔或娘娘的那种，而是小男孩学说话时期的那种。以他的性情来学哲学像冷笑话，就像将来你的儿子坐在你的大腿上忽然跟你唱道：世人都说神仙好，惟有功名忘不了……他应该属于童话。后来他去了新加坡，永远定居在那个温暖安宁的北半球海岛。

　　福建的 Tao 君最后和大 T 有了共同的精神归宿让我还真有点吃惊。本科的时候他和谁都不大粘连，上课时往边角一趴，如同围棋布局时的一子。有一段时间他苦练胸肌，或许这样可以让小个子看起来大些。他弄了一块大石头放在宿舍里，有时一进屋，看着他叉着腰，暴然变宽，瞬间会想到膏蟹。毕业保研时他去了中山大学，在那里浸入到国学，进而佛学。后来看到他那温婉的妻子也是看破空色的神情。真的为他们祝福。

　　我们班男生多是小个子，我这样一米七出头的竟然要在篮球比赛时打中锋。徐州来的两位是班里比我高的两个。大 L 国字脸，说话也很冲。本来也是群众，后来有意识培养自己的领袖气质。先从主导宿舍的局势开始，经常遭到同乡 W 君和湘西 Z 君的抵抗。但他并不苦恼，因为只有挑战越强，锻炼价值才更大。他这样可以训练自己的辩才和精神力。不过他大概忽略了锻炼是双向的，W 和 Z 也跟着能量暴增。不过大 L 还是通过张仪苏秦的策略成功地凝聚了我们这帮群众，选了他做班长。官虽然小，但朱元璋难道不是从沙弥做起的吗。毕业时他先去了福州后来又去成都读了 MBA，再见时就满口"盈利模式"、"边际效益"云云了。刘邦起于沛，他原来也经常提到这个同乡。我若有时间写英雄穿越，可从他身上提取很多。

　　而大 L 铁杆的同乡 W 君则完全没有什么雄心壮志——无意诋毁，他后来的老婆也如此说。W 也是国字脸，很英武，但内心却有块很温软的地方，经常和小 T 在那里摆弄一些小玩意或小游戏，一搞就是一天。后来上了研他就迷上了电脑游戏，没日没夜地玩。为了避免打扰同宿舍，他甚至练就了黑暗中操作键盘打通关的神功。即便后来交了女友蜜思高也不能改变他的执著。

蜜思高和他每次在公开场合总是一前一后,相距一到两米,像怕追尾。后来他去了国安局,据说也是游戏依旧。国家安全是大事,W君且不可儿戏啊。

大L在宿舍里最能拿住的人是小L。小L是山西人。瘦又有点弯,像齐白石的虾。大L经常教育小L尽快去除从太行山这等老少边穷地区带来的习气和思维。小L基本上是处处忍而柔的人,但也演示了几次兔子急了会咬人。后来小L找了一个特别会管理他的老婆,过得很美满。

和小L同乡的S君的姓非常特别,从字形多以为念圭,圭又谐音龟,自然不好听。但这个姓据说标识着一种特别的血统——匈奴人?体质特征是小脚趾的指甲是分成两半的。一次在某人过生日,大家要切蛋糕的时候,他脱了鞋袜捧起脚丫子给守常和我们出示。S毕业后专门去搞IT了,转型非常剧烈,据说是因为IT行业收入高,而他谈的恋爱是很昂贵的。S上学的时候是比较严谨温和的,IT几年之后,就完全放开了。Q的婚礼上,他纵横捭阖,把气氛弄得很火爆。之后,Q跑到我们那桌迷惑地问:"今天他怎么了?"我们也迷惑了,反问Q:"不是你请他来做司仪的吗?"Q摇了摇头。S君经常挂在嘴边的话:咱们学哲学的……我还真想问他:"学哲学的人喝酸奶就不粘嘴唇吗?"很多人学哲学彷徨了,崩溃了。但S君或许学到了真谛,他经过很多挫折,但每次聚会都那么意气风发。勉乎,勉乎哉。

最后要说到本科时的班主任守常老师。他是做中国哲学的。大一的时候,他的学识对我们来说就是仰之如山岳,俯之如沧海。而且他的人格也和我们对传统学问的想象高度一致,是宽而仁的长者。他关心我们的精神,有些同窗会去他在昌平园的宿舍长谈。我这样矜持而腼腆的人却错过了那段机缘。他也很关心我们的身体，经常自己出钱请我们20个人去饭店暴吃。他曾经教诲我们要如何如何，不要如何如何，但后来实践证明，我们这些学生大多把"不要"后面的宾语接到"要"后面了，难道良师益友不总是遭到背叛的吗？北大的空气不会通过鼻孔进入我们的身体，对于那时的我们来说，守常就是这所大学的化身。这样说并不让我感到肉麻，我们或许只是守常师带过的班级"之一"，但他却是我们在这所大学里唯一的班主任，也是我们一生里最后一个班主任，是那个把水温从99度提高到100度的人。没有这一度，就没有任何升华。记得有同窗曾经拿守常的学问和另外一位大名鼎鼎的学者比。但我以为如果我们能穿越到鲁国，见到孔子，守常一定比那人更像。处事总有义礼可依，所以总是那么磊落正气；但又知道权变，所以总能得人成事。他是清末学者王懿荣的后人，但从没对我们提起过。对于那些大牌学者的门人，我从不羡慕。我知道有种学问不属于名利。孔子用他的生活本身示范了这种学问，而且机缘聚合，拥有一批善于传弘的杰出弟子。但一个老师怎能保证自己不恰巧碰上一拨平庸的学生呢。弟子虽然平庸，但后来终于能学会去爱，也算是师教仅存吧。就让我用微博上常发的一段话给我的师友同窗和所有承受生活的人们，"揭谛揭谛，波罗揭谛，波罗僧揭谛，菩提萨婆呵"。

用青春品味哲学

青春的呢喃和呓语，小小的，轻轻的，
若有若无，若即若离，就像四月里的第一场薄雾。

它是青春暗夜里的悸动和苏醒，
是对生命与幸福、自己与他人，最初的叩问，
在彷徨与踉跄、激进与高歌之间，
每一个年轻的心灵，都在追问，追问着一切。

而哲学，这来自远方的古老的咒语，
第一次地，在时间荒野的深处，在天地未分的开始，
向你召唤。
它站在生命的轻与重、悲与喜之间，
仿若一个最温柔深沉的拥抱，滋润一颗颗年轻的心。

青春的悸动，是哲学在身体内跳动的脉搏。
当歌声划破暗夜，找到归乡之路的人，将再次远航。

生命的学问

> **小档案：** 赵金刚，男，河南省安阳市人，北京大学哲学系2005级本科生，2009年保送中国哲学方向本科起点博士研究生，至今就读于哲学系。在读期间，曾获得北京大学优秀团员、北京大学三好学生等称号，并于2008年获得"国家奖学金"。2009年创立北京大学儒行社，并担任首任社长。

牟宗三先生有一本小书，题目叫做《生命的学问》，姑且不谈书的内容，仅仅这个题目我觉得足以概括我进入北京大学哲学系这几年学习、生活的体会，我甚至觉得没有另外的词汇可以更好地概括我这七年的感受了。"生命的学问"，是说有一种学问不是你单纯用智力就可以了解，它需要把你的人生体验的点点滴滴带入其中去理解，也需要用一种温情的实践去实现它。

一

能进入哲学系学习，对我来说有点偶然，但也是一种必然。高二之前，我一直喜欢历史，特别希望大学能够学历史专业。在学习的间隙，自己一直在努力地阅读各种历史书籍。然而，随着阅读的深入，却觉得自己有一种莫名的空虚，自己喜欢的人物一个个被偶然性击垮，我那时觉得历史的发展似乎并没有什么必然性可循，而这种感觉让我变得茫然，似乎丧失了一种确定性。于是，就在学校的图书馆瞎晃悠，随便拿一些书来读。有一天，偶尔翻出一本小书，作者是尼采，也就是高中课文里鲁迅说的那个疯子，书名叫做《希腊悲剧时代的哲学》。刚好那时在读希腊神话，我就误以为这本书是讲希腊神话的书，于是就开始了阅读。书的样子我至今记得，一个绿皮的小薄本，用白字写着书名。之所以会记得这么清楚，只是因为突然从那个疯子那里得到了一种确定性，虽然现在忘了那种确定性是什么，但是那种兴奋却是现在还能记起的。随后又接着读了尼采的一些书，越读自己也变得越疯狂，觉得自己要做超人，要走过那独木桥。于是从那时开始，对哲学有了几分感觉，开始觉得它很好。虽然今天自己的确定性不再来自尼采，但是，心中对尼采还保持着一种独特的敬意。

　　高中还有一件事儿不得不说。对于 80 后这一代人来说，我们接受的教育或多或少有一些反传统因素，正统教育下的我们，那会儿可能对孔子没什么太多的好感。或许由于自己喜欢读寓言吧，高中时比较喜欢韩非子，于是蛮横地喜欢法家而不喜欢儒家，当时自己可谓"反孔精英"。甚至还写过一篇周记，里面为秦始皇辩驳，总觉得他焚书焚得太少，坑儒也不过瘾。感谢我当时的语文老师徐敏，我们的每篇周记她都会读。感谢她，感谢她看过我那篇周记之后对我说的一段话：你喜欢什么东西要知道自己是否了解他，讨厌一件东西也是如此，你讨厌儒家、讨厌孔子，那么你是否了解孔子呢？听了这番话，我突然觉得，自己的态度是那么盲目，原来自己对孔子什么都还不了解。于是，开始试着读《论语》，可当时依旧没有什么感觉。可以说，对《论语》有所感觉，源自自己之后一年的复读经历。对于一个复读的学生来说，有无数的东西让我们充满压力，尤其是害怕父母的期望，总觉得自己再考不上理想的大学，会让父母很没面子。但是，随着复读生活一天天过去，你会发现父母真正在乎的不是你的成绩，他们总是担心你压力太大，他们似乎比你还要关注你的心理波动，生怕"做错了"什么而刺激到你。因为是否要复读，我和母亲有过一次激烈的争吵，这次争吵甚至惊动了整个单元的邻居。但是母亲并未因为那次争吵，对我有任何改变，一如既往地照顾我，就像她过去十几年所做的那样，程度可能更深。母亲对我所做的虽然尽是一些琐事，然而每当想起那一年，这些琐事却一一浮现在我的眼前：每天晚上11点都在同一个路口等我回家，无论是什么天气；我生病时，整夜都不合眼；当我的自行车坏了时，总在第一时间把车子送去修，而不打扰我休息；买好我指定的书给我送到学校；每天早上6点起床为我准备早餐……我实在不知道，我该如何向她表达我的谢意，我只是在我高考前的那个晚上对她这样说："我就要解放了，你也该下岗了。"我知道，这下岗对她来说是好的，她可以好好休息了，可以变胖了。那年假期有机会又读《论语》，读到"宰我问三年之丧"那条，孔子说"子生三年然后免于父母之怀"，我突然为之一颤，觉得自己虽然离开了父母那双手所构成的"怀"，但自己何曾离开过父母心的怀抱。随着这样一种情愫，自己对孔子的感觉也发生了很大的变化，觉得他所说的很多东西，恰是你生命中那些最感动你，但又最不易为你所察觉的东西。

那年北大在河南招生，没有历史系的名额。如果有历史系的名额，我或许还会犹豫一下专业问题。那年，北大哲学系恰巧在河南招生，于是，我没有犹豫地填报了哲学专业，而进了哲学系之后，对中国哲学更是有一种特殊的感情。

二

进入哲学系后，你多少会发生一些改变，这些改变可能是你在北大其他院系所无法获得的，无他，只因为这里有一群特殊的老师，有一群能够用生命的魅力感染你的老师。进入北大哲学系之后，有很多老师影响了我，改变了我，从每一位接触过的老师那里，我都或多或少地学到了一些东西，不仅仅是学问，更多的是精神上的滋养。

我们大一那年，哲学导论课是由张祥龙老师讲授的。十分对不住张老师，他给我讲过的那些知识，很多现在已经变得十分模糊了，但是，张老师当初讲课的神态，我至今难忘。每当讲到激动处，张老师都会紧闭双眼，若有所思，声音也会变得有一丝颤动；有时候他会双手背到背后，在讲台上边徜徉边诉说那些哲学家的思想；有时候他会立定在讲台的某处，一只手顺着他声音的节奏描述那些哲学名词；而有些时候，他则会稍微停顿，突然双眼放光，望向你，望向教室的每一个人。你会觉得，张老师绝不是在向你讲授一套与他无关的学问，他似乎是想把他真切体验过的那些智慧通过他的整个身心告诉你。在张老师那里，你不会觉得哲学有多么的孤傲，你会觉得哲学是可以亲近的，你会觉得只要你像台上这位大师那样，全身心地去体验哲学，哲学也会体现在你身上。

一晃七年过去，这七年间仅上过张老师这一门课，但却是永远难以忘记的课。七年过去，祥龙老师似乎没有原来那样年轻，但每次见到他，你都会觉得，他身上的那种魅力又多了几分。那种魅力不是源自于逻辑推衍，而是来自于一个哲学人对哲学的身体力行的感悟。

三

哲学，不仅仅是知识，如果一个人缺乏对生活切实的感悟，他不会体会到哲学真正的味道。从老师们身上，你会感受到那种味道，而最浓烈的酒香，只有品过才会知道。

在哲学系这几年，我把很多时间花在了各种活动上面。时常感慨，有时候甚至是抱怨，自己在活动上面花了太多的时间。当别人在读书的时候，你可能正在外面为某场讲座跑来跑去。有时候想，要是自己不去参加那么多活动，可能会有更多的时间读书，可能会学到更多的东西。但是，七年倏忽而过，现在想起，参加过的那些活动或许浪费了我一些读书的时间，但却给了我很多书本上没办法学到的东西，这些活动给了我一些机会，让我走出书斋，去感受这个现实的世界真实发生的一切。我时常在想，有时候如果一个人在书本里待得太久，他所看到的也许只是他虚构出来的世界，他认为这个世界存在的问题，也只是他脑海里虚构出来的问题。到底这个世界真的如何，毕竟不在书本之中，真的哲学也是如此，真的哲学毕竟是哲学家对这个世界真实的回应。一旦我们能够把我们生命中真实的体验带回到哲学阅读中，你会看到文本所拥有的另一个世界。

这几年我一直把业余活动的时间给了儒行社，几乎每周都会和这个社团的人在一起，也几乎每周都会为这个社团的活动跑东跑西，但自己却乐在其中。在我看来，儒行社所做的，不仅仅是一般学生社团所做的学生活动，在某种意义上，我们可能正从事着一种事业，一种需要慢慢发酵才会产生结果的事业。

这个社团的成立，源自这样一群人，他们对传统文化有着书本以外的体验与思考，他们对这个时代有着每个北大人都会有的关心与关注，然而，他们并不仅仅拘泥于书本与思考，他们希望与这个世界发生切实的关系，哪怕他们能做的事情可能只有一丁点，他们也希望走出象牙塔，为这个社会尽得一分责任是一分。

早在社团成立的两年前，孟庆楠和王鑫师兄就已经在大理哀牢山深处的乌栖完小开始了他们的实践活动。他们在山上教小孩子《弟子规》，按照《弟子规》里的要求培养这群山里孩子的生活习惯，甚至手把手地教这些孩子刷牙、洗手。他们不想对这些孩子进行什么励志教育，只是希望这些孩子将来能够做一个好人，如果有一天下到山下去，面对那个陌生的环境，他们也不会变得束手无策，不会因为那些他们没有见过的诱惑而迷失。

为了能把这项实践活动长期开展下去，为了在他们毕业之后还有人能够接着去培养这些孩子，2008年，我们成立了儒行社，希望能够依托哲学系，依靠北大对传统文化感兴趣的一群人，长期地做一点儿教育小孩子的事儿。之所以社团叫做"儒行社"，就是希望北大能有一群人，不仅仅是一起问学，还能够一起实践，能够用他们的实践真正做出一些事儿，哪怕只是一点点的事儿。

大四的那个寒假，我跟着孟庆楠师兄一起来到乌栖完小，开始我第一次支教生活，时间不长，仅有七天，但这七天是我第一次以"老师"的身份面对一群孩子。临行前庆楠师兄就和我们首次支教的几个人说过，我们教的是《弟子规》，那么，你教小孩子的东西，你首先需要做到，课堂上的"言传"只是教学的一部分，而课堂之外的"身教"可能更重要。

于是乎我们这群在燕园里习惯了自在生活的人，在这七天改变了很多之前的生活习惯。要教小孩子"朝起早"，那么我们起得就要比小孩子更早，每天天不亮，几个平时在北大习惯了"自然醒"的人都爬了起来,去小孩子宿舍帮他们起床叠被,和他们一起上早读,一起读书。要教小孩子"守礼",自己就要做得更好,在小孩子面前,平时自己一些不好的习惯,会自觉地收敛起来。由于学校考虑到我们是北大学生,是"城里来的",想要给我们改善伙食,单独做些吃的,但是,我们要教小孩子的是"本分",就不能把自己当成什么"北大人"而搞"特殊化",我们坚持和山里的孩子吃一样的东西,吃自己从来没吃过的"野菜"、"生皮",和他们吃同样的"混合米"。除此之外还有很多自我要求,还是那句话,要教小孩子的,我们首先自己得做到。我们第一次感受到了什么是"为人师表",也感受到了什么叫"身体力行",而每当看到这些小孩子,教他们《弟子规》这本"蒙学"读物里的东西时,之前看到的那些的哲学书籍里的高深道理似乎变得亲切起来,你会觉得有一种别样的朦胧的感受,这种朦胧的感受会让你明白什么叫做"极高明而道中庸"。

儒行社的一次支教活动(后排右三为作者)

大四暑假再次去了乌栖完小，在这里给小孩子们军训，为他们设计了一个庄严的升旗仪式。看着这些大山深处的彝族孩子，迈着稚嫩的步伐，神情庄重地举着国旗，朝着那木棍做成的旗杆走去，我感觉到一种别样的味道，头一次意识到我们平时可能觉得普通的仪式，会在孩子们心底种下一粒种子，在这一刻我才觉得平时书里所讲的那抽象的"国家认同"就在眼前。这次假期，系里的一位韩国师弟徐尚贤和我们一起上了山，特别感谢他，喜欢音乐的他利用课余时间，将《弟子规》的"孝悌"部分谱成了曲子，让孩子们可以边唱歌，边学习内容。这次支教的最后一天，"父母呼，应勿缓"的歌声响彻哀牢山深处，看着那些孩子的身影消失在山路那边，车里的我们沉默了，或许我们心里也都在唱那歌。

为了让更多的北大同学能够走出校园，在实践中体味书本里的东西，社团陆续开辟了广南、楚雄、洛阳、中山、哈尔滨等支教点，我也跟着社团去了这些地方。我们还在云南大学建立了兄弟社团"云南大学儒行社"，在郑州大学组织了学生读书会，我们希望有更多学校的同学和我们一起去实践，希望能通过北大的力量拓宽这条实践的道路。

每次支教过后，我都会产生一种难以言表的感觉。尤其是此刻，我难以抑制住自己的思绪，脑海中浮现出孩子们那一张张脸庞。回忆着这三年来的种种支教经历，不自觉地想起朱熹朱夫子"纸上得来终觉浅，绝知此事要躬行"这句诗，夫子岂欺予哉？！夫子所说或许恰是他生命体验的真实感受，也恰需要你我用生命的碰撞去理解诗句的含义。

现在，社团正在准备新的一次支教，我也将再次出征，而这些可能又要花去我很多读书的时间。然而，比起最初那种"怨叹",现在我却多了几分淡然,这种淡然并不是无奈的结果,而是心灵深处所发出的一种平静。我总是希望更多的人能够和我一起踏上支教的征途,我相信一个真实的而不是虚构的世界,会让我们这些读书人读出更多的东西。我同样觉得,这样一种实践,会埋下一些种子,不仅仅是在那些小孩子心里,更是在我们每一个支教队员的心里。我们的支教或许看起来并不是什么经天纬地的事业,然而我却觉得它在真实地改变着这个世界,当你作为一个主体真正地把思想付诸行动那一刻,思想就不仅仅是思想,学习哲学也不仅仅是对过去知识的一种学习。思想、哲学,恰在我们的"日用常行"之中。

或许我们还要走很远,但是,我相信,只要我们一直能够在这条路上走下去,只要我们的生命能够真正进入这个世界,这条路并不是一条没有结果的思路。或许那一朵朵与生命同色的小花正开在我们走过的路上,或许我们的汗水正浇灌着一棵与生命同高的巨树,而它就在路的终点等待着我们。

十年与百年

> **小档案**：易恒，男，湖南省醴陵市人，北京大学哲学系2010级硕士研究生，至今就读于哲学系，主要学习方向为道德哲学和政治哲学。2006年至2010年本科就读于华中科技大学哲学系，2008年赴台湾新竹清华大学交换学习。

年岁若能以"世纪"为标尺，总是让人生发出且喜且惊的情感。喜的一面自不必待言，流变中的持守定是经历了诸多的不易；惊的一面却常常在不经意的回首，远端的那个身影，似曾相识。

对于个人而言，百年或许是一个过于宏大的叙述。翻开系谱，读到一个个大时代中小人物的故事。他们曾经青春正盛，书生意气，而后，朝向未知，以飞蛾扑火般的勇气，延展开各自的选择。系谱上所载有的，恰恰是每一个具体个人用生命篆刻的一方小楷。如果要梳理个人的轨迹，"十年"或许是一个不至于狂妄的标段。

十年足以改变人许多。对于未及而立的我，过去的十年几乎占据了大部分的所谓"记忆"。十年之前，日历刚刚跨入二十一世纪的门槛，"神舟"二号无人飞船成功发射升空，亿万国人为奥运落定北京而欢欣鼓舞，中国男足第一次闯进世界杯的决赛圈，姚明还只是上海队的一个大个子；而我，正在中学的教室里，为因式分解和轴对称图形而绞尽脑汁。

初中与高中只有一墙之隔，生活也类似地质朴、规整。每天早晨，总要经历一场与睡意的惨烈搏杀，挣扎着从床上爬起，然后便转入另外一种模式，分秒必争地穿戴、洗漱、早餐。去学校的路上，理应听着准备好的英语听力，却总会积极地给自己找出偷懒的理由，然后心安理得地调出喜欢的流行歌曲。临近学校，步伐便会不由自主地加快，因为总会有老师准点出现在教学楼的入口处，"逮捕"那些胆敢迟到的学生。热衷"踩点"的我，便难逃一场负重百米冲刺。白天的课程总会被安排得严丝合缝，而我们也异乎寻常地没有对语文和物理这类剧烈的切换感到太多的不适。老师允许实在太困的同学可以站起来听讲，但是为了不遮挡身后同学的视线，那些困顿者只能站在教室后面。所以经常出现的情况是，一回头，教室后面齐刷刷地站了一排同学。不经意间，我们进入了传说中的高三，但除了亲戚问起时骤然紧张的神情，切实发生在我们身上的改变并不多。同样的月考，同样的补课，同样的日复一日。学校有一处幽静的高地，高地上安放了一张石桌，树影摇曳，遮住了直射的阳光。每周日下午停课，我和好友便会抢占这块宝地，一起自习。高地适合望远，既可以背书，又可以休息眼睛，于是便提供了一种非常有效的调节。中学的日子是如此的简单，我们可以很确定地猜想出第二天、第三天乃至过后几周的情形。但是这种重复却并不让人厌烦，因为我们可以很不确定地猜想着某个日子之后，迎接我们的是怎么样的未来。我们乐观地相信，在大树掩映的枝叶之上，定有更加广阔的天空。在这种期待中，我度过了十年中的前五年。

第二个五年开始于武昌火车站如潮的人群。如果能够给当时的自己留下一张照片，一定会是非常窘迫的画面———一个未见过世面的年轻人，肩背一个满鼓鼓的书包，拎着两只硕大的编织袋，困惑地在前方挥舞的接站牌中寻找出口。正是从这一刻起，我闯入了另一种生活。没有了父母的照料，严师的规训，生活不再是平铺直叙的理所应当,各种选择近乎唐突地呈现、冲撞、引拽。我像极了小时候玩过的一种回力车——不顾一切地往前冲,撞到墙之后换个角度继续冲,直至撞到下一堵墙。大一时参加了许多的活动,仅凭着一腔无知的无畏,对胜利的执念近乎狂悖。很多个夜晚,我与队友们在教学楼顶层席地而坐,为着准备比赛的一个个细节而争执得面红耳赤。记得有一场辩论比赛,在陈词时我说过这样一段话:"爱情不是一栋房子,不可以转让;它是一座堡垒,固执地坚守着内心的快乐与忧伤。爱情的表达方式固然可以不一样,但是真正的爱情一旦受到侵犯,真爱的人将寸土必争,寸步不让!"年轻的心便是这样,从来不知道限度,寸土必争,寸步不让。当然,大学生活是抑扬顿挫的,更多的时候,我往返于图书馆与教学楼之间,一本一本地翻阅,一句一句地札记。天气晴好,呼朋引伴,或是骑车赏玩东湖景物,或是徒步穿越长江大桥,不知所云地吹牛,天南地北地胡侃。生活如静水,流淌过喧嚣。

  2008年,机缘巧合,我来到了新竹清华大学。新竹清华大学于50年代由梅贻琦老先生主持在台复校,风格与北京清华大学一脉相承。我就学于人文社会学院哲学研究所,多得各位师长指点、照顾。人文社会学院一楼是图书借阅室,借阅室中的书桌带有隔板,于是读者便可以自居于一处小空间,不受打扰。借阅室的人一般不多,我便可以从容地选择某个角落,撰写课程报告和论文。清华大学和交通大学紧邻,由一座"清交桥"(交大的同学称之为"交清桥")相连。两校有协议,学生可以共享图书馆资源。交大图书馆最吸引我之处在于辟有一处通宵自习室,且离图书馆不远有二十四小时营业的餐店。所以当论文需要赶写,我便会去交大图书馆自习。及至半夜,口腹空空,便去要

青春味道

易恒在哲学系

一份炸鸡和一杯奶茶，一顿饕餮，重新抖擞着精神开始干活。某个清晨，我终于落下了最后一个句号，走出图书馆，薄晓的校园静谧、安详。半升的太阳将朝晖洒落在成功湖粼粼的湖面上。路旁，偶尔会有松鼠从树上窜下，一蹦一跳地追赶着滚动的松果。不远处，则是三三两两的不知名字的鸟儿，在啄食、起落、交头接耳。偌大的一片校园，此刻便由它们发声。宝岛的记忆当然不只在校园。周末，我们便会结伴出行。我们去垦丁参加"春呐"，去九份感受咖啡，去悬崖上的苏花公路瞭望太平洋的海天一色，去台南参照着清单品尝特色小吃。临离开台湾前，我去了趟阿里山。早起观日出之后，实在挡不住困乏，便在林子中的石凳上躺下。巨木环绕，鸟语花香，我便这样一觉睡去，仿佛停了时间。

2010年，我走进了燕园。一颗渴望知识的心，能够在最精力旺盛的年纪与燕园相遇，这是一段多么值得感恩的际遇。于是，我更加珍惜简单的生活。学期初，我会从各个院系整理出一份属于自己的课表，然后按图索骥地奔波于二教与文史楼；无课时，在图书馆某个固定的阅览室固定的角落读书、看报、写字；偶尔闲暇，穿过未名湖畔的人流，靠着朗润园的长条椅，读读英语，背背《诗经》；阳光和煦的日子，总会有老人围坐在一起，讲曾经的理想和年轻的故事。在园子里，我遇到了一群朋友，感受他们的引经据典、条分缕析，欣赏他们的横眉冷对、壮怀激越，也分享他们的"有美一人，宛若清扬"。时常，朋友们会聚在一起，讨论某段文本的翻译，或者某个义理的解释。经典晦涩，愚笨如我，知之者少，不知者多。然而能从旁偷得一二，便已是极大的助力。又有时，生活中遇到了阴暗，情绪上陷入了焦虑，朋友们又能设身处地，相互砥砺。大家志趣相殊，性格相异，但是在内心最深处，总是抱持着某种信念与关怀。为理想而奋斗，它本身就是一种酬报，而我在园子里的故事能够有他们的参与，又何其有幸。于北大而言，我们只是匆匆过客，如静园青草，一岁枯荣；于我们而言，燕园却化为一种气质，构成了我们面对未来的一抹底色。

十年，不及木星逐日的一个周期，却跨越了我无法往复的大半青春。十年之间，有折返，有矫正；十年之间，也有确信，有坚持。十年的变与不变，构成了我独属的轨迹，成长已像呼吸一样融化在风里。

而北大哲学系走过了百年，百年的风雨如晦，铭刻的是怎样的印迹？在泛黄的照片中，既有先贤筚路蓝缕的开创之功，也有志士一以贯之的艰辛探索，而更重要的是，这个园子中的这一群人，将整个生命的努力投入到了时代的洪流，用个体微不足道的气力推动着民族和国家。所以，百年系谱上记下的，不仅仅是一个院系的发展，更是整个民族在一个世纪中的彷徨、冲撞与破茧。

一百年前，梁任公寄民族之希望于中国之少年，"少年独立则国独立，少年自由则国自由，少年进步则国进步"。每一个少年，都将拥有自己的十年，而每一个十年，都将成全国家的百年。愿十年之青春，风华正茂；愿百年之哲学，来日方长。

散文两篇

小档案：郝戈，男，陕西省商洛市人，北京大学哲学系2000级本科生、2006级博士研究生，自2000年至2009年就读于北京大学哲学系，现任教于中国人民大学马克思主义学院。在读期间，曾获得北京大学"三好学生"、北京大学"学术类创新奖"、北京大学"挑战杯"五四青年科学奖、北京大学研究生"学术十杰"等奖励荣誉，曾在《学术月刊》等核心刊物上发表论文若干。

夜奔与寂静

真的很喜欢一个人在夜晚奔跑。然而很长时间以来，我并没有体味过这种特别的感觉，直到有一天，在下着细雨的夜里一个人行走，奔跑，在雨幕深处蓦然听到自己炽烈的心跳……我已经记不起来为什么会突然想去雨中奔跑了，也许是为了一封信，一个已经淡漠了许久的名字，总之，我已经忘却了。人是必须学会忘记的，雨夜的奔跑就是一种姿态优美的遗忘。在那一刻，我忘记了一切，包括奔跑本身。久违了，这种寂静的感觉。当它带着微笑和沉默充满了一切，我知道，我又回到我自己了。

那个雨夜，让我学会了：在夜晚奔跑，一个人，只是一个人。一个人的散步是一场思考，而一个人的夜奔则是一场祈祷。宇宙的启示秘而不宣，在起点处，我对即将获得的一切一无所知。此刻，我起跑了，熟练地穿过树丛、山丘，踏上湖畔曲折的小径。

湖泊很静，只在他和夜晚的交界处微微地泛着点月光。塔，在远处，悄悄地躲藏，整个轮廓都溶入天空的底色之中。这湖、这塔是不可分割的，他们不像我：喜欢独自承受这一片夜的寂静。风起了，他想和我赛跑吗？他追上我了，在塔下面，湖畔的柳树旁边。我仰起了头，千百条柳絮在我的正上方沸腾着，风是大海的近亲，他让我看见海的影子。那一刻，我踏在海底的细沙上，仰望：上面，绿色的波浪，斑驳的星光，无边无际。寂静，不是听到的，也不是看到的，它仿佛是一道闪电，只在一刹那，我的衣裳、肉体、责任、记忆、名字等等都从我身体上一层层地脱落了，轻轻地落在我的身后，静静地待在那里，注视着我的远去……又有谁能真正体味到那一瞬间完全赤裸的感觉呢？没有一丝一毫的羞愧和疑虑，就好像我自己跑进了大海的深处。

　　从很小的时候起，我就是一个迷恋大海的孩子。大海是一个遥远的神话。我常常闭上眼睛想象那一片沸腾的蓝色，想象自己完全被那流溢的蓝色充满，连心也不由自主地变得疯狂。而当我真的看到大海时我沉默了。大海的美，远远超出了我的语言，我的想象，我的历史。我沉默了，那一瞬间，我突然觉得：在那些喧嚣与沸腾背后，在大海的深处，原本是一片湛蓝色的寂静。

　　我宁愿在夜晚奔跑，因为比起白昼，夜晚更像是海洋。

　　在白天的时候，一个人坐在图书馆的角落里读一本心爱的书，对我来说，似乎没有比这个更快乐的事情了。戴上耳机，偶然间，掩卷沉思，世界很安静，只有歌声从天宇深处，从远方飘来。塔在不远处，在树丛、飞檐和勾角后面，在太阳下面。这就是我在夜晚奔跑时看见的那座塔吗？我从来没有这样长久地凝望过它。在淡淡的阳光下，它是那样优雅、沉静，甚至还有几只燕子从它旁边飞过，远的，近的，向着背景深处的蓝天，翅尖儿好像拨响了塔檐上被风托着的铃铛。一个人要是能永远看着，就这样看着，不需要做任何其他的事情，该有多好啊。哦，我忘了，这树丛、屋檐、石塔的背后是什么？是工地、街市，是亿万个灵魂喧嚣的梦。城市，像一条河流，在不远处，我看不见，却可以听见大浪拍岸般的巨响。最终，它是否会流向大海？另一个大海，遥远的大海。在那里，白昼、城市和人们也许能找到属于它们自己的寂静。

白昼和城市教会了人们去幻想，去奔跑，却没有教会人们怎样安静。这只有黑夜和大海才能教会他们。人应该学会安静，他们应该懂得：大海从不会受到诱惑，不会贪恋那些漂浮在他皮肤上的泡沫，也不会打破他最深处的寂静；所以，大海永远是幸福的。人是不幸福的，他们的心总是有太多向外面伸出去的触手。外面，那是些流变莫测的东西。心，触之即痛。

也许，一个人永远都不能安静下来。总是有太多的事在催逼他们，为了让自己感觉到这个世界每天都不相同，自己的生活每天都在变得新鲜。因为我们始终无法真正地承受这样一种想法：我们把石头推上山顶，它又滚回原处；我们又下去把它推回山顶，它又滚回原处。如此日复一日，年复一年……永恒轮回。这种想法会让我们枯萎，如同没有阳光的向日葵。所以，我们在白天奔跑，呻吟，流汗，我们说那是"目标"，那是"理想"，那是"理由"。我们追逐，获得，空虚，然后再次追逐……甘愿陷入另一场轮回。又有谁会那样在夜晚无目的地奔跑呢？

其实，并不是只有在夜晚才能那样安静地奔跑，即使是在白天，你也完全可以为自己创造出一个心灵的夜晚。有时，真的很喜欢一个能在心灵深处奔跑，漫游或者迷路，直到天地浑沦、遥远无极之处的人，这浑沦无极之处自然也是寂寥无声之处了。只是，这样的人，在这个世界上，实在是太少了。于是，那种全然的寂静也成了某种罕见的东西。

这个世界上，有很多种寂静在等着我们去寻求。

很久，都没有这样在晚上一个人奔跑了，可以无罪责地逃逸到一种短暂的"逍遥"中去：在这样的夜晚，我终于开始学会一点点地承受那样一份"无法承受之轻"，学会一种与风一起赛跑，和大海一起呼吸的境界。就这样奔跑，一直跑下去，一直到整个世界都安静下来。

世界两侧

在一本书的序言里，苏童说，人们生活在世界两侧——城市和乡村。他说，他的身体在城市，但是他的心、他的根在乡村，他是一个乡村的孩子。他并没有提到在这两侧中间的那些地方、那些人。城市和乡村的中间是什么呢？是城镇、河流、山野吗？是那些奔波、迁徙、旅行的人吗？它们也许永远不属于世界两侧中的任何一侧，它们只是一段过渡，一种经过，一个过程，而不是一个边际，一个方向，一个终点，一个可以停靠栖居的地方。我是一个出生在城镇里的人，也是一个总是在旅途中的人。我活在世界两侧的中间地带，总是在路上。

城镇生活带给我的，是对城市的迷恋和对山野的淡漠。城市和山野，同样是遥远的。儿时的我在想象中竭力给它们涂上颜色，把它们变成自己的领地，虽然它们从来就不是我的。它们却又是可以达到的，和许多孩子不同，我呼吸过真正的山野气息，也常常在城市的天空下醒来，我总是在这二者之间来回奔波。在长途汽车上，我渐渐长大了。

第一次和亲人一起出门远行，从一座儿时就向往过的大城市去另一座更大的城市。这座城市比我见过的所有城市加起来还要大，一座神话般的城市。第二次和亲人一起远行，我再一次来到那里。第三次和亲人一起出门远行，去的还是那里。这次不是旅行，而是求学。末了，爸妈走了，回家去了，我一个人留在那里。从此，我开始学会自己远行，从一座城市，经过乡村、山野、河流，然后到达另一座城市。一个人回家，一个人出门远行，一个人居住在那座遥远的大都会深处。现在，我还住在那里。

我所居住的是一座北方的城市。与南方的城市不同，北方城市里，几乎没有河流的踪迹。河流在城市的边缘奄奄一息，只给那些坐在火车上远远经过的旅人们留下几近干涸的巨大河床，让他们可以尽情想象这河流曾经波澜壮阔的样子。火车驶向城市，城市里没有河流。然而，城市本身却在流动，只是人们在城市深处沉溺得太久了，并没有意识到自己也正作为城市的一部分随着它巨大的昼夜轮盘而旋转。总会有一些人从这个轮盘的转动中逃逸出来，在凝神静观的一刹那看见城市的流动，看见城市的河流。我时常梦想自己也会成为这样的一个人。也许是在城市和乡村之间的河流上方穿行了太久的缘故吧，这个梦想果真实现了。那是一个夜晚，我从图书馆的书架上取出一本书，转身走向阅览区的大门，一瞥眼就看见了大门正对着的那面硕大的玻璃墙壁，突然觉得，墙的背后就是这个城市最美的部分。我走向它，久久地站住，只是凝视着，夜之河流躺在我面前的近处向极远处奔流而去。城市的河流是由密密匝匝，五彩缤纷的灯光汇集而成的。两排整饬的街灯是它的堤坝。从城市深处突兀出来的石块和金属，从四面八方挤压着这条河，让它笔直地流向一个固定的终点。这条河流是光的河流，耀眼辉煌，周而复始，一成不变。整个城市都沉浸在黑夜的大海中,那漫天遍地的万家灯火仿如在波涛中飘荡着的繁星,却显得分外孤独、微弱。城市的河流会在黎明时分慢慢消散,毕竟,城市是干涸的,它没有真正的河流。

乡村中才会有真正的河流,乡村为河流而生。从城市边缘向河流的上游旅行,我总可以找到乡村。似乎只有那么一次,我真正地接近了乡村,那是在儿时,去参加曾祖父的葬礼,随同大人们来到他待了一辈子的那个地方:一座真正的山村,有溪流,树林,梯田,农舍和麦垛。

大人们的悲伤并没有过多地感染到我们这些孩子,大山给我们的印象是那么亲切而又新鲜。白天,我和弟弟在树丛里、山坡上追逐、嬉闹,随便拉住一个以前从没见过面的高个子,叫一声"表叔"或"表哥"就可以让他从树上摘苹果给我们吃。如果遇上又生又涩的,咬上几口就扔到圈里喂小猪了。

晚上,我不睡觉,独自坐在屋子前的打麦场中数星星。在哪里也找不到如此清凉的夏夜,似乎还有些冷。那么清澈的天空,那么多那么亮的星星,甚至可以清晰地看到它们眨眼睛的动作。星空一降到低处就和山中的点点灯火甚至还有更近处飞舞的萤火虫粘连成了一片,只在一瞬间,我就不知道哪里是星光,哪里是灯光,哪里又是萤火了,我怀疑自己已在梦中。然而,在没有星星的夜晚,只能看到散落在山间高处低处,峰顶、谷坳中的零星的灯光,那么遥远、微弱,就像几个孤独的眼神,每种都不相同。每一星灯光,虽然很微弱,似乎随时都可能熄灭了,不见了,永远都消失了,但是毕竟可能有一户人家住在那里。这样的人家孤零零地坐落在一座高耸入云的峰顶,或者一个黑魆魆的深坳之中,此时此刻,他们究竟在做些什么呢?他们是否在家?他们是否也有丈夫、妻子、兄弟和儿女?他们是怎样的人家?他们怎样活着？是否也和我们一样悲伤着，快乐着呢？也许，我永远也不可能真正知道这些问题的答案。

　　远处孤独的灯光引我想入非非，思绪漂游到了极远处，蓦然间发现自己已经成了这个山村里最后一个还待在打麦场上的人。几个大人还在正堂里守灵，围坐在那副棺柩旁边，沉默不语。大点儿的孩子也钻进麦垛里去，熟熟地睡了。真的只剩下我一个人了。一个孤独的孩子，在这样空旷的夜晚，在一个山村寂寥的孤灯下无限遐想，远处，是翻飞流动的萤火，是山间星星点点的灯光，是无名的总想眨眼睛的星星……我突然想：如果现在来了豹子怎么办？这可不是瞎想，这个山村位于秦岭南麓，以前经常有豹子出没。曾祖父在年轻时，就是远近闻名的猎豹能手，曾经有一个夏夜，就像是今天这样的夜晚，村里人都在这些麦垛上熟睡，一切都很安静。曾祖父突然醒了，他闻到了什么：空气中，一种浓烈、神秘而又充满野性的气味。豹子的气味。他一跃而起，就看见它了。那只豹子，从森林深处走来，在月光斑驳的打麦场上四处游荡，像一个迷失方向的幽灵。它也看见他了，在离他不远的地方站住了。他盯着它，它也盯着他。它转了个身，慢慢走了。他跑进屋里拿来猎枪，那豹子已经不见了，只留下一片山林之夜，那么寂静，如同今夜这般。豹子总是在山野的月光下独自漫游，曾祖父一生都守望着这片山村的寂静，恍惚间，他们好像合为了一体。是的，他们原本便是一体，同是这山野的灵魂。现在，这两个灵魂都已经离我们远去了，只不过像那远处群峰之顶和深坳之底的灯光一样，还在这山村空旷的夜晚中孤独的闪烁着。河流与山野养育了他们，他们为他们共同的母亲而生死。

　　在城市和乡村之间，河流蜿蜒而行。而真正把城市和乡村连接在一起的只是道路。道路穿越河流，穿越喧嚣和寂静。我时常在路上，却依然是孤独的。

山村，河流，两座城市之间必须经过的路程。

车启动了，它们向我的身后退去，如同我的童年，我的过去，我的亲人，我的爱情，默默地向时光的漏斗中落去，像沙砾一样共同构成我们通常称之为记忆、思念、梦想和历史的那些东西。

只是经过，却很少停留，我是一个过客，总是从车窗后面往外看。我看到山峦、树林、河流，光秃的石壁上季节性的瀑布和随风摇曳的小花，河水里赤条条的孩子，桥墩下面站立在阴凉处的人们。他们是真正的乡村栖居者，世世代代祖祖辈辈居住在这里的人，河流和山野的孩子。

他们居住的地方，天然的、绿色的，那么甜美宁静，却又隐

郁戈拍摄的乡村景象

约给人一种恐惧感。我们始终不能完全接受这样一种想法：我们所乘坐的这辆车永远地停下来，我们得下车，然后居住在这里，居住在这些茂密无边的大山林深处，幻想自己可以和所有的植物、小动物用一种神奇的语言亲密交谈。或者居住在路旁的这些砖瓦小屋里，日复一日，年复一年地目视这些过往的车辆到来然后远去，幻想着这些车辆载着那些乘客到达远方，那些喧嚣，那些绚丽，那些只在传说中隐隐浮现的，从未抵达过、从未亲眼见过的城市，但是，却从来没有一辆车停下来将我们自己带走，带向远方。于是，只有很少的人真正愿意一辈子留在这里，过完这寂寥而又清醇的一生。这其中不包括我。

一个人在相隔遥远的城市、山村、城镇之间无休止地迁徙，而灵魂的最深处却久久地渴求一种安定的栖居，与可爱的人生活在一起，不再把生活当做旅行，把旅行当做成长，把成长当做一个人的流浪。孤独的流浪，是我慢慢成熟起来的样子。我在城市深处流浪了很久，像一只迷路候鸟的影子。

城市是什么，乡村又是什么呢？不要问我，我并不知道。因为我不是一个定居者，而只是一个旅人。旅人来了，走了，最终成为一个过客。当他离开城市或者乡村，当它们远远地向后方退逝而去，变成地平线上的一个黑点时，他也许才会真正发现城市或者乡村的美。一个过客所见的美，是久居城市或乡村的人无法看到的，因为正是一次次的失去和离开，一次次的重新走入孤独和寂静，一次次的回忆和遐想才塑造出了这种遥远的、缥缈的美。一个过客看见世界两侧的美时，仿如一个孤独的极地漫游者在天涯海角凝神静观太阳升起时那遥远星球的剪影。

城市不属于我，我也不属于城市，就好像乡村不属于我，我也不属于乡村。我是一个小城镇的孩子，在那里出生成长，直到在另一个小城镇长大并且变得成熟,然而我也并不属于它们,我一生都想离开它们,一生都在离开它们。"离开"对我来说,远比"居住"这个词美丽。离开,到达,离开,到达……这便是我的生活:一条河流的生活。也许,我永远都是一个旅行者,在世界的两侧之间徘徊往返,渐渐地,被其中任何一个地方深深地打动,却又不在那里停留栖居。

我宁愿做一条河流:当我回首顾盼的那一刻,思念和记忆如此美丽。

看见一棵国槐

> **小档案**：许一苇，女，浙江省嘉兴市人，北京大学哲学系2008级本科生，至今就读于哲学系。在读期间，曾于2010—2011年度担任哲学系团委副书记；曾获北京大学2009—2010年度优秀团干部、2009—2010学年三好学生标兵等荣誉称号；曾获北京大学2008—2009学年五四奖学金、2009—2010学年李彦宏奖学金、2010—2011学年廖凯原奖学金；2011年7月担任北京大学第六期学生骨干训练营黑龙江大庆团团长，带队前往大庆进行实践调研，所在团队获得北京大学2011年学生暑期社会实践优秀实践团队奖。

从宿舍到图书馆，或是四院，我总习惯穿梭于燕南园。从餐饮服务中心那头进入，踏过残破的石阶，在第一个转角处，每次都会看看矗立在草坪里的第二棵树（整修之后石阶后的第二棵树）。

这是一棵国槐。而第一次见它，凑上去读挂在上面的标牌，首先映入眼帘的却是"古树"二字，当时有些哭笑不得。后来发现，北大许多年岁大的树的标牌都是这样写的。可能有人会说这有些矫情，或者说是工作人员偷懒而不给这些树一一地标出年龄，然而，树不论科属，这样一个共名就已经让人对它们肃然起敬，这是一种对自然的敬畏，对自然界的每一个个体的敬畏，就像我们敬仰老人，而不问他的年龄。

这是一棵非常高大的树，我仰头试图看到它的冠顶，但是，我似乎做不到。阳光从树叶的缝隙中投射下来，树叶有些透明，而我，似乎对触不到的高空有些恐惧，只愿留守眼前的这一段树干。树的主干一抱有余，自地面向上

青春味道

国槐的主干

　　大概有一米半，直通通的，坚实而稳重；在一米半处有三条粗壮的枝干朝上长去，像个倒置的鼎，每条也都有石凳那么粗。其中最粗的一条枝干分岔的地方，树皮大面积地破裂了，有两截被锯掉的枝干，像是顶开了树皮，从里面长出来的一样。

　　树皮非常粗糙，就像荒地上的岩石群。在皴裂的树皮边缘，"焊"着几只干化了的蜗牛的壳，像是镶嵌在衣袖口的铆钉。树干上有一些横向豁开过的痕迹，应该是很久以前的事了，伤口也像人的一样，已经愈合结痂，合起来的地方有些下陷，两边微微凸起。这些痕迹，越看越像是它紧闭的双唇，嘴角微微下弯，俨然是一副严肃的表情。我触摸它的"双唇"，发现它们是那样粗糙而酥脆，我不敢用力，生怕稍不小心就会把它掰下来，就像面对结在伤口上的痂。酥，带有微潮的酥，告诉我它是个生命体的一部分，它还活着；脆，稍一用力即会破碎的脆，似乎又暗示着它的僵化与没有生气。我感到我的手,像是游走在生死之间。它就像一个饱经风霜的老人,对于一段我们都不知道的历史欲语还休。说？不说？最终还是用严肃的缄默来对待。也是,它要诉说的故事,我们能听懂吗？还是让这个表情定格,让人用生命去体验,去感受,去悟。

年轮,这真是大自然神奇的造物。小时候看到年轮,总要数一数,看看这棵树究竟有几岁。这棵树被砍去枝条的地方很高,我触摸不到它的切面,只得将它照下来。切面呈椭圆形,比较平整,应该是一气呵成锯下来的。年轮在中心的时候还是正圆,越向外越被拉长。年轮大概有五十多圈,一个个的圈层非常密集,间隔都不到1厘米。整个的看起来很像像"锣"样的指纹。

奥尔多·利奥波德的《沙乡年鉴》中有一篇《好橡树》,描写锯树,让那样一种机械的动作与历史相联结。这棵树也是。锯子从现在这个时间节点锯入,一年一年地深入,历史在这个时候回溯,这是一个真正的穿越,那些十年前、二十年前、五十年前,甚至更久以前的生命结构被剖开,活生生地展示在人面前。当现代化的冰冷的钢片伸入那用岁月累积起来的生命体中时,是否会有一种时空的错乱感？这是一个很有意思的过程,先是从现在追溯到过去,直到这棵树生命的始点,然后循着相反的方向从过去回到现在,最后,枝干落下了,被移走了,只留下散落一地的木屑,像是飘零在空中的历史的碎片。一推一拉之间,那么长的一段历史就这样以这种特别的方式被破解着。这棵树,在它的生命历程中,把年复一年的历史全部浓缩在了自己的身体里,默默保有着一切。人类用锯子锯开了它,历史的横截面以这样一种突兀的方式展示在人面前,树用它固有的颜色和气息——那是它的语言——告诉人们它那定格了的、固化了的史册。锯下一根枝

青春味道

残缺的枝干

条只需要几分钟的时间,而抚摸过这个切面只需要几秒钟的时间,我们以这样一种方式将历史浓缩,用几分几秒走过几十年。

有意思的是,看着这棵被砍斫过的树,我竟然不想去想象它复原的样子,甚至不觉得把那些被砍去的枝条重新拼接回去,恢复其所谓的完整性,会是一件好事,就像我们喜欢断臂的维纳斯,而不去想象她原来的样子。确实有过很多艺术家试图根据她的形态补全她的双手,但是,"复原"的维纳斯倒显得缺少了点什么。这棵国槐也许也一样,我不知道人们为什么要锯去它的枝条,为了移植的方便?为了消除病害?还是为了除去某些对人而言的障碍?我不知道,但至少我可以猜想,每次受伤之后,它都可以自我调整,自我治疗,用身体的其他部分来矫正歪斜扭曲的自己。因而,它现有展示给我们的姿态,已然是一种自我造就的平衡的美,一切都那么自然,那么协调,就像是卢浮宫的那尊断臂的维纳斯。

当我用彩笔画一棵树的树干时，总是会用咖啡色或是褐色来填涂，然而当我面对一棵真正的树的时候，总是不知道该用什么颜色来对应。头脑中储存的那些缤纷色彩在活生生的自然面前黯然失色，显得贫乏而可怜。这棵国槐，它的树干有些湿漉漉的咖啡色，有的地方是很深的有金属感的灰色，那些近看不太规则，远看划分得错落有致的纹路又是褐色和浅咖啡色的交织……我描述不出各种颜色跳换的瞬间，大自然色彩的微妙变化岂是人类可以临摹出来的？即便今天的数字化合成技术再先进，那样描绘出来的树干在真实的自然面前总是贫乏而单调的。

……

我没有看够，我也没法全部看透。

没有生物学研究的背景，带着博物学体验的心态，去亲近自然，感受自然之美。也许没有一个专业名词，没有一个精确的数据描述，但是，事物触动神经的刹那，还来不及概念化，来不及下定义，这时候与生灵的遭遇是一种刻骨铭心的邂逅。

幸福是什么

> **小档案**：王倩君，女，北京市人，北京大学哲学系2009级本科生，至今就读于哲学系。在读期间，曾获得北京大学第22期党的知识培训班、北京大学第18期党性教育读书班优秀学员，2010—2011年哲学系三好学生称号，2010—2011年华藏奖学金、2011—2012年杨钦清奖学金。

哲学家们大都把幸福作为人生的最高追求。他们用一个个严密的逻辑结构建立起思辨的大厦，他们严丝合缝的论证将幸福支到遥远的精神世界。我们苦读经典，在沉思中寻找幸福并无错误；不过时而，我们也需要放下书本，走出书院，看看外面的世界存在的小小的幸福。虽然这些小小的幸福不像终极的幸福那么伟大，但是抽出时间，放慢疾驰的脚步和急速运转的大脑，寻找身边的幸福，又何乐而不为呢？

幸福的事发生在中午吃饭的时候。终于上完了一上午的课，停好车，挤到农园食堂，挤上二层，挤到主食厨房附近。突然，眼前一亮，发现以前放地瓜的台子上多了一个盘子，定睛一看，居然是紫地瓜。哇，紫地瓜好啊，味道甘甜，富含膳食纤维，含有花青素（治痛风）等多种微量元素，美容养颜，防癌抗病……怎能错过，于是就义不容辞地排起了队。眼看着前面的队伍一点点变短，但是地瓜也越来越少。急切渴望前面的人买点别的好吃的，但为了哲学系的儒雅传统还要装作面不改色心不跳。我目不转睛地盯着盘子，还有五个，三个，两个，一个半。终于到我了，一个完整的地瓜乖乖地躺在盘子里，等着落入我口，这让我长舒一口气。当时我立刻产生了饱餐一顿的口腹之欲，口中唾液激素分泌。然而，电光火石之间，我突然想到，如果我把这个地瓜独吞了，后面的人会不会失望呢？他们排了这么久都没有吃上地瓜该怎么办？要是我前面的人也像我这么贪心，那我该多么痛苦啊！于是，我毅然跟打饭的阿姨说："您好，我要一半紫地瓜。"她说："够么？"我说："够了！"只见阿姨欣慰地看了我一眼，点点头，左手称地瓜，右手拿盘子，再把盘子递给我，说："一块八。"我接过盘子，打了卡，最后看了一眼盘子里的另外一半地瓜，潇洒地回头、转身、心一横、向前走。但是此时我的内心是幸福的，因为我听到后面的人喊："那半个紫地瓜我要了。"我觉得我做的是对的，我没有让一位同学因未能吃到地瓜而沮丧，我克制了自己的欲望成全了他人的口福，我觉得自己是有道德的。因此我是值得拥有幸福的。突然，一个尖利的声音划过耳旁，只听大妈一声高喊："老刘，再拿一盘紫地瓜！"顿时，我纠结了，原来还有这一招，我觉得我被自己的道德骗了，不就是一个地瓜吗？我怎么没把那半个也吃了呢？就算吃了后面的同学也不会饿肚子啊？但是回头一想，不，我做的没有错，在我不知情的时候，我能与他人分享一个地瓜，这一行为本身足够让我感到幸福了。我怎么能因为那个地瓜不是最后一个就贬低自己的良心，否定这一行为的价值呢？顿时我又释然了，端着我那半个地瓜，满载着幸福走去。

幸福的事发生在给地铁站里乞讨的大爷一块钱的时候。刚坐上地铁，身体跟着地铁的震动懒散地左右移动着晃啊晃，困得眼皮直打架。突然，地铁里有一阵微弱的80年代的音乐声传来。随着声音越来越大，只见一个挎着包，穿着粗旧衣服，满头白发的老妪，从后面蹒跚着走了过来，身后还跟着一个牙齿几乎脱光，有些秃顶、同样褴褛的老爷爷。他们边走边喊："帮帮忙吧，各位姑娘小伙，帮帮忙吧，谢谢啦，谢谢啦。"但是几乎所有的人都别过头去，假装没看到他们，剩下的几个人则对两个老人指指点点，还窃窃私语地说："这帮人，都是假装的，都是有组织的……"我当时心里一震，顿时想到确实有这种可能，但马上又开始扪心自问：你怎么能有这种想法呢？这些老人家丢下脸面，来这里乞讨，你怎么能因为自己有两个零花钱就把人心想得这么险恶呢？是不是在为自己不想给钱找借口呢？是啊，他们肯定是有什么困难才逼不得已才来乞讨的！给吧！于是，就拿出一元钱，放进了老妪的手里。恰好到站，我就下了车。此时，我内心感到了幸福的滋味，因为我觉得，我做了该做的事。过了几天，我又乘这趟车。在月台上，我又看到了他们两个，他们仿佛没认出我，继续重复着相同的话，伸出同一只向其他人要钱的手。顿时，我有一种上当的感觉，有种被欺骗的感觉。我意识到他们真的是常年在这里讨饭的团伙，以此为生。那我为什么还要给他们钱呢？我记得谁曾对我说过，你爸妈的钱又不是大风刮来的，为什么要给这些不劳而获的人呢？在那一刹那，我真的有冲动去揭发他们，我觉得当时的幸福感变成了嘲讽，让我对他人的同情感变得卑微。我是否以后再也不该给这些人帮助了呢？不，不对，我还是应该帮助他们的，即使他们是骗子，即使我的帮助显得幼稚和天真，但是在我确定有些人需要帮助的时候，我确实伸出了援手，这本身就足够幸福了。我又怎么能够做到在确定一切人都没有骗自己之后才去帮助别人呢？欺骗只会贬低自己的道德，而不会减少他人的幸福。所以，只要在我的能力范围之内，我愿意继续傻傻地这样施予自己幸福。

很多时候，我们也许会拒绝做让人幸福的事。我们还会给自己找这样那样的理由，比如也许别人不需要帮助，比如也许他们根本就是骗子。但那又何妨？让我们幸福的并不是他人的反应，他人的回报，当我们按照我们认为能够让他人获得幸福的规则去做事的时候，幸福已经降临。也许做事的手法可能会出错，但需要改正的也只是行为的方法，而不是给予他人幸福的心。所以，请不要耻于做让人幸福的事，只要有能力去做，那么就让行动先于思维，把评判留给无聊的人，坚定不移地向他人传达我们的真心："祝你幸福！"

叶落飞扬

> **小档案**：张靖祺，男，北京市人，北京大学哲学系2009级本科生，至今就读于哲学系。曾在2010—2011年任北京大学学生会文艺部副部长，2011年—2012年任北京大学儒行社社刊《儒行》主编。

　　立姐让我写写在北大在哲学系的生活，我欣然答应。然而坐在电脑之前，开始构思谋划之时，始知作好此文并非易事，几天之内全无灵感，停杯投箸，寝食难安。今天吃了午饭，难得清闲想到静园中坐坐，当身处一地的枯枝败叶之中，方明白文章不该是憋出来的，生活也是如此。

　　"碧云天，黄叶地，秋色连波，波上寒烟翠。"这句词用来形容燕园的秋色格外合适。这些带着萧索衰颓的色彩的意象，其中我偏爱落叶。"一叶落而知天下秋。"叶子总是那么守时，执著地守着一个个埋葬温暖的季节。漫步到静园，躺在枯枝败草之上，我们安静地对视着，看你在空中优美地盘旋，或被粗鲁地扫成一堆放在树根，闭上眼，听你默默地向我们讲述生命流转的回忆。静。我听到了风的声音，淡得几乎透明。叶子在静默着，似乎要开口叹息——于是整个世界蓦然回到昨天，那些过去的轮廓突然栩栩如生。

　　曾经天真地伸出手想要留下你，可你总能巧妙地从我的指缝间灵活地遁去。也曾经幼稚地追逐着你，却只能踏起一路尘埃。你可还记得，那一个个萧瑟的日子，却有一些无忧无虑的身影，和身后撒下的一路笑声？有你的回忆，温柔如你。多少次，在慵懒的午后，你让我看到了最奇异的景象：在风的陪伴下翩跹着，好像红色黄色的精

燕园中的银杏落叶

灵，在天地之间盘旋，尽情绽放生命深处最灿烂辉煌的美丽。

而今我依旧躺在落叶之间。缤纷的落叶被搓揉成细腻，在纷纷扬扬中衍化出哲思的冷峻。你在飘着，旋转着，可是无论怎样百转千回，最终也只能以一种凄美的姿势，告别天空，融入大地，被堆在墙角为时光平添一抹凄凉——你告诉我，这就是时间，无论如何也无法抗拒时间的力量——这是你的命运……寂静无声的下午，有一种怅然若失的味道让人落泪。那个暗香浮动的午后，我终于明白了，从无知的我的心中溜走的，不止是你，还有时间啊！神秘而不可摧毁的时间，一直在你我身边奔走，从未停息，也永不停息……

然而我们也总是行色匆匆地走着，因为这路长的没有尽头，纵然在这个园子里能有几年停留，也依然不知日后还有没有机会再尝这份灿烂的清寂。但无论如何，还是会有不舍，不为连篇累牍无法切身体悟的哲学思想，而为那些还没有连贯起来的记忆和感受，为那些还没有留下清晰形象的人们。无论是美好或是伤痛，不管是春的温暖还是秋的萧条，最后总得要闭一闭眼睛，回归于历史的冷漠，理性的严峻。我听着风夹杂着袅袅清音，在耳畔掠过，于是恍惚的一瞬间，沧海桑田也为之缄默。

　　风骤然紧了，叶子舞得愈发决然。其实，记忆也将一直留在这个地方，永远不会消失。年少的日子等在这里，直到未来的某一天，再次遇到你，今日的你的枯黄将变得愈加深邃清亮，少时的身影也将在模糊的空间重新绽放。

　　仰望柏拉图的星空，脚踏马克思的实地，而我今日更加懂得，抽象的思想，远远不及具体而鲜活的人更值得我们珍惜。

用哲思点亮青春

所有曾经在北大哲学系学习过的人，无论以后他/她身处世界上的哪一个国度，从事哪一种职业，静园四院都将是他/她精神世界里那个定位自己的坐标点。他们的青春与汗水曾经浇灌过这片土地，而哲学回馈给他们取之不竭的精神源泉。对每一个从四院走出的人来讲，哲学成为一种永不磨灭的生命烙印，一种变化气质之后的精神底色，以及一种指导未来人生的思想指引。

今天哲学系迎来百年生日，而日日更新的哲学永远是一个青年，而且永远应该是一个青年。我们愿这百岁的青年在新的时代中，愈发朝气蓬勃，生生不息！

并不陡峭的高度

> **小档案**：刘凯，男，河南濮阳人，北京大学哲学系2002级本科生，2006级硕博连读研究生。在读期间，曾任北京大学学生会主席、中华全国学生联合会主席、中华全国青年联合会副主席。曾于2009年以访问学者身份赴英国牛津大学交流。研究生毕业后，历任北京大学团委副书记、共青团北京市朝阳区委员会书记。现任中共甘肃省平凉市灵台县委副书记、县政府县长。

古人常说，十年寒窗苦。我读了二十年。7岁上小学，27岁博士毕业，我整整二十年的青春韶华都是在校园中度过的。而其中最后的八年，我生活在燕园——这个美丽、宁静、博大、深邃的园子，这是我一辈子最幸运的事情。回想着那些与青春梦想有关的日子，回味着在哲学系的点点滴滴，一幕一幕，忽然发现，自己在燕园最美好的大学时光、最具活力的岁月和最深刻的记忆都留给了哲

刘凯取得博士学位

学系,并被打上了深深的烙印。我想不仅是我,每一个经历过、投入过的人都会对这个家园怀有一种难以割舍的情愫。语言对于描绘感情、记录回忆,始终是无力的,哪怕是再有力的笔。不过我依然想用这支还不够厚重的笔,来写下我在哲学系中所悟出的一些答案。

我时常问自己,除了专业知识,哲学系还给予了我什么?回想着八年来的点点滴滴,心中渐渐有了答案,那就是理想主义、包容精神和责任心。

理想主义

"理想主义是一种情怀,相伴而生的还有骨子里的浪漫,它是一束可以照亮精神世界的光,让在现实中取得成功的人不那么轻浮,让生活得不太如意的人拥有精神上的高贵。"或许每个青年人的心中都有自己的理想主义情怀,特别是每一个在燕园里穿梭的学子,他们骨子里浸透着浪漫与梦想的精神。钱理群先生说:"一个人,不能没有梦。一个民族,特别是民族的年轻人,如果没有一个可以做梦的精神净土、圣地,那是可悲的。北大,是每一个北大人,所有中国人的精神梦乡。"

哲学系就是这样一个家园,她告诉每个孩子,梦想是美好的,而追梦的过程是艰辛的,不仅需要"云淡风轻"的心境,更需要"眼高手低"——从高处着眼,从低处着手的态度;她给每一个成员创造机会,让他们放手去试,无论成败如何,她都鼓励着、包容着;她把一群怀抱理想的年轻人聚拢在一起,让这些心怀梦想的孩子互相勉励、互相慰藉,让他们知道,在追梦的路上有你有我,大家不孤独;更重要的是她让每一个成员深深明白,作为一名青年学子,只有把自己的个人理想和追求与国家民族的前途和命运相结合,才是崇高的理想,才能在历史的进程中实现自己的人生价值。

母校以她博大的胸怀深厚的底蕴为我们提供了一个编织梦想、勾画理想的净土,与此同时,还赋予了我们追梦的勇气和圆梦的能力,这是我们一辈子受用不尽的人生财富。离开哲学系,我也用自己的脚步去不断接近我们的梦想。每当我回忆起自己的四院时光,回忆起那些和青春梦想有关的日子,都会在内心的最深处说道:静园四院,我梦想开始的地方……

包容精神

提到我所在北大的哲学系,可能给很多人的第一感觉就是深沉、肃穆,但其实她还有一个可能只有自己的学生才能体会到的特质,那就是博大、包容。哲学系就像一位母亲,给予孩子的始终都是宽容的微笑;她又是一个很祥和的大家庭,充满了人情味儿,置身其中,无比温馨和惬意。哲学系是如此,北大也是如此。一直以来,我都认为自己能在北大这样一所富有包容精神的大学读书,是上天对我的眷顾。在这样的环境中,学生们可以更好地增长知识,磨炼意志,健全人格。记得一位学长曾在一篇文章中写道:"一个学校只有富含包容精神,学术才能真正昌明;一个国家只有富含包容精神,才能拥有强大的凝聚力和向心力;一个民族只有富含包容精神,才能实现凤凰涅槃,迎来真正的伟大复兴。我坚信北大是这样的学校。我坚信我们的国家也会是这样的国家。"在我看来,包容精神更是一种爱,一种无私付出、不计回报的大爱,八年来,我也一直被这种爱深深地包裹着。

大爱深沉，师恩难忘。从本科到博士，我的导师丰子义先生给予了我无微不至的关怀和指导，帮助我走过了一个又一个难关。个中滋味，不胜感慨，纵有千言万语也难以表达我对丰老师的感激之情，汇成一句话：师恩如父，永记心间！与此同时，在哲学系求学期间，王东、郭建宁、聂锦芳、席大民、杨学功、仰海峰等先生都给予了我许多悉心的指导和无私的帮助，我从他们的身上看到了学术的力量和学者的风范。这些令我尊敬的师长不仅是我学术上启蒙授业的恩师，同时也是我在人格修养上的楷模。

志同为朋，道合为友。奇伟、大宇、洪浩、小强、明哲，八年同寝，情深义重，大家早已成为至亲。我一直感谢这些朋友对我的理解、包容和巨大的支持，成就了我的学业和梦想。未来的路还有很长，我们相约不离不弃，走好人生的每一步。除了这些朋友，我还特别感怀每一次师门的聚会。同一个导师，同一种感情，这些可爱的师兄弟们在一次次的师门聚会上释放爽朗的笑声，而且在学术讨论中，他们总是给予我最多的帮助，我也感受到了山高水长的同门之谊。

在这座充满包容精神的天地，每一个学子都是哲学系的孩子。她对每个孩子都充满了期待，都寄予了鼓励，都给予了关爱，她相信每个孩子的明天，她成就每种成长方向的可能性。作为哲学系的孩子，我唯有在未来的日子里清白做人，踏实做事，让师友放心，不辜负这片家园的希望。

责任心

在北大的时光中，我不仅在哲学系充分沐浴这片圣土的学术光辉,同时也在学生会中不断践行,体会付出的快乐,收获自己的能力。在学生会的四年中,让我感触最深的就是,同学们在工作中互相促进和帮助,彼此培养和巩固了一项最重要的人格,那就是责任感。

  作为80后的一代人,我们大部分都是独生子女,在成长的过程中,往往都占有着全部的"家庭资源",心安理得地接受着父母的呵护、社会的包容。由此带来的后果是,在我们这一代人身上,责任感普遍缺失。这是一件很可怕的事情,若一个人的心中没有责任感,起码说明两点,一是自私,心中只有小我,没有大我;二是心中缺少爱,不愿意为别人去付出。这样的人是不足以被信任的。当有一天,这批人成了国家和民族的中坚力量,可想而知这股中坚力量将是多么的脆弱和扭曲。

  正是在学生会的服务工作中,我才目睹了点点滴滴责任心所具有的力量。我还记得,为了给学生会买一台又便宜又好用的电脑,科技部的同学跑遍了中关村,对各种配件报价的了解程度可以和职业导购有的一拼;为了能给学生会尽量多拉一些赞助,为其他部门办的活动尽可能多地提供支持,外联部的同学一下课就跑到办公室来,一边自习一边守着学生会的电话,生怕错过一个可能的机会,他们的部长每天都变换着不同的"纹身",手背上胳膊上记满了企业的联系方式;为了能借到一个大一点的教室,使更多的同学能够听到精彩的讲座,学术部的同学每天早晨四点半就爬起来,到教务部门口去排队;一年冬天,小四教因为校外人员的骚扰成了"是非之地",给晚上在这里上自习的同学带来了很大的困扰,权益部的同学每天晚上都会自发地一起到小四教去"巡逻",维护同学们的利益,疏导可能激化的矛盾。晚上实在太晚了就挤在办公室的沙发上凑合一宿,硬是这样坚持了一个多月，直到同学们期末考试结束……这些细节，都是责任感驱动下的坚持，正是这种责任感的感召，才能有精彩的不断涌现。

我想，一个人，只有真正对集体有爱，对他人有热情，对社会有感情，才会如此负责任地去做事，真诚地去做事，认真地去做事，不求回报不求被知晓地去做事。他们做的很多事情可能都是小事，都是慢工，没有什么爆发力和左右逢源的机会在里面，但他们没有人烦躁和敷衍。我们的工作就是这样一点一滴汇集起来的。同样，每个人身上的责任感也是相互鼓励、相互巩固才能支撑起来的。唯有如此，我们为之服务和献身的集体才是一个有爱与动力的集体，有人情味的集体，一个大家愿意共同为之努力奋斗的集体。正是在这个集体中，我学会了要为自己的选择负责，要为自己的理想负责，要为社会正义负责，要为国家民族的前途和命运负责！

当我踏上工作岗位后，我总是能够真切地感受到，在哲学系的时光和收获，始终是我前行路上的最为宝贵的行囊。我真心感谢八年忙碌的岁月，感谢在燕园碰到的困难与痛苦，感谢前辈师长气质中的大气与淡定，感谢每一个和我一起学习和工作的同学的踏实与真诚。是他们教会了我，该用一种什么样的心态，去面对自己未知的人生，那就是平常心———种明亮而不刺眼的光辉，一种圆润而不腻耳的音响，一种不再需要察言观色的从容，一种不理会哄闹的微笑，一种洗刷了偏激的淡泊，一种无需声张的厚实，一种并不陡峭的高度。

我还年轻，但我会一生追求。

聚为一团火,散作满天星

> **小档案:** 陈茜雯,女,北京市人,北京大学哲学系2007级本科生,现就读于英国伦敦政治经济学院。在读期间,曾参与斯坦福大学—北京大学交流项目,并参与完成JUN政基金等研究项目。曾在2009—2010学年担任哲学系团委副书记,曾荣获北京大学优秀奥运志愿者、北京大学"五好志愿者"称号;先后参与主办三届亚洲国际模拟联合国大会,并代表北京大学赴墨西哥参加哈佛大学世界模拟联合国大会。曾获北京大学2007—2008三好学生、北京大学2008—2009社会工作奖、北京大学2008—2009优秀团员、北京大学2009—2010优秀团干部等荣誉称号,并于2011年荣获北京地区高等学校优秀毕业生、北京大学优秀毕业生。

这真是一片圣土。似乎每一个北大人在初入燕园之时,都会不禁被这片土地的神圣与魅力所感染。今天的我,求学异国他乡,每当我回首遥望燕园四院,心中盈满的是怡念与感激。因为在洗尽铅华之后,她已悄然播下一颗种子,承载着历史的厚重,又透露着时代的气息,深深植根于我的内心,启迪我人生的道路。值此北大哲学系百年华诞之际,作为2011届毕业生,我谨愿以此小文从英伦遥寄最诚挚的祝福。

有人说,热爱一个地方,往往是因为那里的人。回忆四年的燕园时光,脑海中即刻浮现出的,便是与那一群志同道合的朋友们共同挑灯奋战、抑或促膝畅谈的温馨画面。当我们为了办好一项活动而东奔西跑,为了赶出一份材料而昼夜颠倒,为了获得一次首肯而磨破嘴皮,我们已经在不自觉中建立了无可替代的友谊。当翘首企盼的成功终于驾临,那种成就与喜悦则越发令我们久久回味。我们

陈茜雯在暑期实践活动中（右一为作者）

曾一起嬉笑玩闹，也曾一起相拥痛哭，因为我们经历了相似的悲喜，怀抱着共同的理想，所以我们彼此认同、相互理解，无论国籍、性别还是年龄、专业。我想，或许这就是燕园的凝聚力——她无私地奉上了丰厚的资源供每个北大人自由抉择，为多样化个性和才华的展现提供了可能——得以成就了燕园这个百花齐放、百家争鸣的广阔舞台，同时也使我们这些如此千差万别的个体，得以在燕园相识相聚，成为知己。

然而，或许正是由于面对这千百种选择和无数的可能性，我们往往又太容易花了眼、乱了阵。我想，无论我们的志趣何在、才气何存，作为北大人，我们有能力，也必须拥有心系祖国、怀抱天下的气魄和胸襟——这也正是四年的本科生活带给我最大的改变。从我踏进这座高等学府的那一刻起，我便越发深刻地认识到，在祖国这片广袤的土地上，教育资源依然不均，有太多孩子甚至仍然在为生存而奔波；我懂得了饮水思源，始终抱有回报社

青春味道

担任北京奥运会志愿者

会的使命——我们享用着最优势的教育资源,因此我们有责任以各自的方式去感谢为我们奉献了这一切优越条件的人们,向那些需要帮助的人和不那么幸运的人伸出我们的援手,为他们创造更好的生存基础和发展条件。在这四年里,我一直在思考,究竟该如何行动才能通过我有幸获取的知识、技能和资源来为身边的人、为社会、为世界带来哪怕一点点积极有效的影响?对于这样一个庞大的话题而言,或许四年的时间未免过于短暂,但至少,我们学会了如何求索自己人生的意义,找到自己的坐标,去为实现自身独特的价值而奋斗。

当然,最让我深感庆幸的还是成为哲学系的一名学生。是谁说过,人总是在选择中生存。虽然选择总携带着风险,但也许正是每一次选择的不确定性给我们带来了无限的新鲜感与人生乐趣。如果今天给我一次重新填报志愿的机会,我一定还会选择哲学,因为我比当年更加深谙哲学的"无用之大用"。虽然我自愧对于哲学原著的理解仍然非常浅薄，但在哲学系的四年中，我逐渐体味了追寻真理的渴望，找到了实现梦想的途径，懂得了感悟人生的真谛。因为这一切都建立在明晰的逻辑、坚定的信念和宽阔的胸怀这三个基本条件之上，而这些恰恰是哲学所赋予我最无价的礼物，我相信它们必将使我终生受益。

当我还沉浸在对燕园依依惜别的怀恋中时，留学生涯这一崭新的篇章已经向我敞开了门扉。而当我终于踏上了飞往伦敦的旅途，我才真正体会到对母校和四院的牵挂与眷恋。始终记得吴飞教授在英文专著 *Suicide and Justice* 里写的那句话："The longer I stay in America, the more Chinese I become。"我想这不仅仅是一种情感，而更是一种逐渐深化的自我意识和文化浸透。而这些却往往只有在鲜明的差异和对比中才得以显现。每当我游走在伦敦街头，每当我在 LSE 的教室里与来自世界各地的同学激烈辩论，特别是每当我听到或看到同胞受到不公正待遇时，我会时常叩问自己，究竟我该如何在融入西方文化的同时，秉持一个中国人应有的姿态？更进一步讲，作为一个中国人，怎样才能够兼顾西化与自我这二者之间的平衡？相信每一名华人留学生都曾经或正在面临着同样的问题。这不仅仅是有关个人选择的问题，更涉及民族自尊心与认同感，以至于祖国的前途命运与国际地位。

而对于此，作为哲学人的思辨给予了我判别曲直的能力、理想主义的情怀和开阔的胸襟。尽管中西之间的张力在很大程度上无法消解，而这一张力往往又在个体身上迸发出难以弥合的裂痕。但我坚信，多元化的背景恰恰有助于激励每一个文化主体的内在活力，使之在保有各自优势与独立性的同时充分吸收源自多重意识形态的养分。相较于文化之间的磨合而言，更加重要的议题则是如何促进整个社会的公平，进而实现全球和全人类意义上的正义。这正是哲学与我正在攻读的专业——社会政策这二者之间的核心共鸣点，也是我选择这一方向的最主要原因。诚然，我仍然在努力尝试着将这一思想付诸实践。但德尔斐神庙的箴言"Know Thyself"始终驱使着我，不断地自我挖掘，去发现人类及其社会的本质，因为只有在这一过程中，我才有可能渐趋理解世界的运行方式和人性的真正价值，进而才有可能摸索出解决社会问题的根本途径，试图以哲学的理想照亮现实的世界。

在此，请允许我表达对于恩师、对于哲学系、对于北大，最崇高的敬意与最衷心的感谢。你们所给予我的远不止知识本身，而是塑造了我的思想甚至人格，不断推动着我在践行理想的道路上开拓、前进。这定将成为我此生最珍贵也最不可或缺的一部分。与此同时，真心祝愿所有的哲学人，都能够在各自的道路上走得更高、更远。

正如《光影交响曲》中所描绘的那样，一塔湖图好似那一缕光线，穿透每个北大人的心灵，跨越了时空的界限，传承着前辈的梦想，谱写了一个多世纪的光辉。而哲学系则恰似这幅图画中的点睛之笔，以其广博的视野和睿智的思维在过去的一个世纪中引领着北大这条蛟龙博观约取、厚积薄发，从而造就了其今日的活力，预示着明日的辉煌。这把火种点燃了我们蓄势待发的激情，也为我们描画了更加绚烂而丰盈的前程。我们每一个哲学人，正如这光线照射下的一只萤火虫，只要我们努力发挥自己的光和热，便必定能够聚为一团火，散作满天星。

祈愿早日再次聚首于让我们魂牵梦萦的燕园四院！

> 小档案：程乐松，男，江西人，北京大学哲学系1995级本科生，1999级硕士研究生，2011年取得香港中文大学哲学博士学位，现任北京大学哲学系副教授。主要研究方向为魏晋道教史、道教经典、宗教学研究方法。

味道与言道

2011年11月，我被邀请为北京大学哲学系百年系庆写一篇文章，是关于青春记忆的命题作文，心中窃喜，居然还有人认为我与青春此事有关？这对于一个已经和青春告别的人而言不啻为一种奖赏。虽然我知道这里面多少有一些编者"就近取材"的考量，我依旧欣然地来了一次自我欺骗——写一篇与青春有关的文字。在我看来，自欺这个事情的关键点，或者说伦理底线是在不影响别人的情况下让自己高兴起来。

当然，客观地说，这篇文章并不符合这个关键点，因为《青春的味道》这个题目不仅非常不适合我，而且极易引起读者关于青春概念的误解。原因大抵有四。其一，我这个人不善于记忆，特别是生活细节，更不善于讲述记忆，文笔尤差。其二，我已经和青春永别有一段时间了，青春的脚步已经成为稀薄的过去，绕梁余音都早已杳然。这个时候要我写与青春有关的文字，正如一定要我绘声绘色地描述半年前吃的一顿红烧肉的滋味一样，必难传神。其三，我一直深知文债难负，以北大哲学系百年为名的文债更是困难，当你会挑剔的时候一切都充满了问题，我那不值一提、几乎没有怎么正经存在过的青春一旦配上北大哲学系这个外套的时候就显得很不协调。我眼中的哲学是以极其严肃的态度进行着轻松的思考,而写在哲学系读书的经历则恰恰相反,需要以极其轻松的态度进行严肃的回忆,风马牛之际,满拧。最后,我的大学生涯几乎没有什么值得一提的学生活动和青春记忆:不打游戏不谈恋爱不送花;踢球的时候是啦啦队的替补;学生会对于我而言和"有关部门"一样——天天在身边,但一直不知道它的确切方位;参与的学生社团几乎是参加一个倒闭一个——比拆迁队还有效率;参加辩论赛的时候得过优秀辩手的"光荣称号"——后来才搞明白那是参与奖,见者有份。简而言之,让我回忆起来,在大学的生涯就像煤灰掉进煤堆,惬意却不着痕迹,绝不波及他人!坦率地说,我在大学期间参加的"学生活动"中最丰富多彩的就是围绕学五食堂与学生澡堂为轴心展开的日常活动——打饭和洗澡,与青春的味道毫不相干。

然而(在我的印象中,北大哲学系的老师们总是把要表达的中心意思放在"然而"或"但是"之后,如今我也是其中一员了,深解其味),我咬着后槽牙答应了,大抵是因为被邀请是一种肯定,肯定我在北大哲学系的学习经历值得被分享,拒绝这种肯定显然是有"忘本兼忘形"之嫌了。之所以"咬着后槽牙"答应,部分因为懒惰,更为重要的是,让我写这样的文字,感受是十分怯——胆怯,文字更怯!

拖字诀是有文债的懒人的一致选择,想好了几个不同的话题和故事,在过了交稿的最后期限之后才动笔,自以为手到擒来,动笔的时候才发现想到的和能写出来的完全不是一回事儿,这就是懒人的第二个毛病——这些毛病我是占全的。

当一个人被要求回忆某些特定主题的东西时,涌上来的都是不值一提的细碎和无聊,坦率地说,现在的我至少有八成以上是北大哲学系塑造的,因此,三言两语地描述总有不知从何说起的困惑。如果要我仔细回忆自己的大学生涯，特别是与老师和同学在一起的细节，能窜入我脑中的着实不多。总结起来，两句话：第一句，1995年至2002年之间，是我花了七年的时间从"本科新生"向"北大三害之首"的征途；第二句，书读了不少，读精的不多；课选了不少，不逃的不多；牌打了不少，不输的不多。

尝试用尽量流畅的语言描述关于北大哲学系的记忆细节，我陡然发现自己是完全不懂言道的。这个时候，我忍不住幻想自己成为中文系的某位文艺中年男，下笔如有神，文气沛然，可以把燕园的一片落叶写成一个秋天。反观自己，碰到这样的命题就变得不太会说话，甚至怀疑自己对生活是否有体会和感知的能力。试问，不会说的根本原因是什么？如果是不会思考、没有体会，那问题就大了。因此，关于自己大学生涯的回忆、关于北大哲学系的味道，从说话的本事开始。

哲学是思考的本事，还是说话的本事？对于我而言，在这个当下，这个问题很值得讨论！哲学阅读是很有难度的围观，一个观众、一群演员，围观不同人以言语为载体、以宇宙为命题的思考，围观不同人之间的以言语为武器的思考争斗，从中学会思考的方法及说法的本事。从说话起，又开始为下一次围观做准备。从这个意义上讲，哲学是一小撮人的思想游戏，体会味道的思考与体现言道的说话构成了这个游戏的两端，换言之，一小撮人的思想游戏总是在围观者体会的味道与讲述者描述的言道之间展开。

在我看来，写下与哲学系有关的青春记忆，不能脱离一小撮和思想游戏这两个关键词，因此，在百年哲学系的语境中，其他任何院系的学生都可以有的活动和感受就免谈了，围绕着味道与言道的一些描述大概是适当的。在北大当学生的时代，我基本上是一个无知的围观者,还没有体会到哲学的味道,而从离开北大开始,讲述者的言道逐步转成回忆的时候也酿出了独特的味道,这可能是我现在能够明确回忆起的,求学的青春时期与北大哲学系之间的独特关联。我想举出几个与自己体会的味道和师长的言道有关的细节来,用分享的方式纪念一下我当时未能体贴到的青春脚步吧。

在北大哲学系的头几年,我一直认为自己说话的本事来自思考,思考的本事则来自阅读,直到与王宗昱老师的一次对话——让我深切地体会到,原来我是不会说话的,至少不会用哲学的方式说话。

大约是在2001年的上半年,我将自己的硕士论文初稿交给王宗昱老师,心中是难免自得的(当然,现在看起来当时的自得多少有一些"无知者无畏"的劲头),王老师照例表扬了我一通,说是理论运用得比较多、材料找得比较好,论证也还算充分。

照例,他的重点也在"然而"之后,无配音版现场直播如下:

王老师说,"程乐松,你知道人为什么要吃狗肉吗?"我一怔,很下意识地说,"不知道。"王老师说,"人吃狗肉是为了长人肉,你呢,吃了狗肉长狗肉。"我,"……"

如果现在让我真诚地评价一下自己的硕士论文,我的评语是"不忍卒睹"。那是一篇十分添堵的文章,看似丰富的宗教学理论和概念分析看起来就像一篇很蹩脚的汉译初稿,不知所云的艰涩中还有一些难以辨析的概念混乱。现在想来,王老师对我论文的评价一方面用讥讽式的话语促我反省,更为重要的是,他显然也是深解"然而"句式之味的,所以不知不觉间也习惯成自然了。

直至今天,我都时常在想,王老师当年是以多么大的勇气和耐性看完了我的论文，居然还表扬了我一顿，这是一种令人惊讶的宽厚！王老师是一贯主张我们在阅读道教经典和古典文献的同时，多读西方宗教学理论和哲学著作的，他也十分鼓励我们在他的课堂上大放厥词。在我的记忆里，他的课一直都是"群魔乱舞"的，许多人谈论了各自关注的问题和材料，他从不加干涉，他一直放纵我们用看似"洋派"的分析方式对一些本就没有定论的课题展开"有关可能性"的胡搅蛮缠。王老师给我们看汤用彤先生关于道教史和佛教史的讲课提纲，那些提纲都是英文的，概念准确、思路清晰，就着我们的感叹，王老师告诉我们说哲学系一位做西方哲学的老先生提到，汤用彤先生的玄学概念中有斯宾诺莎的底子，汤先生是一位德国古典哲学的专家，但我们在汤先生的著作中看不到斯宾诺莎的名字和概念，以考据串联文献，论理清晰、视角独到。

　　直至最近，我才意识到，王老师的宽厚和放纵，任我们自由发挥的随意，是在培养我们不一样的说话方式，在面对宗教信仰时客观和具有分析性的思考能力，但绝不是胡搅蛮缠式的捣乱，想来王老师一直都挺无奈的吧。细细回忆，在北大读书的时候，王老师给我提的醒很多，当时完全没有理会，但这些道理却在此后的阅读和研究过程中一点一点地自己冒出来，越琢磨越解其中滋味。王老师言道中的味道就是"摊开你看，自己体贴去"。

　　与此相对，赵敦华老师讲课的时候就像用全程冲刺的方式跑完马拉松一样，致密的概念运动容不得听者有一点儿开小差走神的空当，他说话的节奏一点儿都不快，语调也没有任何压迫感，由概念和推导构成的新知识却绝对是高密度的，他的言语是有密度的思考。面对这样致密的讲述，我几乎没有时间体会其中的味道，因为我的第一要务是不能因为太过致密的知识而由听不懂转入昏睡的状态。于是，我学会用记笔记的方式保持清醒，用这个方法，我在哲学系讲课分贝较低的赵老师课上保持了一贯的兴奋感，事实证明，效果明显——至今为止我关于西方哲学的基本概念和理解框架都承袭自赵老师的理路。赵老师不容余隙的概念密度不容你在当下体贴，却可以让你在课后、乃至毕业多年以后都可以反复回到那个鲜活的当下，从而让你的思考永远是活泼泼的。

　　同样是西方哲学，张祥龙老师讲现象学的时候更像是精美的舞台剧，举手投足之间都充满了意蕴。仅从言道观之，他的课、他的话语不仅不致密，而且稀薄地让人觉得无从着眼、无从入手，你明明知道他说的有道理，你明明体会到了他讲述时的沉浸和投入，却无从参与。这种明明在场、真切至极的局外感带来的是一种莫名的惆怅，你体会到的味道一定是"一切尽在不言中"，这不是因为你理解了，而是因为他用他的语言让你感受到了他与你自己关于哲学理解的距离。有趣的结论是，看到自己的懵懂也算是一种清醒。

　　百年北大哲学的味道正是在千人千面的关于师长、关于思想、关于讲论的言道中积淀起来的，每一个花费了青春时光在这里听师长们的课、讲论的学生们都可以在整个人生中逐步体悟到其中的味道，这大概就是将青春与哲学关联起来的回报吧。

　　一般来说，学哲学的人说自己不擅说风花雪月是一种精致的托辞，这个托辞在我确是事实，是为结尾。

共在与交流：哲学的另一种面相

> **小档案**：陈凌隽，女，江苏省吴江市人，北京大学哲学系2005级本科生，哈佛大学教育学硕士，现就职于凯斯国际教育管理有限公司。在读期间，曾在2007—2008年担任《共青苑》主编，哲学系团委副书记。曾获得中国教育部国家奖学金、北京大学五四奖学金、北京大学三好学生标兵、北大哲学系优秀学年论文奖、北大新闻网优秀记者奖和组织管理奖等荣誉。

前段时间流行三国杀，其中有一个变体叫"哲学杀"，出于好奇，我看了一下"哲学杀"的文本说明，发现编写得相当有水平。而其中有张牌"公开讨论会"等效于给每位玩家增加一点体力的"桃园结义"，其解释是"智慧是可以分享的"。我深表赞同，智慧不仅是可以分享的，而且也应该被分享。

提到哲学，人们通常最先想起的几个形容词大概是：孤独、冷淡、清高、深奥，这些我无法否认。然而，当我们真正深入到哲学系的时候，我们所接触的，不仅是哲学家、哲学书、哲学理论那些仿佛高高在上，如云端里的东西，我们也会接触鲜活的生命——他们是哲学系的老师和学生，还有外系的那些倾向于把哲学过于理想化的同学。我们上课时一起在教室里，下课后或许又在同一个寝室里互相陪伴。对于所有人来说，我们总会在某个时间点上离开哲学系，暂时或永远，但在我们的一生中，我们却永远会接触鲜活的生命。

这是一个相关的故事，一个融合了我个人成长经历去探索哲学是什么，该如何去把握哲学的故事。

一、文苑青青共成长

如果自我界定的话，我算是典型的文学小青年。喜欢时不时地写几个字，只是从不投稿，幸运的是，凭借网络总还有人能读到并且喜欢这些文字，所以主编系里的本科生杂志顺理成章地成了我最理想的一次实践机会。其实，我从大一就加入了《共青苑》编辑部。那时读到了第 39 期，是关于 80 后的成长与反思，封面排版仿的是一个世纪前的《新青年》创刊号，而我则被上面的那几个字"我们共同的青春苑"所深深打动和吸引。当然，现实中做第 40 期编辑助理时任务却很简单，只整理了讲座录音。大一新生的水平可想而知，因为不知道"龙树菩萨"，我就直接把"龙树"写成了"榕树"，还被高年级的师兄调侃批评了一下。

一年后，终于略微成熟了些，我作为副主编负责第 41 期"吾师与吾"栏目。人说"一日为师终身为父"，这是绝对不错的。师生情可以成为友情亲情爱情之外人间最动人的感情。该栏目最后分为两个部分：哲学系老师写他们独到的哲学进路，而学生则写自己对老师的赞美和怀念。当时为策划和组织这个栏目欣喜了好久。然而我总有一丝小的遗憾，因为一个学生对老师再怎么喜欢与敬佩，那也只是单向的。多和老师交流，从老师那里获得切实的指导，并因这些指导而成长，这才是我期盼发生的也应该更多的体现在我们栏目的东西。

怀着这样的思考，我成了第 42 期的主编。不仅是借此来完成我作为文学小青年的个人期盼，我当时也是朦胧地希望借此机会给大家都提供一个更广阔的空间，在这个空间里，我们看到更多的东西，也思考更多的问题。而这个空间就是我们的《共青苑》。我至今清楚地记得主编第 42 期的很多故事。其中的重头戏则是组织了题为"我与哲学"的小型讨论会。在讨论时我还很焦虑地想着要如何平衡每个人说话的量。如今我很难想象自己居然选了那样一个题目，因为这个问题太大，也是永远说不清楚的。但是当我在从哲学系毕业之后回望的时候，这似乎是又成了一个电脑系统还原的节点。而且是一个重要的节点。因为这些看似大而无当的问题，却是我们至少是我无法回避的问题。随着所谓的和哲学相关的知识在逐渐累积之后，哲学究竟对我来说意味着什么？对哲学的迷恋是否感性大于理性，自己是懂得太多还是太少，想深入心理学研究的我究竟应该如何搁置哲学？

在那一次我们谈了很多。发现有很多无奈的地方，但是好在这不是一个人的无奈。至少我很认同其中的一个论题，哲学作为一种生活方式跟作为一种职业还是有区别的。而具体是怎样一种形态，则仍然说不清，只是意味着对现实更深的直面，而不是理想化。同时我们在讨论中，不指望达成共识，因为我们知道奢求共同的交流基础绝不现实，但有这样一次对话确实能让我们看到更多他人的想法和生活。

一个虔诚的文学青年，并不一定能造就一个好的主编。如果只是自我沉溺，就看不到别人。如果只是局限于写文章自娱自乐，我们就无法把零散的篇章勾连起来，那么就没有了属于我们的共同的青春文苑。当然我们也必须清醒地认识到，很多时候，我们虽共同在场，但是意义空间却纷繁错杂，交叠并非必然，所以缔造出来的空间也并不会是理想中的和谐状态。

二、哈佛光环也迷茫

在《共青苑》第43期时，我对"共在与交流"这一系列的问题有了更新的一些思考，或者更确切地说是开了一个新的头。当时赵悠担任了主编的工作，她也组织了一次讨论，名为"游学异乡"，吴飞老师是那次的核心，他在哈佛留学八年，所以就跟我们分享他在美国的一些感受。在中国，哈佛似乎永远和耀眼的光芒联系在一起，然而在吴老师的描述中，它却变成了一种极其无聊平淡的生活。并且吴老师谈到了一种隔绝的状态，他觉得，在美国，虽然你在那里，发生了很多事，但是一切与你没有关系。即使有交流，那也只是单向的。而不像在中国，一切直接或间接地与你发生着联系。

吴老师所说的文化孤立，是一种很独特的体验，但必然得是

陈凌隽在哈佛大学

像他那样接触美国很深之后才有可能发生。我们本科生在当时则无从体验。整个那场交流，其实有很多张力，至少那两股潜流并不和谐：一面是年轻人急于想要看到外面世界的好奇，一面是吴老师"历经沧桑"后的冷静规劝。而我已然大四了，虽然吴老师说了他该说的话，申请美国的事情却必须按部就班地做着。心理学的研究很好，美国更为此提供了沃土。我大概算是放弃了哲学作为职业（假如这个命题听上去还能够成立）的可能性，但是这并不表示我放弃了哲学。所有的人文关怀，还在那里，只是对我来说，以另外一种方式去实现或许更好。当哈佛教育研究院的录取通知书来的时候，我很高兴，但一切又是那么顺理成章。

刚到美国的那几天，很疲惫。因为我们最熟悉的工作语言从中文切换到了英文，街名店名是英语，菜单是英语，超市里的价目牌是英语，听到的所有人话都是英语，从日常问候到选课指南。别人可以自动化加工的信息，我们还必须有意识地加工。如果一不努力加工，就唯恐错过些什么。所以，刚到美国的那几天，我居然不再失眠，而是倒头就睡。当然，第一轮语言的冲击很快就过去了。随后我发现了文化差异带来的挑战。首先，我那时候一心想申请心理学的博士项目，而美国人的价值理念是：与其从学校到学校，不如多一些人生体验再去决定要不要深造。关于这点，哈佛某些研究生院中白发苍苍的老学生就是最无言的证明。而中国则是鼓励你一口气读完书，比如博士，然后再进入广阔而险恶的人才市场。因为一旦工作了要再读书实在很难。于是我仿佛在夹缝中不知如何是好。其二，很多课程都能见到热烈的讨论，讨论这一环节绝对是他们的标准设置（default setting），不习惯说英语的我却必须不断开口，这也是很让人疲惫的地方。

压力之下就想找一些舒服熟悉的东西，倒是很惊喜地发现有一门名叫"艺术与理解"的课,其授课风格颇类北大哲学系。该课集中讨论美学和认识论的问题,授课的老师拿的是哲学系的博士学位,也不看平时表现,只要交一个期中作业加一篇期末论文就行。然而这门课依然给了我震撼,其一是,很多学生的打扮非常奇怪,比如一个看着完全像男生的同学声音却很女性化,而另一个女生则剪了个板寸头,戴着很夸张的孔雀毛耳坠。另一个震撼则是,即使讨论在这门课上一点都不涉及成绩评分,但是大家仍然乐此不疲地发表自己的观点,向老师提问,互相质疑。后来我才发现该科的大多数同学包括助教都是我们学院 LGBT 的核心成员。LGBT 这四个字母缩写代表同性恋双性恋和变性人联盟,在美国东北的州,基本每个学校都会有这样一个相应的组织。

相信大家都读过大学英语的一篇课文,讲美国是个大熔炉(melting pot),人种繁多,新移民,非裔华裔拉美裔等少数民族带来文化碰撞,问题总是层出不穷。还有一本叫《近看美国》的书大概用了几百页的篇幅才把美国的多元文化讲出了一个大致的脉络。而在这种多元文化中,很多人似乎毫不担心因此会受到的挫折或疲惫,而是不遗余力地鼓励"跨文化交流"。比如哈佛会给学生很大的选课自由度,虽然我在教育学院,但是只要满足类型要求,完全可以去心理学系,肯尼迪政府学院,商学院,甚至麻省理工选课。而我们也常常在课堂上见到一两个来自麻省理工、波士顿大学的学生。学生背景越丰富,课堂的交锋就越精彩。美国人信奉的是"信息太多总比信息太少好"。北大的"兼容并包"在中国是很有口碑的,然而在美国则是小巫见大巫。

所以在哈佛念书的时候,我一面时不时地在疲惫中喘气,质疑这种为了交流而交流的文化取向,一边又兴奋地聆听各种讨论。我必须承认,自己说得太少,有时候也无从说起。比如某节讲心理学创伤的课,老师让我们谈谈"9·11"发生时大家都在干什么,除了我,大家都是在美国长大都很激动,说了大约半堂课,比如恐惧比如丧亲之痛,而我却什么都说不出来,如果我说实情的话,恐怕真要被群起而攻之了。讽刺的是,"9·11"就是吴飞老师当时谈留学异乡的切入事件。尽管如此,在我的感觉中,海德格尔的描述,在美国依然是同样适用的——此在的在世活动总是和别人直接或间接地相关,一起在世。只是有的时候,孤立与交流似乎是同时成立的。

三、波城同把经典读,聆听交流不彷徨

那是从哈佛毕业后的暑假,我开始去哈佛医学院做一些关于在美华人抑郁症的研究项目。突然有一天,收到了一封邮件,说原来存在于哈佛的一个封闭的华人读书小组对外开放了。其实当时颇有几分犹豫,但幸好我最终鼓起勇气去了,那个周末读的是《诗经》。当时的感觉是,所有美好的经典又再次向我敞开。

在这之后我如获至宝,每周都坚持去参加,虽然经常去的人也不多。之后就和蓓婷一起组织起了读书小组的日常事宜,我们的名字就叫 Boston classics,因为 1900 年之后的东西不读。蓓婷比我高一届,是原读书小组唯一留在美国的成员(当时的成立者居然有曾在哈佛念神学的北大哲学系 01 级的汪凡凡学姐)。蓓婷在哈佛念本科,也是哲学方向毕业,之后则奇迹般地直入哈佛商学院读博。当然随着读书小组的展开,我还认识了很多有才华并且愿意认真思考的朋友。虽然大家都素昧平生,但他乡遇故知,却是我真切的感觉。读书小组是一个相对轻松自由地交流平

台，有时候有人主讲，有时候则是有一个中心人物起带读作用，但大家可以自由地提问讨论。我们一起读了很多东西：柏拉图、卢梭、尼采、托克维尔、《林泉高致》、《庄子》，同时也形成了一个默契的爱智团体。我们常常读完书一起吃饭，周末一起玩三国杀或捉鬼游戏。

当然，读书小组的运作也不能说没有问题，比如有的时候阅读速度太快，在很多问题上浅尝辄止，毕竟我们时间有限，无法做特别专题的哲学研讨。然而，我还是觉得非常幸运，在哲学系一直听说当年有读书小组的传统，现在竟然有机会将之在美国的土壤上复活，真的是恍如隔世。很多问题，我讲着讲着就豁然开朗了。读书思考是一个人的事，很寂寞。但是我更相信，在这之外，我们可以也应该去更多交流和分享我们的思考体悟。在美国交流是家常便饭，无论其内容是阳春白雪还是下里巴人，都要请一群人聚在一起来个讨论。而关于哲学的讨论也不应例外。这里和大家分享一部叫《骄阳似我》(Good will Hunting)的电影片段：

SEAN: Do you have a soul mate?

WILL: I got plenty.

SEAN: Well, name them.

WILL: Shakespeare, Nietzsche, Frost, O'Connor, Kant, Pope, Locke.

SEAN: That's great. They're all dead.

WILL: Not to me, they're not.

SEAN: No, You don't have a lot of dialogue with them. You can't give back to them, Will.

其实，有一群志同道合的人，定期见面，谈哲学问题是理想的状态。但大多数时候,这是一种可遇而不可求的状态。今天,我能很清楚地看到自己在哈佛念书时的局限,所谓的交流并不只是简单地坐在一起讨论。正如我们不该盲目地相信"爱情无国界",而是应该对"界"的在场多一分敏感和反思,我们也该看见所有的对话背后的自言自语。但是,坐下来交谈却又是不得不走的一步。其实,我一向认为所谓哲学的交流,倒不一定要局限于哲学的话题或哲学的书本。而如果大家有了共同的阅读基础,又有共同的文化背景,一个安全顺畅的交流场就会相对容易形成。

顺便一说,Boston classics 读书小组仍在继续活动。如今我却回到了中国,并且开始工作,从表面看,朝九晚六,早晨不迟到,晚上也不早退,和其他人一起挤着电梯上上下下还有打考勤卡。但是在我的内心深处并没有放弃自己重回美国念书的想法,这也是美国人提倡的"你要听别人说了些什么,但是不要让别人替你做决定"。我坚信,事在人为,只要自己愿意,就还是可以捧起书本继续研究。而哲学也从未远离。

当时在讨论"我与哲学"的时候张梧说了一段话特别好:"其实我们哲学系很少能有这样的机会讨论这样的问题,我们大多数都在讨论生活上的事情,个人的事情。大家似乎很少这样直接谈论'哲学'。但这并不是说哲学就在我们的生活中缺席了。我每次坐火车回家,大家都问我是哪的,我说哲学系的,然后就有许多这样的问题而来。我发现,其实每一个人,他都对哲学有一种想法,这是很朴素的,特别美好。每一个人都有形而上学的冲动,他在津津有味地表达。每次我在火车上都觉得这样的夜晚是很美好的,我们必须学会欣赏别人,其实我们并不孤独。"

是的,我们并不孤独,只要我们能够欣赏别人,同时不把哲学局限成我们想象中的哲学。就以当年我自己为第 42 期《共青苑》写的卷首语作结吧:"走出'我与哲学'的执著……我们要不断用自己的脚步丈量着世界和生活本身……我与哲学,其实不仅仅是在学园,而是在生命历程本身。"

数字的激情与梦想

> 小档案：陈岑，女，北京市人，北京大学哲学系 2003 级本科生，现就职于北京广播电视台。现为中国数独国家队队长，中国北京国际数独大奖赛谜题设计者、总裁判；曾获中国数独锦标赛冠军，第四届泰国数独大奖赛亚军，第五届世界数独锦标赛第七名，《挑战数独》的作者，2011 全国红领巾快乐数独活动总教练。

收到这篇征稿的邮件时，我正在匈牙利征战第六届世界数独锦标赛，我才知道明年北大哲学系将迎来百年系庆，作为在某个特殊领域有所成就的哲学系学子被邀请为系庆书籍撰稿，心情很特别。这大概是我到现在为止收到的最重要的约稿，也突然使我的比赛压力增大，仿佛有无数的系友在世界的各个角落关注着我的成绩。

14 号回国，来不及倒时差就开始上班。比赛各个方面的总结写了一篇又一篇。又正值年底，明年各项比赛的筹备计划也要开始做，工作一项接着一项，心底里总惦记着

陈岑在主持活动

这一篇稿件。如果不是它的重要性，我想我是可以很快完成的，但就是迟迟不知该如何下笔。一拖就拖到了交稿的期限，这倒反而使我找到了在哲学系那几年的感觉——论文总是拖到最后一天，然后再一气呵成。

我可能需要先简单介绍一下我自己，因为我的工作大概和这本书里其他所有人都截然不同。我从小喜欢玩逻辑思维的游戏。大四那年找工作压力有点大，偶然的机会接触到了数独游戏，并喜欢上了玩数独。2007年刚刚毕业就在7月份参加了北京一个千余人的数独比赛。那时候参赛的目的是为了见识高手，结果没想到自己竟然拿到冠军。当时北京的主要报纸都报道了这次比赛，标题也差不多都是北大学生获得数独千人赛冠军。于是在毕业后才第一次有机会为学校争光，特别是我哲学系逻辑学专业的背景更是让媒体们兴奋，差点把我捧为学以致用的典范。后来就参加了一系列的国内比赛，拿了一系列的荣誉，上过大大小小的报纸，甚至是北京新闻。但那时候还是一直把数独当业余爱好来做。直到第一次出国参赛，了解到国外数独的产业化运作程度很发达，当然这也和国外的文化以及数独的普及程度是相关的。但也令我意识到，在经济高速发展的国内，智力运动也许是个很有潜力的文化产业。于是从2009年世锦赛回国后就辞职在家，那时候一直没有稳定的事情可以做。断断续续做的就是给杂志供题、和小的培训机构合作开兴趣班，甚至还给企业家做一对一的培训。在中国自己这样干的基本会被认为很酷，当然收入方面也比较惨淡。尽管毕业后同级的同学见面的机会很少，但是我知道似乎大家都在议论和神化着我，仿佛我是一个创业成功者。其实我几乎很多次想放弃，想去做一份普通的工作，但是现在想来，当时坚持下来的意义是多么的大。力克·胡哲有言：当你打算放弃梦想时，告诉自己再多撑一天、一星期、一个月，再多撑一年吧。你会发现，拒绝退场的结果令人惊讶。这样的现状维持了一年半，到2010年11月份的时候，事业突然就有了重大的转机。

先是中国少先队事业发展中心在全国开展"红领巾快乐数独"的活动，因为这些年数独在小学的数学教育中起到了好的作用，所以开始有政府背景的机构在推广数独。于是活动的推广中心找到了我，可能那个时候我也是最合适的人选，在2010年费城世锦赛上我获得了第七名的成绩，这也是中国人首次跻身这个一向由欧美和日本人垄断的项目前十名。另外还有一个重要的原因，那就是在国内也很难找到可以专职来做数独设计的人了。于是我的工作就是编写小学教材、设计题目、到各地讲课、指导开展比赛等等，虽然推广并非我最想做的事情，但是好歹使自己的爱好可以成为事业。

几乎在同时，北京广播电视台在筹备举办世界性的数独大奖赛，这种大奖赛最重要的是赛题设计工作，这也是我最梦寐以求的工作。因为第五届世界数独锦标赛上两届世界冠军美国选手托马斯毅然放弃在自己的国家夺冠的机会而从事那一届赛事的出题工作。对每一个赛手来说，能给其他的选手出题是很难得的事情，而这只有在自己的国家有能力举办比赛的时候才有可能成真。于是我毅然接受了这项工作，组织和完成赛题和赛制的设计。

当时这两份工作并行，强度和压力都非常大，周末经常不能休息，晚上也有工作到很晚的情况。不过我心态调整得非常好，既然前面一年都没怎么正经工作，那2011年就一年当两年用，一次完成两项工作好了。这两件事最终都完成得很美满。大奖赛是世界上首次在电视上播出的数独比赛，其中的讲解是我和华裔谜题高手——四届谜题世锦赛冠军美国人黄炜华先生一起录制的。另外在8月份举行的"红领巾快乐数独"总决赛中，来自全国各地的500多名小学生齐聚北京参加为期两天的数独大赛，这是数独和我的荣耀，这么多孩子投身到数独的爱好中，也许这就是中国数独运动的星星之火。这一年的活动还包括组织国内三地同时举行的全国选拔赛、出征在匈牙利举行的第六届世界数独锦标赛。虽然这届世锦赛中我只拿到了第十六名的成绩，比上一年的成绩要有所退步，但是我要说这一年算是硕果累累，而且给未来的工作做了很好的铺垫。

说起和北大哲学系的故事，还是挺有缘分的。上大学之前几乎不知道哲学是学什么的，看过北大各系的简介，对哲学系唯一的印象是有个逻辑专业，因为从小喜欢奥数那类的东西，所以对逻辑这个我并不是很清楚要研究什么的学科还是颇有好感的。但是由始至终没有考虑过要上哲学系。后来高考那年非典突如其来，志愿变成了考试后再填报。因为中学从北大附中毕业，对北大的思想和风格有很深的感情，所以当发现自己的成绩可以进入北大的时候就毫不犹豫地报名了，但是没有想过自己会进入什么专业。所以可以说在丝毫没有心理准备的情况下进了北大哲学系，然后自己选择了逻辑方向。我很感激北大给我们很多自主选择的机会，否则真让我只能学哲学，我恐怕这四年会是很纠结的，因为兴趣和特长都不在思想方面，古文、英文又都学得很差，在哲学专业里大概是没有前途的。反而逻辑学科那些课程倒是学得有滋有味的。但当时选专业的时候也只是考虑更适合自己，而没有想过将来可以做什么。所以最终做了和逻辑学紧密相关的数独也算是歪打正着了。其实很多东西都是缘分。我从进入哲学系选择学逻辑,那个时候根本不知道什么是数独,更万万想不到今后自己会从事一个智力的竞技运动项目。但是如果当初不是做了进入北大的选择,恐怕我会选择走一条截然不同的人生道路。

离开北大这么多年,感觉和学校的联系渐渐地断了,但是在这次收到系里的约稿通知前,我刚刚和团委谈好了一件事。11月27日在北大做一场演讲谈我的事业。我知道在所有的系友、校友里,我远远算不上成功。无论名气、财富都和很多同学相距甚远。但我确实很想把自己这些年坚持做的,和在残酷的比赛中所感悟到的一些心得来与学弟学妹们分享,毕竟参加一个项目的世界级水平比赛是很难得的经历,希望我的经历也能拓宽大家对事业、对梦想、对爱好的认知。

这些年来总有人会对我说,真羡慕你可以把兴趣当事业,每天可以做自己喜欢的事情,我每次都是一笑而过。直到有一天我看到学姐张泉灵在2011年北大毕业典礼上的发言,我不得不一字不改地把它们摘录在这里:"其实在这么多年里我和青年学生交流的时候,有的人会跟我说这样的话:其实这个世界上有多少人能真正做到自己喜欢的职业呢?有多少人会把自己喜欢的事情变成自己终生的事业呢?你是很幸运的。我通常的反驳是这样的:如果,你考大学时选的专业不是你喜欢的,而是你父母喜欢的;你的选修课不是你喜欢的,而是拿证多、学分好得的;你求职不是挑你喜欢的,而是待遇好的,请问,你选择时从未拿喜欢当事,凭什么你会从事喜欢的职业呢,并且成为终生的事业呢?凭什么呢?所以其实工作15年的经历,我想告诉大家的只有一句话,成功不等于名和利的相加,成功是你内心的一个目标,在实现的过程中你会无怨无悔,并且无比快乐。"但我在这里最后还想说的是，我的偶然中其实有很多的必然条件，这也是我要感谢北大、感谢北大哲学系，从中学开始我就在北大自由的文化氛围中成长，每一刻我的同学、我的老师和我的学校都在鼓励我们个性而自由地发展，这些年我从来没有被告知过怎样才是我应该过的生活，我在坚持我自己梦想的这些年里，北大精神才是支持我一直前进的动力。

在此，为北大哲学系的百年系庆献上我最真挚的祝福，愿您能培养出更多有创造力的、最终成就自我的人才！

梦回四院

> 小档案：杨卓，女，黑龙江省哈尔滨市人，北京大学哲学系2005级本科生，现就职于豆瓣网。在读期间，曾在2007年任哲学系学生会主席，曾获得2006—2007北京大学三好学生、2007—2008北京大学共青团优秀团干部等荣誉称号。

昨日哲学系2005级本科班聚，众人围了一个大桌子，在京的同学几乎都到场了。席间大家述说本科期间发生的种种趣事，并各自讲述近况，热气腾腾的笑声隔绝了外面冬日的寒冷，也使我觉得熟悉又美好，仿佛这本科毕业后的两年半时光只是梦境，仿佛从未离开。

其实，也确实从未离开。毕业后，因朋友间的兴趣，每周六的下午还会来北大艺园一聚，两年多时间，很少间断。初期在路上匆匆行走的面孔中还能识别出一些熟悉的朋友，两个春夏秋冬之后，就很少有熟悉的面孔了。不光连面孔生疏，记忆也不可靠了。每次来北大都是直奔目的地，很少去校园的其他地方看看，直到昨天晚上需要穿过校园去聚会，在西边兜兜转转才发现自己有些迷路，绕了一个大圈子，好像回到刚入学的时候，拿着新生地图来回翻看，却分辨不出来去的路。也许，每个地方、每段时光，都会因熟悉而变小，因远离而变大。毕业之后，全部精力都被工作上的事务占据，空闲发呆的时间越来越少，目标趋向单一。只是在别人好奇地问起"你是学什么专业的"这个问题时，总会不由自主地回想起在哲学系学习的本科时光，19岁到23岁之间的青春，人生最美好的日子。

最初的记忆，是四院红门内的爬山虎，风吹动时翻卷

青春味道

杨卓毕业时在四院红门内的爬山虎旁（左一为作者）

一墙绿色的波浪。那时刚刚入校，一切都是新的开始，连路都认不全，很多记忆都模糊掉了，只记得当时满墙的绿，绿色之下走过很多新鲜的面孔，后来这些人成为了一个班级。还有第一个在学校过的中秋节的晚上，月亮很近，全班同学围坐在系门口的静园草坪，有人唱歌，有人小声地聊天。当晚静园有很多人，有微微的凉意，后来大家都站起来了，斜后方二体网球场的灯光很亮，让很多人的笑容都发着光。第一堂课是刘壮虎老师的数理逻辑，四学分的专业必修，作为一个纯文科生，只是翻了翻刚拿到手的几页讲义便惶恐异常，惊觉大学课程之不易，此后四年不敢怠慢。第一次大型的集体活动是当年的"一二·九"合唱，在师兄和老师的带领下，每周几个晚上在艺园五楼的教室里练唱，印象深刻的是第二首歌《年轻的朋友来相会》，开头还有诗朗诵，中间有齐唱和轮唱。排练得多了，不免觉得枯燥有些倦怠，可是在比赛的当晚，全体同学站到讲堂的舞台，灯光亮起的一刻，竟是从未有过的认真和感动，更不用说结束后的后台，大家一起庆祝坚持下来并对师兄道谢，第一次感受到一百个人做一件事情的快乐。第一次经历期末考试季，总结了厚厚的笔记，窝在床上、坐在图书馆里、站在走廊上，总之用各种姿势、各种办法把知识点都装到脑子里，考完之后长出一口气，见到宿舍同学恨不得挨个拥抱欢呼。大学四年，第一个学期是最不敢忘记的，从远远在门外张望到尝试抬起腿迈向门里，哲学系给了我很多的勇气和美好的回忆。

此后，成为哲学系学生工作团队的一员，工作有苦有乐，不断地成长与担当。记得2007、2008年经常在四院一层的会议室开会，那时我有个小笔记本，每次开完会都会多出几条待办事项，毕业后这个本子随我搬了两次家，作为那段时光的纪念，印象深刻的有几个片段。2007年末组织新年晚会，前期准备时间不算长，总是害怕会出错，结束之后一下子放松下来，看着场地的灯光熄灭，才发现自己几乎穿着高跟鞋站了一天全身酸疼，但是心里特别兴奋且充满感激，回去之后想发个短信谢谢大家的帮忙，短信写了又删删了又写，措词想了好久，如同面对亲人给予的爱总是不知道如何恰到好处地表达感谢，怕显得生疏又怕传递不到感激，那一刻的纠结，回想起来真是甜蜜而温暖。还有一次，为一场系里的讲座做了展板和传单，大家一起去三角地宣传，当天大风，我只是拿了一会儿展板就觉得自己要被吹倒了，总之风大得可怕，吹得每个人都表情狰狞，然而在场的每个人都迎着人群举起展板和传单，十分卖力地吆喝。还包括在"十佳教师"评选季，在大讲堂门口摆一排桌子，为周学农老师参选做宣

杨卓作为"一二·九"合唱指挥

传,当天也是很冷,冻得好几个人都在不停地跺脚、哈气,然而没有一个人中途离开。2008年末组织"一二·九"的合唱活动,师弟师妹们坚持排练,我们的人那么少,到最后都挡不住讲堂舞台上的铁架子,然而歌声是那么美好,唱着付出和努力。当晚我走出大讲堂,深吸一口气,闻到校园的冬日熟悉的气息,有些清冷但也朦胧。今天想起来真是奇怪,为什么好多记忆都停留在冬天?想起来的场景,都是裹着大衣在寒冷中坚持的景象,但是当时的劲儿却是热气腾腾的,也许这就是青春和回忆特有的味道。

也许很多哲学系的学生都被问过"为什么要学习哲学"以及"哲学教会了你什么",或者是一些更具体的问题:"会更清楚地明白人生的意义是什么吗?会创立一个新的哲学理论吗?会告诉我们某某哲学家说的话是对的还是错的吗?"每当面临这些"大问题"我都很惶恐,生怕回答得不好丢了脸面,或者憋不住就长篇大论让对方误以为我在故弄玄虚。我自认不是一个有学术天分的学生,对于哲学学问,因为自己天资愚钝没有摸清探索的门路,却从不敢怠慢课程,先把前人留下的东西看过再说。于是回想本科期间,考试成绩不错,但大多数只是靠背诵和整理,从不敢说自己学得好,因为知道自己的斤两。毕业后选择工作,如今半只脚跨进广告业,整日为"项目"、"客户"、"策略案"等词汇所困,整个生活就像不停地打怪,打死一只后得到些许奖励,再马不停蹄地冲向下一场战斗,中间没有太多喘息的机会,也没有时间思考为什么要这样。对比起以前在图书馆坐一天阅读哲学原著的日子,现在这种精神上的饥饿感时常令我感到恐慌。但庆幸的是,我还能意识到自己"精神饥饿"、意识到"书荒",从而有意识地去找一些精神食粮填补空白,这也许就是四年的哲学学习留给我最大的礼物:永远谦卑、自省,永远勤奋,永远意识到自己的无知。

  我把这个体会分享给一些同事、朋友,他们很赞同:"是啊,自从离开校园,就没有大块大块的时间用来读书了。"这种读书,不是为了休闲放松,也不是为了炫耀自己的阅读量,而真的是出于对知识的追求、对疑问的探究而读,把读书当做眼前最重要的事情,拿出大部分的时间去读。所以有时候会不由自主地回想起2005、2006年的时候,那时小四教还在,有时拿着从图书馆好不容易借来的书,找个里面的小教室读一整天。读到太阳西斜、教室的灯亮起,读到手中的书剩下的页数越来越薄,读到旁边的笔记翻了几页、提纲初成型,然而周围的人还是早上的那些人,大家都形成默契似的,从未离开。或是在某个空空的教室,用很长的时间读一本书,用更多的时间写论文,总是不敢开头,觉得自己读得材料还不够多,一下笔就会暴露出很多漏洞惹人笑话,总想再多看一遍,哪怕多一点点都好。这样心无旁骛钻研书本的日子，在离开四院之后，就显得十分奢侈了。想到曾经有四年的时光，都有资格这样毫无顾忌、毫无功利心地拿出全天的日子看书，便觉得自己好像一个曾经住在金矿里的人，后悔那时常常贪玩，没有趁着那时候再多读些书、再多听些课。只是时光无法倒流，只能不断地翻检四年的学习留下的积累，尽可能地不让精神感到饥饿。

时逢哲学系百周年大庆，作为一个曾经在四院待过的学生，十分庆幸自己的生命中有足足四年的时光能与这宏大百年产生交集。人生中最美好的青春，打上了静园四院的烙印，使得偶尔一梦，还会回到那个红门绿墙的院子，见到昔日的老师和朋友，聊些课业和生活，仿佛从未离开。是的，从未离开。无论走到哪里、从事什么工作、过什么样的生活，一个带着哲学系烙印的我从不会忘记哲学留给我的礼物，于是会更加勇敢、更加谦卑、更加努力，面对所有的未知和挑战。

仅借此篇小文，祝北京大学哲学系百年生日快乐，祝愿哲学系的恩师们身体健康、生活幸福，祝愿哲学系的师兄师姐、师弟师妹们事业进步、学业有成！

另一种传统

> 小档案：王鑫，男，江苏金坛人，北京大学哲学系2002级本科生，2006级硕士生，曾任哲学系团委《共青苑》主编。现于日本关西大学东亚文化交涉科攻读博士学位。

谁怜绝学经千载，莫负男儿过一生。

——王阳明《月夜》

窗外的叶子还没有红透，大阪的冬日已悄然来临。转眼间，离开北大哲学系已两年多。

我是2002年夏季进的哲学系。尔后，在那里度过了七年。硕士毕业后，经陈来老师推荐，我来到日本关西大学，继续从事日本近世儒学相关方面的学习与研究。关西大学是日本关西地区有着百年历史的私立大学，素有汉学研究的传统。值得一提的是校内的图书馆，由于继承了江户时期大阪最大的汉学私塾泊园书院的藏书，加之数十年来不断补充与完善，在传统汉籍方面尤为整全完备。相比于北大，关大在硬件方面或许是超出的：这里人文学科的研究生都有自己的研究室。用不着像在北大那会，爬满整栋楼找一处自习的地儿。但在关大的日子里，心中却时时想起北大。尽管这里的一切都挺好，但总让人心中觉得少了些什么。

在北大最初的日子，是与青春相伴的迷茫与悸动。记忆如繁星，温暖而闪亮。

大一那会，同宿四个人：高峰、洪浩、林龙亮与我。高峰是河南人，为人宽厚。家庭的压力使得他总比我们来的忙碌，也比我们懂事。洪浩则是山东人，还记得第一次见他,他便上来握手、主动介绍:"我叫洪浩,洪水的洪,浩浩荡荡的浩。"后来证明,洪浩的口才也如其名般浩荡,平凡的事儿经他一讲,总是妙趣横生。林龙亮是福建人,率直泼辣,善歌咏。曾入选过北大校园的十佳歌手。那时的我,少不更事。与人相交,总带着股挑剔的劲儿。但每晚来自五湖四海的卧谈,却是比哲学更吸引我的事情。洪浩常是主讲,我们仨见缝插针。大到天文地理,小到伟人秘闻,纵横捭阖,无所不谈。

  学哲学的常有失眠的烦恼,我虽入门不深,也早早与此结缘。一日,洪浩手持蓝公武译《纯粹理性批判》,笑称"此书有奇效"。其时,叶秀山老先生的"哲学导论"课正在讲德国古典哲学,我课上自然是听得云里雾里。课后随洪浩指点买来一本,果然,蓝译康德于失眠有奇效。此后,睡前每读两三页,必能昏然入睡,一夜无梦。

  当时我们住的宿舍在45甲的六楼。上临天宇,下接物美。与物美的煎饼香味遥相呼应的,是博雅堂与汉学书店内的书香。青春常不期而至的困顿与初入哲学的迷茫交织成成长道路上最初的彷徨,这种彷徨只能从不断的阅读中去寻求安慰。隔周去趟博雅堂、汉学,顺道买个煎饼,倒成了北大七年坚持最久的习惯。

  大二之后,随着同各位老师接触的增加及自身阅读的增长,哲学从最初的让人"心痛"变成了令人"心动"。

  在北大上过的课很多,但印象最深,于我影响最大的有三门:一是杨立华老师的"中国哲学史",另一是王博老师的"儒家经典选读",还有则是吴增定老师的"理想国"。三位老师风格各不相同,但入门之初,却都不约而同地强调:为学当先立乎其大。这里的"大"在我看来,既辨明了学问中有"小"、"大"——"小"、"大"意味着学问有阶次、秩序,又指向了对学问之"大"者即学问根本的重视。在哲学系的学术训练中,则表现为对于经典的强调。但在哲学系内读经典,不仅意味着要通过熟读去突破语词的重重遮障把握其内在的问题与逻辑,更意味着以此与人类最伟大的精神相往来,与自我的身心、知行、性命相往来。换句话说,经典并非是过去了的存在,而是鲜活的"共在"。在哲学家冷峻的理性中包含着抒情的张力。在抽象枯燥的概念下,涌动的是最丰富的生活、最精彩的心灵与最饱满的生命。因而,"立乎其大"不仅指为学,也指为人。或许,在哲学系的诸位老师看来,对自我生命的期许本就融入在了对于学术的追寻中。

身处哲学系时,这一特点并不触目,因为它早已成为某种"应当",构成了我对学术最初的理解。只有到了日本,处于一个不同的学术氛围中,这种原本的"应当"才突显为某种"特殊"。

日本的高等教育是以论文写作为中心,因此在最初的选题确定之后,所有的阅读与思考都围绕与论题相关材料的搜集、整理与分析而展开。在此过程中,耐心与细致是最可贵的品质。但同时,经典的意义却缩微成了材料中的一种。在这里,学术研究的动力来源于某种"知"的兴趣,学术成了一门极为专业的处理材料的"技艺"。没有所谓与经典相关的根本问题的存在,所有问题都只有在分门别类的学术史的视野中才能获得理解,而所有的研究也只有在同先行研究的对话中展现"新"意才能获得存在的价值。

此处,我并无意对日本的学术方式进行批评。恰恰相反,这里的学术训练给予我成长道路上极为珍贵的部分。但也正如竹内好对吉川幸次郎的批评中所说:"学术总得与对生活的焦虑相关。"我想这一点,才是我至今仍不断怀念北大哲学系的原因。

在到处洋溢着现代精神的今天,也正是这一点构成了北大哲学系在学术之外却又在学术之中的另一种传统。

小档案：秦晋楠，男，宁夏回族自治区银川市人，北京大学哲学系2009级本科生，至今就读于哲学系。在2011—2012年担任哲学系学生会主席。

百岁青年——哲学系与我

深秋的银杏叶第三次铺满这片园子的时候，我已经能隐约听到叶子上的脚步声与叶子下、泥土里的对话的交融。它们寂寥无息却又旁若无人。

在哲学系的第二个年头时，知道了他原来已经快有一个世纪的年岁。那一年，我写了很多诗，写静园、写燕大、写红楼、写紫藤萝。越写越读越发现了解他真少，瞻之在前，忽焉在后。只是他不循循然善诱人，他只是在那里，像一片黑土地，需要我们自己去耕耘，才能收获。仰之弥高，钻之弥坚。每个人都有一些探索与猎奇的心，尤其是面对一个有着无穷无尽的故事的人时。每一次听到他

陈晋楠在辩论赛中

的故事都会欣喜，话匣子可能一打开就收不住。或许是第一手的材料，也或许是口口相传就变成了野史的故事，总之像是有一根丝线，把我牵在他的身边。以至于每次走过四院的门都会向里面看一眼，每次走过燕南园五十七号都会不经意回头。课堂上，老师们会偶尔谈及他们的老师，谈着谈着话语就转到了家国天下。于是，下课后就会又对三角地多一份情或者对图书馆多一份爱。

> 童子何知，躬逢胜饯。
>
> ——王勃

其实，一直很难定位他与自己的关系。或许是师徒，他教我认识世界，洞察世界；也可以看做是父子，他改变我的人格与未来；同时是朋友，我有时为他争辩，有时却和他争锋；也可能是两个独立的人，他毕竟是一个国家民族的大脑，我是一个青年。这样的困惑使得在他生日的时候我竟不知该说些什么好，却又不甘心于一句简单的祝福，因为毕竟心中是深深惦念着他的。

很幸运赶上了他百岁生日的盛宴，也顺理成章地见证并参与了他的生日筹备，说来其实心中也不乏运气偏爱之叹，毕竟能在他一百岁生日的这一年担任哲学系学生会主席对我而言是一份特殊的荣耀，就像王勃所说的"童子何知，躬逢胜饯"。

不知不觉已经是大三的学生，在哲学系团委学生会也已经度过第三个年头了。我总觉得，哲学系给人的是精确严谨的理性，使人常有若合符契之感；而系团委学生会给了我另一个方面——如家般的温暖。在今年，系团委学生会设计了一个叫做"哲学家"的徽标贴在每一间哲学系学生的宿舍门上，也恰是这

由系团委学生会设计的"哲学家"徽标

个原因。我们希望所有的哲学系同学都能够感受到这份家的温暖。还记得刚进入学校的那一年,我印象最深的是那款印着"哲学使我勇敢"的系衫,正面胸口上满满的问号确实是面对哲学时我自己的真实写照。不过好在大家都穿着满是问号的衣服,或许,这就是一种共同探索吧。随着时间的推移,一些困惑被解决了,同时,新的问题也产生,问号的总数没有变,但是我们终于发现,在满满的问号堆下面还有一行小字:"With philosophy, we dare question."这是一个半玩笑性质的故事,但也并非不真实。《诗经·秦风·无衣》中有"岂曰无衣,与子同袍"之说,每一个哲学系的同学都会期待新的夏天与新的系衫,无论是痛苦的苏格拉底和快乐的猪的抉择,还是哲学王的口号,都是我们共同的标签。我们用创意制作标签,同时把心底的爱贯注其中。

在系团委学生会,另一件令我印象深刻的事就是"社会·文化·心灵"系列讲座。我想,不论是哪一个院系的北大人,你很可能没有听过哲学系的课,但是或许都曾经有过坐在哲学系讲座现场的经历。现在,哲学系团委学生会每学年会为全校同学提供十余场哲学讲座、沙龙、电影展,因为哲学系睿智的教授、老师们的吸引力，我们可以自信地借全校最大的教室而不愁听众，我们也会在每次讲座结束后因看到同学们如有所得的表情而由衷的开心。系团委学生会的同学是参与讲座最多的、去得最早的，也是站着听的次数最多的，忙里忙外而不能全程听下来的。不过，一切都是有意义的。由于哲学自身的原因，他很深邃却很难被理解，然而又常常被需要着。他是一个经验丰富的导游，领你走世间这个迷宫。于是，每一个岔路口的指点迷津都是一次问学，世界的迷宫有多大，哲学就应该有多深。所以我们觉得搭好这个哲学与生活交流的平台至关重要。当然，这个平台之上每个探索的人都是哲学也都是生活。光影会在沙盘上推出一道道印记，使人温暖且有些晕眩，作为一个帮助老师们把思考带回给生活的组织，我们很为这份工作而欣喜。

在写这篇文字的时候，突然想到为他庆祝完一百岁的生日后，我就会交出系学生会这份工作的接力棒。原本这么明显的事实在想到的一瞬却使我失落。已经习惯了把自己的大学生活中固定的一部分留出给他。我想我会怀念的。

哲学是一种乡愁，是一种在任何地方都想要回家的冲动。

——诺瓦利斯

我总觉得，哲学系的四院是离图书馆最近的地方，不论是实际的空间距离，还是从某种无形的维度上说。哲学的家在书里，更在智慧里，在生活里。所以哲学只要一回到智慧的家里就会重生，他是真的可以轮回。

而今天，哲学系一百岁了。

百岁的寿诞对哲学而言没有什么，只是对他——哲学系，却有着说不尽的风霜。他的孩子胡适说"北大只是个小弟弟"；他的孩子冯友兰说"周邦虽旧，其命维新"。他的孩子们都在期待、建设着一个新的世界，在新的世界里，一切都是新的，他的一百岁的生命也是新的。思想是这个世界上变化最快的东西，不是吗？所以，他总是在经历一次次的蝉蜕，胡适和冯友兰在讲孔、老，而现在，他在讲孔、老，也在讲胡适、冯友兰。生活永远在变化着，所以哲学也会永远在变，而他毕竟一年一年的增加着自己的年龄，所以，他其实是一个永远需要换血的人。新的思想是他新的血液，而新的思想在青年。事实上也是这样的，他的登记年龄虽然一年年在增大，然而他却永远是青年。他有着一百岁的年龄与经验，同时有着二十岁的敏捷与嗅觉！

不得不说，在哲学系的这两年多，也是我改变很大的两年多。这样的改变有很大一部分是他给予我的。在求学于哲学系的各位老师的这几年，我不止一次折服于他们的深刻洞察与理解。生活中的困顿往往会憋闷很久，突然在某一次关于孔子或康德的讨论中豁然开朗。世界是复杂的，人生是复杂的，我想，即使我的大学学习只是彻底明白了这一句话我也并不会觉得遗憾。更何况，他赐予我的比它更多。亚里士多德在说到幸福的时候提到，人在幸福的时候时间的概念会失去意义，孔子也说："发愤忘食，乐以忘忧，不知老之将至。"这么说我的时间确乎是被他改动了，甚至他在拨弄我的大脑改动我的时间时也碰触了其他的地方吧。不然，我为什么会在每一个朋友来北大的时候都带他们去四院看看，为什么有时即使是整理自己满满一书架的哲学书时也会幸福？

某一天上未名BBS，在哲学系的系版上翻出最早的那些帖子。有时整个版面只有两个讨论的主题——诗和哲学。睿智的老师说，这个世界上有四样东西，它们没有用处，生活中也可以没有它，但是一旦有了，生活会变得有味道，与众不同。这四样东西就是诗、酒、爱情和哲学。在他的身边呆的愈久，我愈发能体会到这样的滋味。哲学很奢侈，他需要你付出大把的时间与精力外加聪慧，才能换回一个悖论或者一句箴言。它们不能像工艺品一样摆在通俗的街市上，它们对于每一个人而言都是冷冻在语言或误解的冰块中的，需要用很多体温去融化。对我而言，青春的热度能用来融化冰角，是最值得的。

就像会怀念哲学系的生活学习、怀念团委学生会的工作一样，我想，很多和我一样的人都会因着各种各样的理由怀念哲学系，毕竟我们的汗水洒在他的土地上。然而，就像刚才说到的，他永远是一个青年，而且永远应该是一个青年，每一次蝉蜕都会使得他更健康。也总应该有一些更新鲜的汗水洒在他的土地上。这是他教给我的最平常却最深刻的一堂课。他只有一百岁，他还年轻，我也一样。生日之后，青春会踏上新的征程，祝他也祝自己一路顺风！

银杏叶子每年都会落下，把这一年的是非成败埋进土里，好开始新的一年。于是，每一年的春天都是崭新的。

后记

百年哲学，弦歌不断。一篇篇鲜活的文字，记录着一段段刻骨铭心的青春岁月。彷徨、欢笑、苦涩、收获，都是挥之不去的青春味道。而这其中滋味，我们相信，每个正在拥有或曾经拥有青春的人会懂的。

文集的诞生要感谢系党委书记尚新建教授，一直以来尚老师以特有的亲和关心并支持着学生工作，在他的启发下我们动议编这本书，以文字记录下这青春的精彩；文集书名的确定要感谢中国哲学教研室主任张学智教授，在我们还犹豫以智慧还是青春为关键词时，张老师以坚定的语气道出了"青春味道"的双关含义：青春的滋味与青春体味得道，顿感哲思悠扬；文集书名的题写要感谢系美学教研室杨辛教授，杨老师是著名美学家、书法家，他出资百万在系里设立奖助学金以鼓励和帮助学生完成学业，所赐墨宝更显得格外珍贵；文集的出版要感谢系主任王博教授，文集若干作者已用生动的笔触描绘了王老师的治学和为人，增添了文章看点，而他对文集结构设计和内容设置的指导并亲自题写序言，无疑使本书卖点大增。

同时，负责系庆系列丛书出版的李四龙教授、北大出版社田炜编辑，还有文集收录文章的每一位作者，谢谢你们！当然，还有编辑成员：张梧、李婷婷、曹润青、于文博、王姣、成立、杨思劢,我们一起讨论、设计、审稿、拍照,文集的编纂让我们亲如兄弟姐妹,这是我们共同的作品!

百年哲学,青春绵延……

谨以此书献给北京大学哲学系百年系庆。

编者

2012 年 9 月